MÉMOIRES

POUR SERVIR A L'HISTOIRE

DE

LA CAMPAGNE

DE 1814,

Accompagnés de Plans, d'Ordres de Bataille et de Situations.

Par F. KOCH, Chef de bataillon d'État-major.

TOME PREMIER.

A PARIS,

Chez MAGIMEL, ANSELIN et POCHARD, Libraires pour
l'Art militaire, rue Dauphine, n° 9.

1819.

PRÉFACE.

Ces Mémoires ont pour objet d'offrir des matériaux à l'Ecrivain qui entreprendra l'Histoire de la Campagne de 1814.

S'il ne nous a pas été permis de puiser dans les archives du Gouvernement, un grand nombre de porte-feuilles nous ont été ouverts, une foule de matériaux inédits nous ont été communiqués par des Maréchaux et des Officiers généraux français et étrangers.

Nous avons comparé à ces matériaux tous les ouvrages et toutes les relations imprimées en France, en Allemagne et en Angleterre, dont on trouvera à la suite de cette préface la nomenclature raisonnée.

Nous nous sommes attaché surtout à l'exposition claire, méthodique et sincère des événemens militaires. Il n'entrait point dans notre plan de recueillir les traits particuliers de bravoure, auxquels d'ailleurs un grand nombre d'ouvrages estimables sont consacrés.

Il n'entrait point non plus dans nos intentions ni nos moyens, d'agiter, à l'occasion des opérations militaires, des discussions scientifiques, à l'exemple de Bulow, du général Jomini, du prince Charles d'Autriche ; toutefois nous avons cru devoir présenter avec le récit des faits, l'exposé des opinions que nous avons été à même de recueillir sur les principaux événemens. Ces opinions méritent d'être connues, quelle que soit leur valeur, parce qu'elles appartiennent la plupart à des militaires recommandables par leur longue expérience, et qu'elles font partie du domaine de l'histoire.

Malgré le soin que nous avons apporté dans ce travail, peut-être s'y sera-t-il glissé des erreurs et y trouvera-t-on des omissions ; mais comme les unes ni les autres neproviennent de notre volonté, nous espérons qu'on nous les pardonnera ; et nous recevrons avec reconnaissance tous les renseignemens qu'on voudra bien nous adresser à cet égard, soit directement, ou par la voie des journaux.

Quoique nous ne nous soyons proposé d'écrire que de simples mémoires militaires, nous avons cru devoir consigner d'après nos matériaux, les événemens politiques qui ont une connexion intime avec les opérations des armées, et d'indiquer, par exemple, avec quelques détails, la situation des esprits à Paris, aux époques principales de la campagne; la marche des négociations à Châtillon, la révolution du 31 mars et les événemens qui ont précédé ou suivi la déchéance de Napoléon et son abdication; nous n'avons pas même regardé comme étrangers à ces mémoires les faits honorables de la Garde parisienne, soit lorsqu'elle a secondé l'armée dans la défense de la Capitale, ou lorsqu'elle l'a suppléée dans le maintien de l'ordre et de la tranquillité.

Tel est l'objet de ces Mémoires. Il nous reste à exposer les motifs qui nous ont déterminé à les entreprendre.

Les événemens de la campagne de 1814

ne sont qu'imparfaitement connus, et nulle de celles qui ont illustré les armes françaises depuis vingt-cinq ans, n'excite l'intérêt à plus juste titre : elle offre le spectacle d'un grand homme aux prises avec l'adversité, qui, dans cette dernière épreuve, achève de révéler les qualités auxquelles il fut redevable de son élévation et les défauts qui causèrent sa chute ; elle attache les regards sur la lutte étonnante d'une poignée de soldats puisant toute sa force dans l'orgueil de ses souvenirs, contre les armées réunies de l'Europe ; on y voit le démembrement d'un vaste Empire, les factions prêtes à en déchirer les lambeaux, et la liberté naître d'une crise qui semblait devoir anéantir jusqu'à l'indépendance de la Nation.

Sous ces divers rapports, elle est pour tous un sujet de profondes méditations : le Militaire y observe la fécondité et la variété des opérations, l'Homme d'Etat y étudie la marche et l'enchaînement des événemens politiques, le Philosophe y découvre les causes apparentes ou secrètes de la force et de la faiblesse des trônes.

Dans les premières campagnes de la Révolution, la France cédant à l'impulsion d'une cause éminemment entraînante, obtint, il est vrai, des résultats plus brillans; après avoir recouvré l'intégrité de son territoire déjà entamé, elle recula les bornes de ses frontières, vengea de vieilles querelles, augmenta le nombre de ses alliés; mais à l'epoque à jamais mémorable où l'Empire français a vu sa capitale envahie, où de nouvelles provinces achetées par le sang d'une génération entière, et garanties déjà par vingt traités, lui ont été arrachées, on peut affirmer que ses armées, supérieures à la mauvaise fortune, n'ont pas cessé un instant de bien mériter de la Patrie. Les revers inouïs des précédentes campagnes n'ébranlèrent point leur courage, et plus fières que ces armées romaines si vantées, l'ennemi maître de Paris, elles n'ont point désespéré du salut de la Patrie.

Deux histoires de cette campagne ont déjà paru; mais l'empressement des écrivains qui nous les ont données, semble avoir eu moins en vue d'exposer la vérité, que d'élever un

monument de triomphe aux vainqueurs. Loin
de nous toutefois la pensée d'incriminer les
intentions de leurs auteurs : nous ne sentons
que trop la difficulté de saisir la vérité dans
un fatras de bulletins mensongers ; ils ont pu
s'égarer de bonne foi, et c'est un malheur
qui n'est pas sans excuse.

En général, une histoire contemporaine
n'est pas une tâche aisée à remplir, surtout
quand il s'agit de rendre compte d'opérations
militaires. Dans une bataille rangée, par
exemple, quel est celui des généraux de la
première ligne, de la seconde même, qui
n'attribue à la valeur de ses troupes, à la
précision de leurs manœuvres, des succès qui
ne sont dus presque toujours qu'au concours
de plusieurs autres circonstances? d'ailleurs,
les chefs des armées dont on consulte avec
tant de sécurité les rapports officiels ou authentiques, sont rarement exacts; souvent
même ils cachent ou atténuent les pertes,
grossissent les avantages, déguisent des manœuvres. De telles pièces, accréditées ensuite
par la politique des gouvernemens, ne sont

que trop souvent pour les peuples les seuls
dédommagemens du sang et des sacrifices que
la guerre leur coûte.

De plus, il faut convenir que de part et
d'autre, jamais rapports n'offrirent de con-
trastes plus choquans avec la vérité, qu'en
1814. Napoléon transformait, dans ses bulletins, les défaites les plus complètes en simples affaires d'arrière-garde ; et l'espoir de relever l'esprit public le portait à exagérer les plus
petits avantages. De leur côté, les généraux
alliés n'étaient guères plus scrupuleux : lorsqu'ils faisaient l'énumération de leurs forces
avant d'arriver en présence de l'armée française, elles étaient incalculables ; éprou-
vaient-ils quelqu'échec, alors leurs faibles
colonnes, assaillies par des masses formidables venues d'Espagne, arrivées soudain de
l'intérieur de l'Empire, à les entendre, avaient
été obligées d'opérer une retraite honorable. Remportaient-ils un avantage, c'était
à la baïonnette ; prenaient-ils une bicoque,
c'était toujours d'assaut. A lire leurs rapports, on serait tenté de croire qu'ils faisaient

une guerre d'extermination. La vérité est
qu'en 1 8 1 4 , l'arme blanche ne joua pas un
grand rôle, et qu'elle fut remplacée de part
et d'autre par une artillerie meurtrière. Napoléon sut merveilleusement se servir de cette
arme pour couvrir la faiblesse de son infante-
terie, composée de conscrits enlevés avant
l'âge.

Cet échange de forfanterie est la source
probable des erreurs qu'on remarque dans les
histoires françaises dont nous avons parlé.
Privés de renseignemens essentiels sur les
opérations des armées, étrangers au métier
des armes, et prévenus contre les bulletins
de Napoléon, leurs auteurs ont pu croire
que la vérité n'existait que dans ceux des
Alliés. De là une interprétation littérale présentant les événemens sous un faux jour et
dans un sens presque toujours défavorable
aux armées françaises. Ce n'est pas tout : l'erreur s'est répercutée dans les ouvrages allemands et anglais ; Venturini, Buchholz et
Bigland , ravis de voir que des Français sanc-
tionnaient les bulletins des généraux alliés ;

ont rédigé des histoires où au milieu du
flux et du reflux d'opinions divergentes, sur-
nage un amas informe d'exagérations et de
faussetés.

Il serait trop long d'en faire ici l'énumération. Ceux qui compareront ces Mémoires
aux ouvrages français ou étrangers, verront
combien on a été abusé sur la force et la
composition de l'armée, sur les projets et les
ressources de l'Empereur, sur ses opérations
et sur l'esprit de la Nation et de l'armée.

Sans doute les Alliés ont remporté des
victoires à la Rothière, à Laon, à Bar, à
Fère-Champenoise, devant Paris; mais comment, et sur qui? Voilà ce que ces ouvrages
ne nous ont point appris; ils passent même
sous silence les avantages obtenus par les
Français en maints autres lieux; ils disent des
choses étonnantes sur la Restauration, mais
qui s'écartent entièrement de la vérité; ils
peignent les vétérans français comme des
satellites de Napoléon, quand se dévouant
pour sa cause, ils croient verser leur sang
pour l'indépendance de la Patrie.

Il devient donc indispensable de redresser le jugement des nations étrangères, et d'éclairer les historiens à venir sur des faits et des points qui touchent de si près à l'honneur du nom français ; car si la postérité, juge naturel des événemens, n'est plus sous l'influence impérieuse des passions, elle reste trop souvent dupe de la pompe et du faste dont les vainqueurs enluminent presque toujours leur récit.

Nous n'avons rien négligé pour atteindre ce but. Si le devoir nous a forcé à quelques réticences, la vérité a toujours été notre guide, et nous protestons ici de n'avoir rien avancé volontairement qui s'en écarte ou puisse la blesser. Le patriotisme ne nous a point égaré, et nous avons apporté autant d'impartialité que de soin dans le dépouillement des matériaux, d'origine si différente ; en écrivant pour nos compatriotes, nous avons voulu aussi être lu des étrangers ; et les suffrages des uns et des autres seront notre plus douce récompense.

NOMENCLATURE

*Des Matériaux inédits ou imprimés qui ont servi
à la rédaction de ces Mémoires.*

Parmi les personnes qui ne nous ont point
défendu de les citer, nous nommerons avec reconnaissance et en première ligne, celles qui ont
bien voulu non-seulement nous donner des matériaux, mais encore nous faire part de faits et
d'observations qui n'étaient consignés que dans
leur souvenir. Le caractère et l'expérience de ces
généraux garantit la bonté des matériaux qu'ils
nous ont confiés, et leur donnent un prix d'autant
plus grand à nos yeux, que nous les tenons de leur
bienveillance particulière. Nous les devons surtout à MM. les maréchaux ducs de Trévise, d'Albufera et de Feltre; aux lieutenans-généraux Maison, Belliard, Charpentier, Compans, Decaen,
Gérard, Grouchy, Pacthod, Ricard et Ornano;
au chevalier Allent, président de la section du
contentieux au Conseil d'Etat; aux généraux Berton et Vincent.

Voici maintenant la note des matériaux ma-
nuscrits sur lesquels ces Mémoires ont été com-
posés.

Matériaux français.

Correspondance de l'Empereur avec le duc de

Feltre, ministre de la guerre, depuis le 2 novembre 1813 jusqu'au 6 avril 1814.

Correspondance du Ministre de la guerre avec le roi Joseph, les maréchaux ducs de Castiglione, d'Albufera, de Tarente, les généraux Decaen et Maison, et avec les divers chefs de corps stationnés sur le Loing, l'Yonne, la Seine, et aux environs de Paris.

Extrait de la Correspondance militaire du prince de Neuchâtel, Major-général, depuis le 1er janvier jusqu'au 1er février, et du 12 de ce mois jusqu'au 5 avril.

Correspondance du prince de la Moskowa et des ducs de Trévise, de Raguse et de Bellune, avec le Prince Major-général, depuis l'ouverture de la campagne jusqu'au 25 janvier seulement.

Correspondance, Livres d'ordres et de mouvemens; Rapports, etc., du maréchal duc de Tarente, communiqués par le comte Grundler, son chef d'état-major.

Correspondance, Livres d'ordres et de mouvemens; Rapports, Situations, du maréchal duc de Reggio, communiqués par le comte Guilleminot.

Correspondance, Rapports, Situations du maréchal duc de Trévise, communiqués par lui-même.

Correspondance, Rapports, Situations du maréchal duc d'Albufera, commandant l'armée d'Aragon, communiqués par lui-même.

Correspondance, Rapports, Situations du maréchal duc de Castiglione, commandant le corps du Rhône, communiqués par le colonel de Saint-Aldegonde.

Correspondance, Rapports, Situations du comte Decaen, commandant en chef les noyaux des armées du Nord et de la Gironde, communiqués par lui-même.

Correspondance, Livres d'ordres et de mouvemens; Rapports, Précis historique du marquis Maison, général en chef de l'armée du Nord, communiqués par lui-même.

Correspondance, Rapports, Situations du colonel-général comte Grouchy, commandant en chef la cavalerie depuis l'ouverture de la campagne, jusqu'au 10 février, communiqués par lui-même.

Journal historique, Correspondance, Rapports, Situations du comte Belliard, aide-major général.

Correspondance et rapports du comte Ornano, commandant les dépôts de la Garde impériale.

Journal historique du 5ᵉ corps de cavalerie, par l'adjudant-commandant chef d'état-major Chasseriaux.

Itinéraire de l'Etat-major général, avec des notes sur les principales affaires, par l'adjudant-commandant Dupuy.

Renseignemens donnés par le comte Gerard, commandant la réserve de Paris, et plus tard le 2ᵉ corps.

Notes fournies par le général Béchet de Léocour, chef d'Etat-major du prince de la Moskowa, et le colonel Heymès, son premier aide-de-camp.

Notes dictées par le comte Sebastiani sur les opérations de la cavalerie de la Garde, depuis qu'il en a pris le commandement jusqu'au 1ᵉʳ avril.

Notes sur les opérations de la 1ʳᵉ division provisoire de jeune Garde aux journées de Craone et de Laon, par le général Charpentier.

Note sur le combat de Bar-sur-Aube, par l'adjudant-commandant Tancarville, chef d'Etat-major du 6ᵉ corps de cavalerie.

Note sur le combat de Mont-Mirail, par le général comte Defrance.

Notes du comte Reille et du colonel de la Chasse

de Verigny, sur les opérations de l'aile droite de l'armée des Pyrénées.

Notes critiques et militaires du général Baurot sur l'ouvrage de M. Alphonse de Beauchamp.

Notes historiques des généraux Préval, Corbineau, Bigarré, Berton, Poret de Morvan, Colbert et d'une foule d'autres Officiers supérieurs et particuliers, sur divers événemens de la campagne où ils ont pris part.

Livres d'ordres et de mouvemens du baron Clausel, communiqués par le duc d'Albufera.

Notes historiques de M. le chevalier Allent.

Correspondance, Recueil des ordres du jour, Rapports relatifs à la Garde nationale de Paris, depuis sa création jusqu'au 16 juin.

Matériaux étrangers.

Journal de l'Expédition du général Benkendorf en Hollande, à la fin de 1813.

Journal militaire du corps d'armée russe du baron de Winzingerode.

Journal militaire des opérations du corps d'armée russe du comte Langeron.

Renseignemens sur la bataille de Craone et les journées de Laon, par le comte de Woronzow.

Historiche auf die vorhandenen offiziellen Belege

sich gründende Darstellung des Feldzuges der Ihare 1813 und 1814, der aliirten Mæchte gegen Frankreich, iedoch in vorzuglicher Beziehung auf das unter den Befehlen des Feldmarschalls Fürsten Wrede gestandene vereinigt Kœniglich Baiersche und Kaiserlich Kœniglich Oestreichische Corps.

Historiche Erzæhlung der Operationen des Wurtembergsch. Armée Corps. Zeitraum vom 1ᵗᵉ Januar bis 1ᵗᵉ April.

Précis des opérations de l'armée napolitaine pendant la campagne de 1814, par le sous-chef d'Etat-major.

MATÉRIAUX PUBLIÉS.

Français.

Campagne de Paris, par Giraud. *Paris*, 1814, 1 vol.

Histoire des Campagnes de 1814 et 1815, rédigée sur des matériaux authentiques ou inédits, par M. Alphonse de Beauchamp, chevalier de la Légion d'honneur. *Paris*, 1816; 4 vol. in-8°.

Histoire de la Guerre de la Restauration, depuis le passage de la Bidassoa par les Alliés, le 7 octobre 1813, jusqu'à la loi d'amnistie du 12 janvier 1816, par l'ex-général Sarrazin, avec cette épigraphe : *Opus aggredior opimum casibus, atrox prœliis, discors seditionibus, ipsa etiam pace sœvum. Paris, 1816; 1 vol. in-8°.*

Ces trois ouvrages ont été appréciés en France depuis long-temps, et nous n'y avons puisé qu'avec une extrême circonspection.

Précis historique des opérations militaires de l'armée d'Italie, en 1813 et 1814, par le chef de l'Etat-major général, de cette armée. *Paris, 1817; 1 vol. in-8°.*

Histoire des Campagnes d'Italie, en 1813 et 1814, avec un atlas militaire, par le général Guillaume de Vaudoncourt. *Londres, 1817; 2 vol. in-4°.*

Ces deux ouvrages, sous un format différent, sont les mêmes, aux cartes et à quelques variantes près.

Mémoire sur la Campagne de l'armée française dite des Pyrénées, en 1813 et 1814, par Jos. Pellot, commissaire des guerres, en non-activité; avec cette épigraphe : *A tous les cœurs bien nés que la Patrie est chère! Bayonne, 1818; 1 vol. in-8°.*

C'est le seul ouvrage publié sur les opérations de l'armée des Pyrénées, dont on puisse recueillir quelques faits au milieu d'une foule de contradictions; car les autres ne contiennent que des fables.

Histoire abrégée des Traités de paix entre les Puissances de l'Europe, depuis la paix de West-phalie. Continuation de cet ouvrage par F. Schœll, conseiller d'ambassade du roi de Prusse près la Cour de France. *Paris, 1818; tome X.*

Ouvrage utile, mais dont le continuateur, d'ailleurs trop pressé pour être exact et concis, substitue souvent les déclamations aux raisonnemens.

Recueil de Pièces officielles, par le même ; tomes I et II.

Recueil des Traités de paix de Martens, tomes XII et XIII.

Toutes les brochures politiques et militaires du temps.

Allemands.

Der Krieg in Deutschland und Franckreich in den Jahren 1813 und 1814, von Carl von Plotho, Kœnig. Preus. Oberst-lieutenant und Ritter. *Berlin*, 3 vol. in-8°.

La Guerre en Allemagne et en France, en 1813 et 1814, de Charles Plotho.

Ouvrage informe, mais très-précieux pour la quantité de documens qu'il renferme. Son auteur est plutôt l'archiviste de la 6e coalition, qu'il n'en est l'historien.

Der Krieg der Franzosen und ihrer Alliirten, gegen Ruszland, Preuszen und seine Verbündeten, von * r, avec cette épigraphe : *Amicus Plato, amicus Aristoteles; sed magis amica Veritas.* *Leipzig*, 3 vol. in-12.

La Guerre des Français et de leurs alliés, contre la Russie, la Prusse et leurs alliés.

Ouvrage qui pèche par le plan et la forme ; il ne donne d'ailleurs que de fausses idées des opérations de l'armée française.

Erinnerungen für alle, welche in den Jahren
   1813, 1814, 1815, Theil genommen haben in
   dem heiligen Kampf um Selbstændigkeit und
   Freyheit. *Halle*, in-4°.

Souvenirs pour tous ceux qui ont pris part, en 1813, 1814 et
  1815, à la lutte sainte pour l'indépendance et la liberté.

Philippique contre Napoléon, ouvrage du moment, plus
remarquable par la beauté des plans qui l'accompagnent, que
par l'exactitude de la relation des faits militaires.

Ruszlands und Deutschlands Befreiungs-Kriege
   von der Franzosen-Herrschaft unter Napoleon
   Buonaparte, in den Jahren 1812—1815, von
   D. Carl Venturini. — Dritter Theil, Kriege in
   Franckreich und Italien. *Leipzig*, 1818, 3 vol.
   in-8°.

Guerre en France et en Italie, par Venturini, le plus judicieux
et le plus impartial des historiens militaires contemporains.

Il manquait de matériaux essentiels pour décrire les opérations de l'armée française, et s'en est rapporté à Beauchamp.

Darstellung des Feldzuges der Verbündeten gegen Napoleon im Jahr 1814. — In-8°.

Relation de la Campagne des Alliés contre Napoléon, en
  1814.

C'est un simple recueil de pièces officielles.

Geschichte Napoleon Bonapartés, oder Grund-
   riz der Geschichte des neuesten Europæ-
   ischen-Staaten-Systems, von 1796—1815. Von
   Friedrich Saalfeld, professor in Gœttingen.
   2ᵗᵉ Band, avec cette épigraphe : *Socordiam*

*eorum inridere libet, qui præsenti potentia
credunt extingui posse etiam sequentis œvi
memoriam.* Leipzig ; 2 vol. in-8°.

Histoire de Napoléon Bonaparte, de 1796 à 1815 ; par Saalfeld.

Simple chronique d'événemens, curieuse néanmoins par les
réflexions judicieuses dont elle est semée. La campagne de
1814 y est rapportée d'après les bulletins étrangers et l'histoire de Beauchamp.

Die Central-Verwaltung der Verbündeten, unter
dem Freyhern von Stein, Deutschland. 1814 ;
in-8°.

Comité central des Alliés.

Brochure attribuée dans toute l'Allemagne au Baron de
Stein.

Historiches Taschenbuch für das Jahr 1814, he-
rausgegeben von Fr. Buchholz. *Berlin* ; in-32.

Tablettes historiques pour l'année 1814, par Buchholz.

Charmant petit ouvrage bien écrit, mais malheureusement
composé sur des matériaux peu choisis.

Beitræge zur Kriegeschichte des Feldzuge 1813
und 1814, von einem Officier der Wittgenst.
Armee Abtheilung. — *Berlin* in Verlage der
Realschulbuchhandlung, 1815 ; 1 vol. in-8°.

Journal de l'avant-garde du corps d'armée russe du comte
Wittgenstein.

Il renferme d'excellens renseignemens, et qui nous ont été
fort utiles.

Anglais.

Account of the var in Spain and in Portugal and
in the south of France. from 1808 to 1814 in-
clusive. By John T. Jones, lieut.-colon. Corps
royal Engineers, *London*, 1 vol. in 8°.

Relation de la guerre en Espagne, en Portugal et dans le midi
de la France, par le lieutenant-colonel T. Jones.

Ouvrage sans points de vue ni exactitude, dont il a paru
pourtant une traduction française; au bas de laquelle M. Alphonse de Beauchamp n'a pas craint de mettre son nom.

Sketch of the History of Europe, from the year
1783, to the general peace in 1814, by John
Bigland. Deuxième édition. *London*, 1818;
3 vol. in 8°.

Esquisse de l'Histoire de l'Europe depuis 1783 jusqu'à la paix
générale de 1814, par Bigland.

Ouvrage curieux dans la partie politique, inexact pour les
opérations militaires, et dont le chef de bataillon Mac Car-
thy va donner la traduction en rectifiant les erreurs de fait
qui ont rapport aux armées françaises.

MÉMOIRES

POUR SERVIR

A L'HISTOIRE DE LA CAMPAGNE

DE 1814.

CHAPITRE PREMIER.

Situation de l'Empire Français après la bataille de Leipzig. — Négociations et Préparatifs des deux partis. — Plan d'invasion des alliés, force et emplacement de leurs armées. — Plan de défensive de Napoléon, force et emplacement de ses armées.

(Consultez la carte de l'Empire Français, dressée en 1813 par ordre du directeur des ponts et chaussées.)

La bataille de Leipzig, si funeste aux armes françaises, venait de délivrer l'Allemagne de son dominateur; partout les cris de vengeance avaient succédé aux cris d'allégresse; et les Monarques vainqueurs, profitant de ces dispositions, méditaient moins encore la chute de Napoléon que le démembrement de son Empire, considéré dans l'opinion générale comme le véritable gage de l'indépendance européenne.

Dans cet intérêt commun, la politique de chaque puissance avait sans doute aussi ses combinaisons. En reculant leurs limites vers la France, l'Autriche et la Prusse pouvaient laisser à la Russie, et peut-être à la Suède, des établissemens plus solides dans le nord de l'Allemagne. Si le Hanovre à recouvrer n'était aux yeux des Anglais qu'un intérêt particulier de la maison régnante, le cabinet de Saint-James, en tenant la balance entre tous les intérêts, assurait parmi tant de combinaisons la prépondérance de sa marine, et la prospérité de son commerce.

Mais pour atteindre ce but, il fallait ôter à l'empereur Napoléon le temps de se créer une armée, et de développer les ressources de la France. Il importait surtout de lui ravir la première de ces ressources, en séparant sa cause de celle de la nation française. Les alliés résolurent donc tout ensemble, d'envahir la France dans une campagne d'hiver, de ne marcher à travers l'Empire que contre l'Empereur, et de le mettre par des négociations dans l'alternative de sacrifier à la paix, sa puissance et son orgueil, ou de se rendre odieux en sacrifiant la paix à ses intérêts ou à ses passions.

Les armées victorieuses séparaient l'Empereur

des corps laissés à Dresde et à Hambourg, et de cette foule de garnisons jetées dans les places depuis Erfurt jusqu'à Dantzig. Il n'était plus temps d'évacuer ces forteresses qu'il ménageait comme des points d'appui dans un retour offensif : objet constant des batailles, qu'il avait données sous Dresde et sous Leipzig. Quand bien même il eût renoncé à garder l'Italie, et envisagé l'invasion du Midi comme moins périlleuse que celle de l'Est, les détachemens qu'il en aurait rappelés n'eussent apporté qu'un secours tardif contre une invasion immédiate. Il fallait donc qu'il tirât parti des débris qui restaient sous sa main. Son premier soin, après avoir repassé le Rhin, fut de les réorganiser et de les faire seconder par les garnisons des places de première ligne et les gardes nationales sédentaires des départemens frontières.

Trois corps d'armée se forment à Strasbourg, Mayence et Cologne, sous les ordres des ducs de Bellune, de Raguse et de Tarente, et couvrent, du moins en apparence, la ligne du Rhin entre la Suisse et la Hollande. Le duc de Valmy va prendre à Metz, sous le nom de *réserves*, le commandement des dépôts. Cette organisation provisoire, et le péril d'une attaque très-prochaine, eussent exigé la présence de Napoléon à l'armée ; mais de plus grands soins et d'autres dangers à prévenir l'appelaient à Paris. Parti de

Formation de trois corps d'armée pour couvrir le Rhin.

Mayence le 8 novembre, il coucha le lendemain à Saint-Cloud.

Son retour dans la capitale excite des sentimens divers. Les uns le blâment d'avoir quitté la frontière, les autres l'approuvent d'avoir avant tout ressaisi les rênes du gouvernement; toutefois parmi ces derniers, les opinions se divisent : les courtisans ne voient de salut que dans la dictature, les bons citoyens pensent au contraire, que Napoléon ne tiendra tête à l'orage, qu'en rattachant sa cause à celle de la nation, et en mettant un frein à son ambition et à son despotisme.

L'Empereur instruit de longue main, par sa double police, de ces vœux émis jusques dans les cercles de sa cour, de ses ministres et de ses conseillers, était trop habile pour ne rien donner à l'opinion, et ne pas essayer d'en tirer les ressources, qu'avec tant d'art et de succès il en avait obtenues, avant d'avoir décélé, dans l'extension démesurée de son empire, des vues étrangères et funestes à la prospérité de l'ancienne France. Mais en remettant à la prochaine session du corps législatif, ce qu'il veut faire à cet égard, il applique aux mesures du gouvernement son ordinaire activité. C'est pour lui tout à la fois un moyen, de les hâter et d'agir sur l'opinion par les journaux qui les annoncent. Dès le lendemain de son arrivée, il réunit et préside le conseil de ses

Napoléon se rend à Paris.

Tenue de divers conseils.

ministres et un conseil de finances. Le 11, il assemble un conseil d'administration de la guerre; le conseil d'état lui succède, et ce dernier est suivi par un conseil privé.

On délibére dans le conseil d'état, et l'Empereur signe de suite le décret du 11 novembre, qui ajoute 30 centimes à la contribution des portes et fenêtres, 30 centimes à celle des patentes; et 20 centimes par kilogramme au prix du sel. On y discute pour être soumises au sénat, une nouvelle levée, et des mesures dont l'objet est de proroger pour la session du corps législatif, fixée au 2 décembre, les pouvoirs de la 4ᵉ série, expirant au 1ᵉʳ janvier 1814; d'appeler en corps le sénat et le conseil d'état aux séances d'ouverture du corps législatif, et de supprimer les listes de candidats à la présidence pour déférer à l'Empereur le choix libre et absolu du sujet qu'il désirerait y porter.

Augmentation des impôts.

Le conseil d'état n'était pas seulement pour Napoléon un moyen de consulter des hommes vieillis dans l'étude et la pratiqué des affaires. Dans ces nombreuses séances auxquelles étaient appelés les conseillers d'état, les maîtres des requêtes et une partie des auditeurs, il agissait sur l'opinion, soit en justifiant les mesures prises, soit en préparant celles qu'il méditait, par d'habiles excursions où la vivacité des traits et l'originalité des expressions rachetaient l'incor-

Double motif de Napoléon dans la convocation de ses conseils.

rection du langage. Le serment imposé aux membres du conseil garantissait moins le secret des délibérations, qu'il n'accréditait les indiscrétions permises aux dépens des auditeurs, à de graves personnages, dont l'Empereur faisait, souvent à leur insçu, les organes et les défenseurs de ses volontés. Il n'avait pas d'autre but, lorsque recevant les hommages du conseil d'état avant la séance, il fit en sa présence, dans un discours étudié, un appel au patriotisme des Français, pour défendre l'indépendance et l'intégrité du territoire; mais dans cette harangue comme dans la séance, il ne fut question que de nouveaux sacrifices : un silence absolu fut gardé sur les concessions que réclamaient la paix et la liberté publique. Ceux des membres du conseil que n'aveuglait point la faveur, ou qui conservaient encore une ombre d'indépendance, revinrent tristement à Paris en se communiquant leurs réflexions : « les revers ne l'ont point » changé, disaient-ils; il ne reconnaît de limites » nécessaires ou naturelles, ni au pouvoir de » l'Empereur, ni au territoire de l'Empire. La » France périra par l'Empereur, s'il ne se perd » avant qu'elle ait perdu tout moyen de salut. »

Cependant Napoléon presse l'exécution de ses mesures, et les trois sénatus-consultes discutés le 11 dans le conseil d'état, portés le 12 au sénat, votés et promulgués le 14, sont publiés le 17 avec le discours des orateurs du gouvernement, et les rapports faits au sénat par ses commissions.

Le premier des sénatus-consultes met à la dis- Levée de 300 mille hommes. position du ministre de la guerre 300 mille conscrits, pris sur les classes de 1814 et des années antérieures, jusques et compris l'an XI : la moitié complètera les corps, et le reste formera « des » armées de réserve à Bordeaux, Metz, Turin, » Utrecht, et dans tous les autres points où elles » seront nécessaires, pour garantir l'inviolabilité » du territoire de l'Empire », entamé au Nord et dans les Pyrénées.

Déjà le sénatus-consulte du 9 octobre, provoqué par les pertes de l'armée devant Dresde, avait livré 160 mille conscrits sur la classe de 1815, et 120 mille sur celles de 1814 et années antérieures; mais les restes de ces classes se trouvaient alors considérablement réduits. Trois sénatus-consultes des 11 janvier, 3 avril et 24 août, avaient appelé sur ces dépôts, outre la casse de 1814, les 180 mille hommes du premier bn de la garde nationale, les 10 mille gardes d'honneur, et 30 mille hommes destinés à recruter l'armée d'Espagne; aussi le nouveau sénatus-consulte étendait-il jusques et compris l'an XI, c'est-à-dire sur le second ban de la garde nationale, une levée que l'appel du premier ban limitait à 1809.

les sénatus-consultes des 9 octobre et 15 no-

vembre, allaient donc demander 545 mille conscrits, tant de la classe anticipée de 1815, que
des classes épuisées ou réduites par d'anciennes
ou de récentes réquisitions. Les dispositions des
nouveaux départemens aux approches de l'invasion, annonçant assez qu'il ne fallait compter
que sur les ressources de l'ancienne France, le
public cherchait avec inquiétude dans les discours des orateurs du gouvernement et des rap-
porteurs du sénat, si par ces pénibles sacrifices
elle obtiendrait, avec la paix, ses frontières naturelles, qui bien avant l'avénement de Napoléon
au trône, fondaient sa force et sa stabilité dans
le système politique de l'Europe; mais rien ne
fut articulé sur les vues ultérieures du chef du
gouvernement, et chacun retomba dans l'an-
goisse et la perplexité.

Prolongation
des pouvoirs
de la 4ᵉ série
du corps lé-
gislatif.

Les deux autres sénatus-consultes, en consa-
crant des mesures politiques d'un moindre intérêt en apparence, révèlent ses pensées secrètes.
En prolongeant pour la prochaine session du
corps législatif, les pouvoirs de la 4ᵉ série il
est évident qu'il craint l'effervescence des esprits
dans la réunion des colléges électoraux, et le
choix des nouveaux députés qui doit s'ensuire.
C'est pour honorer des corps plus soumis, qu'il
appelle aux séances impériales de cette asem-
blée, le sénat et le conseil d'état tout enters;
c'est pour être plus maître encore des déliéra-

tions législatives, qu'il veut n'être point gêné dans le choix de celui qui doit y présider. On sourit du motif puisé dans la nécessité de mettre à la tête du corps législatif, un homme versé dans l'étiquette du palais; mais personne ne s'y méprend; et la mesure en elle-même excite des mouvemens, et ramène dans les esprits de fâcheux souvenirs. « N'est-ce pas assez, s'écrie-t-on, des » prisons d'état, des commissions militaires, et » de l'atteinte portée à la liberté civile dans le » sénatus-consulte du 10 août dernier? Quand » le jury même est frappé dans ses bases, quand » l'arbitraire attaque ou mine sourdement les » institutions civiles, faut-il nous ravir encore » jusqu'à l'ombre de nos droits politiques, en » supprimant comme un embarras du pouvoir, » une liste de candidats formée jusqu'à présent » par un corps sans action et sans voix? »

C'est en vain que le sénat donne des hommes et rend plus facile encore le vote des contributions, il est impossible d'attendre ce vote légal. Les impôts décrétés le 11 novembre, sont mis en recouvrement. Un décret du 16, affecte une portion de leur produit au paiement des *réquisitions* faites pour l'approvisionnement des places, les subsistances, les remontes, les transports et autres services matériels de la guerre; mais un autre décret du 27, restreint cette application

Impôts recou-
vrés par un
décret.

aux créances admises par un bureau spécial de liquidation, et lui prescrit de prendre pour base de son travail, au lieu de la *valeur factice*, que les circonstances donnent aux denrées et aux objets requis, leur *valeur réelle*, mais fixée par l'administration.

Changemens dans les charges publiques de l'état.

L'exécution de ces mesures, et quelques autres considérations, amènent un changement remarquable dans le ministère et dans les grandes charges de l'état et du palais. Le comte Molé cède au baron Costaz la direction des ponts et chaussées, et remplace au ministère de la justice le duc de Massa, appelé à la présidence du corps législatif ; le duc de Vicence prend le portefeuille des relations extérieures ; le duc de Bassano revient à la secrétairerie d'état, et le comte Daru remplace dans l'administration de la guerre, le comte Cessac, qui reprend au conseil d'état, la présidence de la section de la guerre. Le duc d'Albufera est nommé colonel-général de la garde impériale ; le comte Bertrand vient comme grand-maréchal occuper au palais une place, où personne encore n'avait été jugé digne de remplacer le général Duroc. Des décorations accordées à des généraux distingués, tels que les comtes Reynier et Maison, semblent destinées à réveiller l'émulation dans l'armée ; et de nouveaux chambellans, parmi lesquels on remarque le baron de Montmorency et le comte de Lariboissière, prouvent que l'Empereur au déclin de sa puissance, songe encore à relever l'éclat de sa cour et à opérer la fusion des deux noblesses.

Cherchant en même temps à captiver l'opinion des classes inférieures, il visite les monumens, résultats sinon les plus glorieux, du moins les plus durables de son règne, et semble mendier par cette popularité quelques acclamations; mais sa cour même trouve de l'affectation dans le choix des lieux parcourus, et une exagération maladroite dans les cris de joie dont le *Moniteur* est l'écho.

Cependant un décret du 1ᵉʳ décembre proroge jusqu'au 19 l'ouverture de la session du corps législatif; et dans cet intervalle, l'activité de l'Empereur semble prendre un nouvel essor.

Craignant de manquer de soldats, et sans faire attention à la pénurie d'armes qui rendra cette levée plus gênante qu'utile, il propose à son conseil d'état de rendre mobiles 121 bataillons de gardes nationales, dont il se promet de former 18 brigades, pour couvrir les villes de Paris et de Lyon, et former plusieurs autres réserves. Le décret ajourné d'abord, est rendu le 6 janvier, avec cette seule modification, que ces bataillons seront licenciés aussitôt que l'étranger sera chassé du territoire de l'Empire.

Prorogation de la session du corps législatif.

Nouvelles levées d'hommes.

Afin de rendre toutes les troupes et les nouvelles levées disponibles, il charge la garde nationale de la garde des places, et du maintien
de la tranquillité publique dans l'intérieur. Bien
avant que le désastre de Leipzig eût menacé les
frontières, le sénatus-consulte du 3 et le décret
du 5 avril avaient pourvu à la défense des côtes,
et spécialement à celle des chantiers de marine,
en groupant les départemens voisins en six arrondissemens, où des sénateurs avaient organisé
des gardes nationales. Le contingent de chacun
de ces arrondissemens variait de 15 à 30 mille
hommes, et des détachemens de 1500 à 3000
hommes d'élite, s'y trouvaient déjà en activité,
prêts à se porter sur les points menacés. Le décret du 5 avril avait en outre créé 37 cohortes
urbaines, pour la défense particulière des places
maritimes. Un autre décret du 17 décembre,
long-temps discuté dans le conseil d'état, étendit cette mesure à toutes les places de guerre et
aux villes de l'intérieur, et porta à près de 160
mille hommes, la force des gardes urbaines appelées à seconder ou à remplacer les garnisons.

Tandis que l'Empereur préparait ainsi la
guerre, sa diplomatie n'était pas oisive, et les
négociations qu'elle poursuivait avec chaleur
étaient, du moins en partie, cause de la prorogation du corps législatif, sous les yeux duquel

il convenait à sa politique de dérouler les pièces propres à le convaincre de la sincérité de ses vœux pour la paix.

A peine était-il de retour à Saint-Cloud, qu'il songea à terminer sans retour la guerre d'Espagne, en rendant à son légitime possesseur, la couronne que ses baïonnettes n'avaient pu maintenir sur la tête de son frère Joseph. L'ouverture de la négociation était aussi humiliante que la conduite en était délicate, car outre qu'elle décelait sa détresse, elle ne lui offrait aucune garantie. En effet, il pouvait se faire que dans l'impatience de recouvrer sa liberté, Ferdinand souscrivît à toutes les conditions qui lui seraient imposées, avec la ferme intention de ne point les remplir, dès qu'il se trouverait réassis sur le trône de ses pères. Dans la supposition même qu'il traitât de bonne foi, il était probable que les Cortès s'opposeraient à l'exécution du traité, sous prétexte qu'il lui aurait été arraché par la violence. Dans une position semblable, Napoléon aurait beaucoup mieux fait sans doute, de renvoyer son prisonnier, et de s'en rapporter à sa parole pour la conclusion de la paix désirée; mais non moins défiant que Charles-Quint, il voulut mettre à prix sa liberté, et chargea le comte de Laforêt, ancien ambassadeur près la cour de Madrid, de lui porter une lettre autographe où il lui faisait part de ses intentions.

Négociation et traité de paix avec Ferdinand VII.

La réponse du Monarque espagnol, empreinte d'une noble fierté, prouva que l'adversité ne l'avait point abattu, et qu'il ne signerait rien que de l'agrément de la régence. Obligé de plier sous la volonté du Roi captif, l'Empereur consentit alors à entamer la négociation sous le bon plaisir de cette autorité; et le 8 décembre, le duc de San-Carlos et le comte de Laforêt conclurent un traité de paix, qui rétablissait les relations de l'Espagne et de la France, sur le pied où elles étaient en 1792.

Ce traité ne devant recevoir son exécution qu'après avoir été approuvé par la régence, le duc de San-Carlos partit pour le mettre sous ses yeux. Les instructions du Roi à son ministre, étaient, ainsi qu'il est facile de le deviner, de deux sortes; il en eut de patentes et de secrètes (1). Par les premières, il devait simplement engager la régence à approuver ce traité, comme avantageux à l'Etat; si, composée de sincères et zélés royalistes, elle faisait des difficultés de le ratifier, il devait par les secondes, lever tous ses scrupules, en ne lui dissimulant point que l'intention de Ferdinand était d'en agir comme François Ier. Les obstacles et les retards que le duc éprouva en dispensèrent le Monarque espagnol.

----

(1) Voyez Schœll, Histoire des Traités de Paix, tome X, chapitre XLI, page 329.

Le hasard ménagea à l'Empereur l'occasion *Négociation avec les hautes puissances alliées.* d'ouvrir de nouvelles négociations avec les hautes puissances alliées. Le baron de Saint-Aignan, un de ses ministres près les cours de Saxe, arrêté comme prisonnier, réclamait près du comte de Metternich, contre cette infraction du droit des gens.

Dans ses entrevues à Francfort, il reçut du comte de Metternich, du comte de Nesselrode et de lord Aberdeen, des ouvertures faites comme une sorte de réponse à celles dont Napoléon avait chargé le comte de Merfeld, lorsqu'il l'avait renvoyé sur parole (1). Sur le rapport du baron de Saint-Aignan, le duc de Bassano dans une lettre du 16 novembre au comte de Metternich, propose l'ouverture d'un congrès à Manheim, pour y discuter la paix « sur la base de l'indépendance » de toutes les nations, tant sous le point de vue » continental, que sous le point de vue mari- » time. » Le ministre d'Autriche, dans une lettre du 25 novembre, répond que ce principe un peu

----

(1) Le feld-maréchal-lieutenant, comte de Merfeld, l'un des plénipotentiaires de Campo-Formio, commandait une division autrichienne à la bataille de Leipzig. Dans la soirée du 17 octobre, ayant voulu forcer le passage de la Pleisse au gué de Dœlitz, il eut son cheval tué sous lui, et fut fait prisonnier. Amené devant Napoléon, celui-ci qui commençait à sentir l'embarras de sa position, le renvoya sur parole, et le chargea de propositions de paix qui restèrent sans réponse.

vague, ne peut remplacer les *bases générales et
sommaires* données au baron de Saint-Aignan;
savoir : la France resserrée dans ses limites naturelles, entre le Rhin, les Alpes et les Pyrénées;
l'Espagne sous son ancienne dynastie; l'Italie,
l'Allemagne, la Hollande rétablies comme états
indépendans de la France et de toute puissance
prépondérante.

Le duc de Vicence réplique le 2 décembre, que
l'Empereur *adhère à ces bases générales et sommaires ;* et sous la date du 10, le comte de Metternich annonce que les Souverains, réunis à
Francfort, ont reconnu avec satisfaction que
« l'Empereur des Français avait adopté des *bases*
» *essentielles* au rétablissement d'un état d'équi-
» libre et à la tranquillité future de l'Europe ;
» qu'en voulant que cette note fût portée sans
» délai à la connaissance de leurs alliés, ils ne
» doutaient point qu'après la réception des ré-
» ponses, les négociations ne pussent s'ouvrir. »

Cette réponse qui en suspendait le cours, était
cependant un gage que l'Empereur pouvait donner de ses intentions pacifiques; rien ne l'obli-
geait donc à différer davantage l'ouverture du
corps législatif. Il lui importait d'ailleurs, et le
discours d'ouverture lui en offrait le moyen, de
combattre indirectement la déclaration que les
alliés venaient de faire le 1er décembre, et à laquelle avait donné lieu l'exposé des motifs du

sénatus-consulte du 15 novembre sur la levée de 300 mille hommes.

L'orateur du gouvernement avait peint les ré- Déclaration
des alliés du
1er décembre. sultats de l'invasion sous les plus fortes couleurs. « La Pologne, avait-il dit, la Pologne avilie, » partagée, détruite, opprimée est une leçon » terrible et vivante pour la France menacée par » les mêmes puissances qui se sont disputé les » lambeaux de cette monarchie. » Le rapporteur de la commission avait aussi rappelé ces mots de l'Impératrice au sénat, dans la séance du 7 octobre : « Je connais mieux que personne, ce » que nos peuples auraient à redouter, s'ils se » laissaient jamais vaincre. » Soit que ces mots parussent aux puissances, soit que la politique leur conseillât d'y voir une *provocation*, elles jugèrent opportun d'y opposer la déclaration du 1er décembre. « Elles y promulguent à la face du » monde les vues qui les guident, les principes » qui font la base de leur conduite, leurs vœux » et leurs déterminations. » En conséquence, les Souverains alliés proclamèrent : « *qu'ils ne fai-* » *saient point la guerre à la France ; qu'ils dési-* » *rent qu'elle soit grande, forte et heureuse ; que* » *le commerce y renaisse ; que les arts y refleu-* » *rissent ; que son territoire conserve une étendue* » *qu'elle n'a jamais connue sous ses Rois*, parce » que la puissance française grande et forte, est » en Europe une des bases fondamentales de

1. 2

» l'édifice social; parce qu'un grand peuple ne
» saurait être tranquille qu'autant qu'il est heu-
» reux; parce qu'une nation valeureuse ne dé-
» choit pas pour avoir à son tour éprouvé des
» revers dans une lutte opiniâtre et sanglante......
» C'est à l'Empereur seul qu'ils font la guerre,
» ou plutôt à cette prépondérance qu'il a trop
» long-temps exercée hors des limites de son
» empire, pour le malheur de l'Europe et de la
» France. »

Ainsi tout dans cette déclaration tendait à séparer la cause de Napoléon de celle de la France.

Ouverture de la session du corps législa- tif. Le corps législatif se réunit donc le 19 décembre, en présence du sénat et du conseil d'état.
Le discours que l'Empereur y prononça produisit sur les députés et sur le public de vives im-
pressions. Nonobstant les expressions outrées et
inconvenantes que la censure trouvait à y reprendre, les cœurs s'ouvrirent à l'espérance aux
passages où il annonça, « que des *négociations*
» *ont été entamées avec les puissances*, qu'il *adhère*
» *aux bases préliminaires* qu'elles ont posées;
» que les retards apportés au congrès de Man-
» heim ne sont pas attribués à la France; qu'en-
» fin rien ne *s'oppose de sa part au rétablisse-*
» *ment de la paix ; qu'il sent tout ce qu'elle ajoute*
» *à la sécurité des trônes et au bonheur des fa-*
» *milles.* » On applaudit surtout à *la communica-*
tion qu'il veut faire au corps législatif *de toutes les*

pièces originales qui se trouvent au portefeuille des relations extérieures; on convient que « les » nations ne traitent avec sécurité qu'en dé- » ployant toutes leurs forces. » Et dans l'opinion de tous, les sacrifices ne coûteront rien aux Français dès qu'ils auront la paix pour objet.

Ce discours affaiblit l'effet qu'avait produit la déclaration des puissances dont quelques copies commençaient déjà à circuler, et arrêta les bruits qu'on répandait sur un projet de l'Empereur de se faire déclarer Dictateur, et d'établir des espèces de proconsuls dans les divisions militaires; la dernière partie de ce projet fut néanmoins réalisée par le décret du 26 décembre; mais il bornait les attributions de ces commissaires aux simples mesures de défense, de haute administration et de police; et l'effroi qu'avait causé l'annonce de la mesure, étant ainsi calmé, l'on ne s'attendit plus à voir revivre en eux l'énergie ou l'extravagance des représentans en mission.

Un décret du 20 ajoute aux espérances qu'avait données le discours d'ouverture. Il crée dans le sénat et le corps législatif les commissions destinées à recevoir la communication des pièces diplomatiques. Elles sont composées dans chacun de ces corps du président et de cinq autres membres, nommés chacun par un scrutin séparé, à la majorité absolue des suffrages. Ce décret est porté le

Commissions du sénat et du corps législatif destinées à recevoir les communications des pièces diplomatiques.

lendemain au sénat et au corps législatif. Un
des orateurs envoyés au corps législatif retrace
dans un discours mesuré les guerres qui se sont
succédées depuis 1792, y défend la France du
reproche d'agression, et développe les espérances de paix puisées dans la déclaration même
des alliés dont il cite les expressions les plus favorables.

Mais ce discours ne paraît dans le *Moniteur* du
lendemain qu'affaibli, tronqué, sans couleur.
Les dispositions pacifiques de l'Empereur y sont
peintes en traits moins prononcés. Le passage
du discours relatif à la déclaration des puissances
a disparu. La défiance renaît parmi les députés;
elle se manifeste par des plaintes et des murmu-
res, et influe sur le choix des commissaires. On
rejette les listes qui circulent et portent le nom
de députés placés dans la dépendance du gouvernement, et l'on accueille avec empressement les
assurances données par quelques-uns que l'Empereur ne veut point d'hommes à lui dans la commission, et désire même qu'on exclue un député,
d'ailleurs estimé de l'assemblée, parce qu'il est
allié d'un ministre (1). Dans les conférences,
le plus grand nombre s'accorde à élire des

_____

(1) Feu M. Faget de Baure, beau-frère du comte Daru.

hommes indépendans, de professions libres et
qui n'aient point marqué dans les partis contraires de la révolution; d'un caractère et d'un
mérite toutefois assez reconnus, pour voir et
proposer ce qui pourra contribuer à la paix,
et alléger à la France le joug du pouvoir arbitraire. Les choix sont faits dans cet esprit, et
tombent sur MM. Raynouard, Lainé, Flauger-
gues, Gallois et Maine de Biran.

Pareille commission se forme avec moins d'efforts dans le sénat; elle désigne aussitôt pour
rapporteur M. de Fontanes. Le rapport adopté
le 27, présente le tableau des négociations et
tend à porter les Français à tous les sacrifices,
en prouvant d'après les pièces diplomatiques,
qu'ils n'auront pour objet que la paix.

Le rapport au corps législatif fut le sujet d'une
plus longue discussion chez l'archi-chancelier,
entre la commission et les commissaires du gouvernement. On s'accorde enfin, et le rapport est
fait dans la séance du 28 décembre.

Tout en communiquant à la commission les
autres pièces diplomatiques, on ne lui avait pas
soumis *les bases générales et sommaires*, par le
motif qu'il fallait les tenir secrètes, afin de ne
pas décourager les habitans des pays qu'on devait abandonner, et que les armées occupaient
encore. Ce motif parut plausible à la commission, qui d'ailleurs avait trouvé dans la der-

nière lettre du comte de Metternich, un gage ir-
récusable de l'adhésion de l'Empereur aux bases
que les alliés eux-mêmes reconnaissaient comme
essentielles au rétablissement de l'équilibre eu-
ropéen. En présentant le résultat des communications qu'elle avait reçues, la commission
comme celle du sénat insistait sur la nécessité de
préparer la guerre pour avoir la paix; mais elle

Rapport de la
commission
du corps lé-
gislatif.
émettait le vœu que Napoléon opposât à la déclaration des puissances, une déclaration propre à
désabuser la France et l'Europe, du projet qu'on
lui prêtait de vouloir conserver un territoire trop
étendu ou une prépondérance contraire à l'indépendance des nations; puis elle ajoutait : « ce
» n'est pas assez *pour ranimer le peuple* lui-même.
» D'après les lois, c'est au gouvernement à pro-
» poser les moyens qu'il croira les plus prompts
» et les plus sûrs pour repousser l'ennemi et as-
» seoir la paix sur des bases durables. Ces moyens
» seront efficaces, si les Français sont convain-
» cus que leur sang ne sera versé que pour dé-
» fendre *une patrie et des lois protectrices.* Mais
» ces mots consolateurs de paix et de patrie,
» retentiraient en vain, *si l'on ne garantit les*
» *institutions* qui promettent les bienfaits de
» l'une et de l'autre.

　　» Il paraît donc indispensable à votre commis-
» sion, qu'en même temps que le gouvernement
» proposera les mesures les plus promptes pour

» la sûreté de l'Etat, S. M. soit suppliée de *mainte-*
» *nir* l'entière et constante exécution des lois qui
» garantissent *aux Français, les droits de la li-*
» *berté, de la sûreté, de la propriété, et à la na-*
» *tion le libre exercice de ses droits politiques.* »

Ce fut surtout cette fin du rapport qui devint
l'objet des longues discussions de la commission avec les commissaires du gouvernement. Les
députés avaient insisté sur la nécessité où était le
corps législatif de défendre en ces graves circonstances les libertés publiques, soit pour rendre à
ce corps quelque ascendant sur l'opinion, soit
pour réunir la cause de la France à celle de l'Empereur, et lui assurer dans les sacrifices de tout
genre qu'il était forcé d'exiger, le concours de
toutes les volontés. L'archi-chancelier, le duc de
Massa, les commissaires du gouvernement con-
vaincus de la justesse de ces motifs, ne s'étaient
plus occupés qu'à faire disparaître du rapport
les expressions qui eussent montré l'Empereur
comme un tyran. C'est ainsi qu'en substituant
dans le dernier paragraphe les mots de *maintenir*
l'exécution des lois, à ceux d'*en réprimer les in-*
fractions, ils essayèrent d'affaiblir le tableau des
torts et des maux de l'arbitraire.

Ce rapport remplit son but dans le corps législatif. Il y calma les députés impatiens des lenteurs de la commission, et qui déjà l'accusaient
de s'être laissé gagner par le gouvernement.

Après de vifs débats l'impression en fut votée à la majorité de 223 voix contre 31. On chargea le rapporteur de préparer l'adresse; mais le duc de Rovigo, ministre de la police, se fit remettre le soir une épreuve du rapport, et le porta à l'Empereur. Tout change à l'instant. Les commissaires du gouvernement sont taxés de faiblesse, ceux du corps législatif traités de factieux. Les portes de la salle des séances sont fermées aux députés dans la matinée du 30 décembre. Le lendemain, Napoléon convoque le conseil d'état. Il y parle avec amertume du rapport comme d'une œuvre séditieuse; il accuse les députés de vouloir se conduire d'après les maximes de 1793. « Veut-on, s'écrie-t-il, rétablir la souveraineté » du peuple? Eh bien! si le peuple est souve- » rain, je me ferai peuple, car je veux être où » est la souveraineté. » On propose en même temps, et l'Empereur sans discussion adopte le décret qui ajourne le corps législatif, par le motif que les pouvoirs de la 3e série expirent au 1er janvier. On saisit ce prétexte à défaut d'autres, et bien qu'il dût paraître frivole, après le sénatus-consulte qui prorogeait les pouvoirs plus anciennement expirés de la 4e série.

Le lendemain, 1er janvier, les députés avertis que Napoléon recevra leurs hommages, se présentent en petit nombre, et c'est alors qu'il leur adresse ce discours trop connu, dont lui-

Ajournement du corps législatif.

même essaya bientôt après d'atténuer la violence.

Mais le coup était porté. L'invasion qui venait de s'effectuer et dont Paris avait les premiers détails, consterna moins que le renvoi du corps législatif, à l'instant même où il commençait à se montrer le défenseur de la liberté : l'opinion ne vit plus dès-lors dans l'Empereur qu'un homme qui n'envisageait dans la France que lui-même, et en qui l'esprit de conquête n'était pas plus enraciné que le génie du despotisme. Dès ce moment tous ceux qui voulaient que des institutions durables posassent des limites au pouvoir arbitraire, n'entrevirent de salut que dans l'excès du mal, et n'espérèrent plus qu'en ses défaites.

A ce nombre d'ennemis secrets se joignirent dans la vieille France, les fournisseurs ruinés par ses liquidations, les acquéreurs de domaines nationaux dépouillés ou appauvris par les décomptes (1), et les royalistes qui, depuis 20 ans, espéraient obtenir dans chaque bouleversement le retour de la famille des Bourbons. Dans les provinces transalpines, d'autres motifs grossissent

---

(1) Ce fut en vain que des hommes éclairés s'opposèrent à ces mesures fiscales. L'Empereur, disait un d'eux, dans le comité du contentieux du conseil d'état, « l'Empereur remue un fumier qui » renferme la peste. » Mais les besoins du trésor l'aveuglaient sur les dangers politiques, au point d'armer contre sa puissance tous les intérêts de même origine.

la foule des mécontens. Turin, veuve de ses rois, a vu disparaître avec eux cette cour qui lui donnait le mouvement et la vie; la superbe Gênes pleure son antique splendeur, son commerce et son indépendance; Florence soupire après le retour de ses ducs qui l'ont gouvernée si paternellement, et Rome frustrée des tributs de la superstition, ne s'en trouve point dédommagée par le stérile honneur de titrer un prince enfant. En Belgique des agitateurs réveillent dans tous les esprits des idées d'indépendance et excitent le peuple des grandes cités à secouer le joug de l'autorité impériale.

État des armées françaises.

Si le concours de ces diverses circonstances présageait la chute prochaine de l'Empire, l'état actuel de l'armée semblait peu capable de retarder cette catastrophe. En effet, la faiblesse et l'accablement des troupes, la désorganisation du matériel, le désordre de l'administration, ne laissaient plus de possibilité, je ne dis pas seulement de tenir un point sur la rive droite du Rhin, mais de garder même la rive gauche dès que l'ennemi voudrait y passer. L'infanterie qui, dans la campagne précédente le disputait encore à celle des Russes, a perdu sa force et sa mobilité, et ne marche plus qu'avec un immense attirail d'artillerie qui rend ses mouvemens pesans et incertains. Dans la cavalerie, ce qui reste d'hommes et de chevaux est usé de fatigues. L'artillerie qui fut par son instruction si long-temps la première de l'Europe, conserve à peine quelques pointeurs. Ajoutez que depuis l'expédition de Russie, la discipline s'est considérablement relâchée. Un grand nombre d'officiers sert avec insouciance et dégoût; les soldats sont démoralisés. L'appât de l'avancement est devenu sans attrait pour eux, et la soif de la gloire s'est éteinte dans leurs cœurs brisés par le malheur. Enfin comme si ce n'était assez de tous ces maux pour achever la dissolution de l'armée, une maladie épidémique venait d'enlever par ses ravages, dans le court espace de six semaines, plus de 60 mille hommes accourus de tous les dépôts de l'intérieur pour périr entassés dans les hôpitaux.

Il fallait sans doute une force de caractère peu commune pour se flatter de créer encore durant l'hiver, avec ces tristes débris, une armée en état de tenir la campagne au printemps prochain; cette fermeté, il faut en convenir, était une des qualités de Napoléon. Voulant remédier aux abus qui s'étaient introduits dans le service, il remit en vigueur les anciennes ordonnances, réduisit le nombre des employés et des équipages à la suite de l'armée, et par un ordre du jour enjoignit à toutes les femmes qui avaient suivi leurs maris en Allemagne, de quitter les cantonnemens.

Ces dispositions n'étaient que les préliminaires d'un travail plus difficile, celui de la recomposition de l'armée. Quoique l'expérience acquise à cet égard, à l'ouverture de la campagne précédente, dût en applanir les difficultés, la réunion des divers élémens ne pouvait s'effectuer dans les dépôts sans recherches pénibles. Il n'y restait que des hommes mutilés attendant leur retraite; à peine trouvait-on dans les bataillons ou escadrons de guerre de la plupart des corps revenus de Leipzig, assez d'anciens soldats pour former un bon cadre de sous-officiers.

Réorganisation de l'armée. Infanterie.

Nonobstant la pénurie d'officiers et de sous-officiers, la formation de la grande armée reposa sur la création de 343 bataillons qui, au complet de 840 hommes, auraient formé une masse de 288 mille hommes, partagée en 8 corps (1). Le nombre des divisions dans chacun d'eux variait de 2 à 5, mais l'Empereur avait l'intention, si les circonstances le lui permettaient, de les porter tous à 3 de 14 bataillons chacune, ce qui eût donné 24 divisions et 336 bataillons. Pour activer cette organisation, l'on ne laissa à l'armée que le 1er bataillon de chaque régiment, lequel dans

---

(1) Ces corps étaient les 1er, 2e, 4e, 5e, 6e, 7e, 11e et 13e formant ensemble 28 divisions d'infanterie, représentées par un effectif actuel de 56,078 anciens soldats ou ayant fait la dernière campagne, non compris ceux faisant partie des 1er, 7e et 13e corps qui se trouvaient encore au-delà du Rhin.

la plupart était loin de son complet; et l'on fit refluer sur les dépôts, tous les officiers et sous-officiers excédant le complet du cadre de ce bataillon.

Pour obtenir l'avantage qui résulterait sous les rapports d'administration et de discipline, de la réunion de tous les bataillons qui avaient leurs dépôts en Italie, on en forma 3 nouveaux régimens qui prirent les n° 19, 104 et 107 dans la ligne; on augmenta aussi d'un 6ᵉ bataillon les cadres des 18 régimens des 1ᵉʳ et 14ᵉ corps d'armée faits prisonniers à Dresde, afin qu'ils pussent fournir leur 5ᵉ à l'armée active.

Au moyen de ces mesures l'organisation commença, sinon avec facilité du moins avec un certain ordre. Prévoyant les obstacles qu'il y aurait à former à la fois tant de bataillons, Napoléon ne dirigea d'abord sur les dépôts que les 160 mille conscrits de 1815, mis à sa disposition par le sénatus-consulte du 9 octobre; mais devant rejoindre l'armée active, aussitôt après avoir été habillés et armés, ils auraient été remplacés successivement par des contingens sur la conscription appelée par le sénatus-consulte du 15 novembre.

De tous les objets nécessaires à ces formidables levées, ce qui embarrassait le plus, c'était l'armement. On désarma tous les étrangers, à l'exception des Suisses, qui figuraient encore dans

les rangs de l'armée française ; et dans cette circonstance critique, l'Empereur s'estima heureux d'avoir 25 mille fusils de plus et 25 mille
ennemis de moins.

Cavalerie.   L'organisation de la cavalerie éprouva plus
d'obstacles ; si la France pouvait fournir autant
d'infanterie que l'Empereur en demandait, ses
ressources pour remonter la cavalerie étaient
très-bornées, et paraissaient devoir mettre en
défaut tous ses calculs. C'est pour obvier en partie
à la pénurie de chevaux, que l'ordre fut donné
de remonter l'artillerie à cheval, ainsi que les
sous-officiers du train d'artillerie et des équipages
sur des chevaux d'un mètre 417 millimètres, et de
former 8 nouveaux régimens montés sur des chevaux de cette taille, armés de lances et auxquels
on donna le nom d'éclaireurs (1).

La cavalerie établit ses dépôts généraux de
remonte sur la Meuse moyenne et la Sarre. C'est
là que furent dirigés tous les chevaux provenant
de la réquisition du 30ᵉ cheval, et que durent se
remonter d'abord les 3 à 4 mille vieux cavaliers
démontés qui avaient repassé le Rhin. Ces dépôts
étaient indépendans de ceux des régimens vers

---

(1) Les progrès de l'invasion ne permirent pas de réaliser ce projet. Il n'y eut que 3 régimens d'éclaireurs formés : ils ne dépassèrent jamais 300 lances et furent attachés aux 3 divisions de cavalerie
de la garde.

lesquels on dirigea, ainsi que cela s'était pratiqué pour l'infanterie, tous les officiers et sous-officiers excédant le cadre du 1ᵉʳ escadron, afin qu'ils pussent s'y recruter et rejoindre l'armée dans le plus court délai. Les chevaux étaient fournis à ces dépôts, par les soins des conseils d'administration, aux dépens des fonds spéciaux mis à leur disposition pour cette remonte pressée. Par suite de ces mesures, il n'y eut que le 5ᵉ corps de cavalerie, composé des régimens rappelés d'Espagne vers la fin de la dernière campagne, qui conserva son ancienne organisation. Les 1ᵉʳ et 2ᵉ furent réduits à une seule division chacun; le 3ᵉ à 2; le 4ᵉ fut dissous, et le peu de lanciers polonais, qui en restait, fut envoyé en remonte à Reims.

À mesure que l'infanterie de ligne perdait de la force propre à sa constitution, l'Empereur sentait le besoin de la soutenir par une force auxiliaire. Pour atteindre ce but, un décret du 21 décembre accrut la garde de 8 nouveaux régimens et augmenta de 2 compagnies les cadres de chaque bataillon des anciens. *Garde impériale.*

La garde se composa alors de 8 divisions, dont 6 de jeune garde de 14 bataillons chacune, de 10 bataillons de moyenne et de 8 bataillons de vieille infanterie; en totalité 102 qui, au complet de 840 hommes, auraient formé une réserve de plus de 84 mille combattans. Napoléon trouvait un double avantage à augmenter ainsi sa garde, parce qu'il obtenait en peu de temps des régimens passables par le zèle et le dévouement des officiers et sous-officiers, et que c'était un moyen de donner le change à l'ennemi, en lui présentant des têtes de colonne dont la renommée se plaisait encore à exagérer la vaillance.

Si l'on en avait eu le loisir, on eût recruté ces corps avec différentes espèces d'hommes; la vieille garde par d'anciens soldats de l'armée d'Espagne; les fusiliers par des jeunes gens de famille; les flanqueurs par des forestiers et chasseurs; les vélites par des Toscans et des Piémontais; mais de peur que le temps ne vint à manquer, on y incorpora indistinctement les premiers conscrits disponibles. Les voltigeurs qui auraient dû se former à Metz, ne purent y achever leur organisation, et les tirailleurs ne firent la leur qu'avec peine aux environs de Paris.

Il ne fut rien changé à l'organisation de la cavalerie de la garde; seulement chacune de ses divisions fut augmentée d'un régiment d'éclaireurs, et recruta 250 hommes dans chaque régiment de gardes d'honneur.

Comité de défense.

Tandis que toutes ces dispositions s'exécutaient avec trouble et précipitation, un comité de défense présidé par le premier inspecteur-général du génie, éclairé par les documens des dépôts de la guerre et des fortifications, discutait

la situation, l'armement, l'approvisionnement
et la garnison des places, les positions ou lignes
à occuper d'après la marche présumée de l'ennemi, et minutait en silence les instructions de
détail à transmettre aux maréchaux dans les diverses hypothèses.

Ainsi malgré le mécontentement de la nation,
l'épuisement de ses ressources, la mauvaise volonté de la plupart des autorités, le découragement des officiers généraux et des troupes, au
simple geste d'une main despotique, tout courait
prendre le poste qui lui avait été assigné, et promettait à Napoléon de remplacer, du moins en
nombre, les armées dévorées à Moskow et à
Leipzig.

Cependant les Souverains alliés poursuivant
avec persévérance l'exécution de leur projet,
employaient utilement le temps que leurs troupes mettaient à se réunir des diverses parties de
l'Allemagne sur la rive droite du Rhin.

A peine les têtes de colonne eurent-elles atteint Préparatifs
ce fleuve, que leurs ministres fiers de l'accession des alliés.
successive des Princes de la confédération rhé-
nane à la grande alliance, se réunirent à Francfort, et délibérèrent si les Princes signataires de
l'acte fédératif du 12 juillet 1806, conserveraient
l'exercice de la souveraineté. Une question poli-
-tique de cette nature ne pouvant se résoudre

négativement sans entraîner de graves conséquences, elle fut ajournée dans le conseil, et on
leur garantit *provisoirement* la possession des ac-
quisitions faites depuis cette époque; mais afin
de prévenir en eux l'effet de toute arrière-pensée
en faveur de leur ancien protecteur, on les plaça
sous la tutelle d'un département central, espèce
de comité de salut public, à la tête duquel se
trouvaient le baron de Stein, et les plus ardens
zélateurs de l'association connue, sous le nom de
Tugend-bund (1).

Département
central dans la
confédération

Ce département central cumula l'administration
des pays conquis avec la surveillance de l'exécution des stipulations des Princes confédérés; la
garde et l'entretien des places fortes, la levée
des hommes, la rentrée des contributions de
guerre, et généralement de toutes les fournitures
de vivres et autres prestations à faire aux alliés,
tombèrent aussi dans ses attributions. L'on voit
par-là que l'ancienne confédération du Rhin fut
soumise momentanément à une sorte de régime
révolutionnaire, et que la souveraineté de ses
Princes fut restreinte au simple droit de rendre
justice.

---

(1) Cette association, qui signifie littéralement lien de Vertu, ne
ressemble pas mal à la société des Amis de la Constitution, dans
son origine en France, car elle eut pour motif la liberté et l'indépendance de l'Allemagne, et se propagea comme elle par affiliation.

Tous ceux qui entrèrent dans la grande alliance furent taxés, ainsi que la Saxe et le grand-
duché de Francfort, à un contingent double de
celui qu'ils fournissaient à Napoléon, dont moitié
en troupes de ligne, moitié en milices (*landwehr*);
de manière que l'Allemagne, les villes anséati-
ques comprises, dut mettre sur pied une armée
de 149 mille hommes, divisée en 8 corps, sans
préjudice à la levée en masse (*landsturm*), que le
département central eut la faculté de mettre en
activité partout où il le jugerait nécessaire (1). *Contingens de troupes exigés des princes de la confédération.*

La Russie, l'Autriche et la Prusse, ne pouvant tirer de leurs états, dans la mauvaise saison, les subsistances et autres approvisionnemens nécessaires à l'entretien de leurs armées,
elles imposèrent les petits Princes de la confédération du Rhin à une contribution de 44 millions
250 mille francs, égale au produit net d'une année de revenu : cette contribution partagée en-
tre les trois hautes puissances, à raison de $\frac{5}{17}$ pour
chacune d'elles et de $\frac{1}{17}$ pour la Suède et le Hanovre (2), les mit à même de pourvoir à leurs plus
pressans besoins. *Contribution de guerre qui leur est imposée.*

Les efforts que les alliés avaient faits pour recompléter leurs armées depuis la bataille de

(1) Voyez le recueil de Martens, tome XII, page 626.
(2) *Ibid*, tome XII, page 622.

Leipzig, étaient inouis : toute la population vigoureuse de la Prusse , de l'Allemagne et de
l'Autriche courait aux armes; c'était moins une
coalition des Princes qu'une croisade de tous les
peuples de l'Europe contre Napoléon; du Volga
au Guadalquivir tout se soulevait contre son
despotisme. Les alliés comptaient , il est vrai,
beaucoup de recrues dans leurs rangs , mais
placés à côté des vainqueurs de Leipzig, ils ne
devaient pas tarder pas à en prendre l'esprit.

Alliés de Na-
poléon.

Dans ce bouleversement général , l'Empereur
ne comptait plus d'autres alliés que les royaumes
d'Italie, de Naples et de Danemarck et la confédération Suisse ; encore les cours de Naples et de
Copenhague étaient-elles à la veille de renoncer
à une alliance qui ne devait attirer désormais sur
elles que des calamités. D'un autre côté , les efforts
que le royaume d'Italie allait faire pour repousser l'invasion dont il était menacé par l'Autriche ,
ne pouvaient être efficaces qu'autant que la Suisse
observerait la neutralité.

L'occupation de ce dernier pays par les Français , eût facilité leur offensive en Souabe et en
Italie; c'était une raison pour qu'elle fût enviée
des alliés, auxquels elle offrait par réciprocité
deux excellens débouchés en France , et les
moyens de couper ses communications avec
l'Italie.

La confédération suisse voyant le théâtre de la guerre se rapprocher de ses frontières, craignit d'être entraînée dans une lutte où elle avait tout à perdre. Elle se hâta de notifier aux puissances belligérantes qu'elle avait adopté la neutralité, et décrété, le 18 novembre, la levée d'un corps de troupes pour la faire respecter. Napoléon déjà fort embarrassé de défendre le cours du Rhin avec le peu de troupes qui lui restait, accueillit avec empressement cette déclaration qui le dispensait de garder la frontière la plus faible de l'Empire; mais les alliés ne furent pas d'accord sur le parti à prendre. L'empereur Alexandre, dont les sentimens généreux sont toujours prêts à souscrire aux arrangemens politiques réclamés par l'utilité générale, affectionnant d'ailleurs les Suisses, et de plus, vivement sollicité d'embrasser leur défense par un de ses généraux, originaire du canton de Vaud, était aussi trop habile pour ne pas voir le danger de laisser dominer le parti autrichien dans les vallées helvétiques. Il accueillit les députés Reding et Wieland, et leur promit de respecter la neutralité de la Suisse. D'un autre côté, le comte de Metternich, sur les rapports de quelques réfugiés qui lui assuraient que l'Autriche avait encore tous ses partisans de 1799, crut utile de profiter de la circonstance pour ressaisir dans les cantons l'influence que son cabinet y avait autrefois exercée. Élevant

avec adresse des récriminations relatives au passage accordé sur le pont de Bâle aux troupes françaises, il représenta tous les avantages qu'offrait
aux alliés la possession de ce pont solide, insis-
tant sur les dangers de s'engager en France, au
moment où le Rhin charriait, sans s'être préala-
blement assuré de ce point de retraite. Ces raisons étaient plausibles. L'empereur·Alexandre
consentit à ce qu'on entamât une négociation
avec le général Wateville, à l'effet d'obtenir le
passage à Bâle, en représailles de celui que la division Boudet y avait pris dans le mois d'août
précédent; le cordon de neutralité eût été simplement reculé à cinq kilomètres de cette ville,
sans porter d'ailleurs aucune atteinte aux consti-
tutions de la Suisse. Ces dispositions qui eussent
également atteint le but des alliés, sous les rapports stratégiques, en leur laissant la faculté de
faire filer leurs troupes par la vallée du Doubs
sur Genève et le Vaîais, furent déconcertées par
les intrigues de quelques oligarques du canton
de Berne.

Privés par la récente constitution du droit
exclusif de trafiquer de leurs concitoyens avec les
puissances étrangères, ces patriciens ne rêvaient
que le rétablissement de leurs priviléges, et cru-
rent le moment propice pour asservir les Vau-
dois et les Argoviens, et leur ravir les droits
politiques dont ils jouissaient depuis douze ans,

à l'ombre du pacte fédéral. Un comité secret s'aboucha avec le cabinet et l'état-major autrichiens, fit briller l'or aux yeux cupides de quelques agens subalternes, et ajoutant à ces argumens la promesse de lever un corps auxiliaire, fit résoudre le passage des armées alliées à travers leur patrie, bien résolus de profiter de leur présence pour revendiquer les anciens droits du canton de Berne sur le Valais et l'Argovie, et pour relever surtout leur fortune au milieu de ces changemens politiques.

Le 20 décembre, l'envoyé d'Autriche auprès du corps helvétique, remit au landamann une déclaration officielle annonçant que les Souverains alliés ne reconnaîtraient sa neutralité que du jour où il serait indépendant; qu'ils ne prétendaient s'immiscer en rien dans son gouvernement intérieur, mais qu'ils ne souffriraient point qu'il fût soumis à une influence étrangère.

Le lendemain le passage des Autrichiens commença sans obstacle, et le prince de Schwarzenberg justifia dans une déclaration (1) cette violation d'une neutralité qu'il eût été plus politique, peut-être, de respecter.

L'empereur Alexandre était à Carlsruhe, lors-

---

(1) Voyez le Recueil des Pièces officielles de Schœll, tome II, page 8.

qu'on vint lui annoncer que les Autrichiens pé-
nétraient en Suisse de toutes parts. On assure
qu'il fut d'autant plus indisposé de cette infraction
aux conventions arrêtées avec le comte de Metternich, qu'il avait fait donner pour ainsi dire
par l'archi-duchesse Marie, sa sœur, l'assurance
que la neutralité serait respectée. Quoi qu'il en
soit, la mesure était prise, et bientôt il ne fut
plus question que de la mettre à profit sous les
rapports militaires. Seulement on envoya MM. de
Cabo-d'Istrias et deLebzeltern comme médiateurs
entre les Bernois et leurs ci-devant sujets; car
l'apparition des étrangers en Suisse, avait été
pour les premiers le signal d'une guerre que les
derniers auraient soutenue avec opiniâtreté.

Ainsi le démembrement de l'Empire commença comme son agrandissement illimité par
la violation de la neutralité suisse, pour offrir
cette grande leçon trop souvent écrite dans l'histoire, que la force réelle d'un état réside moins
dans l'étendue de son territoire, et la difficulté
d'approcher de ses frontières, que dans l'amour
des citoyens pour le prince et les vertus com-
pagnes du patriotisme.

Plan de cam-
pague des al-
liés. Pendant que la diplomatie minait ainsi l'édifice
que les armées devaient abattre, un conseil militaire discutait le plan d'invasion. Informé qu'il
n'y avait pas plus de 80 mille Français organisés

sur le Rhin, et que les alliés pouvaient disposer d'environ 320 mille hommes pour opérer simultanément sur la rive gauche de ce fleuve, il sentit que pour ne pas donner à Napoléon le temps de refaire son armée, il fallait en poursuivre sans relâche les débris. En transportant le théâtre de la guerre au milieu de la France, on mettait l'Empereur dans l'alternative de tenir la campagne avec des cadres épuisés et de laisser ses places à la merci des alliés, ou d'y jeter des garnisons et de ne disputer aucune des approches de la capitale; sur ce point il n'y eut qu'une voix : mais si tous les membres du conseil furent d'accord sur la nécessité d'une campagne d'hiver, les avis furent partagés sur la manière d'opérer.

L'état-major autrichien appelé par le rôle que jouait le cabinet de Vienne dans la coalition, à présenter le premier ses idées, proposa de jeter les cosaques et toutes les troupes légères sur la rive gauche du Rhin pour parcourir la France dans tous les sens, y semer la terreur et l'épouvante, intercepter les communications et empêcher les rassemblemens de conscrits. L'armée du prince de Schwarzenberg, marchant ensuite par sa gauche, devait passer le Rhin au point où il sort de la Suisse, et tâcher de pénétrer en France, en longeant la frontière d'Italie, afin de *tendre la main* à l'armée autrichienne qui agissait dans cette contrée ou à celle de lord Wellington. Le feld-

maréchal Blucher eût franchi le fleuve entre
Mayence et Strasbourg, tenu en échec l'armée française jusqu'au moment où le prince de
Schwarzenberg aurait atteint l'un ou l'autre but;
à cet effet l'armée de Silésie eût été soutenue par
un détachement de la grande armée qui aurait
observé *Kehl et Brisach*, par où les Français *pouvaient déboucher sur la rive droite.* En même
temps l'armée du prince de Suède, à l'exception
du corps de Walmoden qui serait resté devant
Hambourg, devait traverser le Rhin entre Dusseldorf et Cologne, et se diriger sur Anvers en
longeant la Meuse, pour couper la Hollande et
prendre la Belgique à revers. Il ne serait resté
en Allemagne que les corps de Benningsen et de
Tauenzien, pour bloquer et assiéger les places
où les Français avaient laissé des garnisons.

Ce projet s'écartait trop des principes ordinaires pour qu'il fût goûté par les Russes et les Prussiens. Il isolait les trois masses principales sur
des directions opposées au but qu'elles devaient
avoir naturellement en vue; on y entrevit d'ailleurs que l'entrée préliminaire des cosaques, si
contraire à la déclaration du 1er décembre, exas-
pérerait une population qu'on avait intérêt de
ménager.

Après de longues discussions, on reconnut qu'il
fallait au moins tenir ensemble 200 mille hommes,
non compris les corps d'observation de la Hol-

lande et du Haut-Rhin, et qu'on ne pouvait s'éloigner beaucoup de la base d'opération sur ce fleuve, devant un capitaine aussi actif que Napoléon; en conséquence, il fut arrêté que les trois armées du prince de Schwarzenberg, du feld-maréchal Blucher et du prince royal de Suède passeraient le Rhin aux points déterminés dans le premier projet; que la première laisserait des corps d'observation devant les places de Besançon et de Genève, la seconde sous Mayence et Strasbourg, et que toutes deux marcheraient concentriquement sur Paris et tâcheraient d'opérer leur jonction sur la Meuse ou la Marne, dans les plaines de la Champagne. Quant à l'armée du prince royal de Suède, elle fut chargée de la conquête de la Hollande et de la Belgique. L'armée autrichienne d'Italie et l'armée anglo-espagnole des Pyrénées, ne furent considérées que comme des armées secondaires, agissant chacune pour elle-même, sans chercher à coordonner sa marche avec les deux premières.

Aussitôt les nombreux bataillons de la coalition s'ébranlèrent pour prendre leur ordre de bataille dans la nouvelle ligne. L'armée du prince de Schwarzenberg, forte d'environ 150 mille hommes, et que grossiront incessamment les 6ᵉ et 7ᵉ corps allemands, vint cantonner dans le grand-duché de Baden, le Brisgaw et sur les frontières de la Suisse. (*Voyez le Tableau, nº I.*)

Emplacement des armées alliées.

L'armée de Silésie qui comptait 130 mille combattans, non compris les 4ᵉ et 5ᵉ corps allemands
qui lui sont attachés; s'étendit entre le Necker
et la Lahn. (*Voyez le Tableau, n° II.*)

L'armée du Nord n'avait pour le moment que
40 mille combattans qui se placèrent derrière le
Bas-Rhin et le long du Vahl, depuis Wesel jusqu'à
Rotterdam ; le reste de ses troupes se trouvait
encore employé sur le Bas-Elbe. (*Voyez le Tableau, n° III.*)

Ainsi vers la mi-décembre, 320 mille combattans n'attendaient qu'un signal pour passer le
fleuve; ils devaient avoir pour réserves, en première ligne, le reste de l'armée du Nord, les 8
corps allemands qui étaient en pleine formation,
la réserve prussienne de Westphalie, environ 10
mille Hollandais, et un corps de 8 mille Anglais
en Belgique, formant au-delà de 180 mille hommes; en deuxième ligne, les réserves autrichiennes qui se réunissaient sur l'Inn, et les Russes qui
se formaient en Pologne, estimées ensemble à
100 mille combattans.

Dans ce nombre n'étaient point comprises les
armées de Tauenzien ni de Benningsen employées
aux blocus et aux siéges des places sur les derrières, s'élevant à près de 100 mille hommes, ni
l'armée autrichienne d'Italie forte de 80 mille,
ni celle des Pyrénées qui s'élevait à pareil
nombre d'Anglais, Espagnols ou Portugais; en

sorte que d'après les calculs les plus modérés la coalition n'avait pas moins de 850 mille combattans à mettre en action.

Quoique l'Empereur eût encore 300 mille hommes sous les armes, il ne lui en restait pas au-delà de 80 mille, pour tenir tête aux alliés.

Dans le Nord, le 13ᵉ corps fort d'environ 25 mille, acculé aux Bouches-de-l'Elbe, sans possibilité de combiner ses opérations avec la garnison de Magdebourg, depuis l'armistice conclu le 15 décembre, entre les Danois et les Russes, était perdu pour la France, puisque tous ses efforts ne pouvaient tendre qu'à occuper un gros corps d'observation. Le retour du 1ᵉʳ et du 14ᵉ corps, laissés à Dresde sous les ordres du maréchal Saint-Cyr, était incertain; bien qu'en vertu de la convention du 11 novembre, ils dussent rentrer en France avec armes et bagages.

Les malheurs de la campagne précédente avaient réduit les armées d'Espagne à moins de 100 mille vieux soldats; elles devaient contenir 150 mille ennemis; et avec le funeste système de laisser des garnisons dans toutes les places, il était aisé de prévoir, qu'en envoyant le plus petit détachement au secours des frontières de l'Est ou du Nord, le midi de la France serait à la merci des armées combinées d'Angleterre, d'Espagne et de Portugal.

Forces de l'empereur Napoléon.

Le vice-roi d'Italie comptait 30 mille Français dans son armée, mais dès qu'on était résolu de tenir sur l'Adige, ce n'était pas le cas de les rappeler.

A ces 150 mille combattans employés sur des points accessoires, il faut joindre 60 à 70 mille hommes répandus dans les places fortes de l'Oder et de l'Elbe, de la Hollande, de l'Allemagne, de la Dalmatie et de l'Italie; d'où l'on voit qu'il n'y avait en effet que les débris de la grande armée à opposer à l'invasion. Il est vrai que dans les premiers dispositifs, l'Empereur avait compté sur le concours des 25 mille hommes des 1er et 14e corps, que la violation de la convention de Dresde acheva de lui enlever, et sur celui de 20 mille Napolitains qui se tournèrent contre lui; peut-être même se flattait-il, dans tout état de choses, de se renforcer à temps des garnisons laissées au-delà de l'Elbe; car il chargea, le 18 novembre, le duc de Raguse de traiter de leur retour avec le prince de Schwarzenberg (1); mais quand

_____

(1) Le prince de Neuchâtel manda au duc de Raguse d'envoyer un officier intelligent auprès du prince de Schwarzenberg pour offrir de traiter de la reddition de Dantzig, Modelin, Zamosk, Stettin, Custrin et Glogau, à condition que les garnisons rentreraient en France avec armés, bagages, toute l'artillerie française et leur magasin d'habillement; quant aux places de l'Elbe, on ne voit pas que l'Empereur songeât encore à les rendre, car le major-général ne donne au duc aucune instruction à ce sujet.

bien même ces renforts seraient entrés en ligne,
ils n'auraient pas rétabli l'équilibre dans la balance des forces.

Les cadres de la grande armée destinés à tenir Emplacement de la grande armée.
tête à l'ennemi occupaient vers la fin de décem-
bre, les positions suivantes :

Le duc de Bellune avec le 2e corps d'infanterie
de 8500 hommes, et le 5e de cavalerie de 3600
chevaux observait le Rhin, depuis sa sortie de
la Suisse jusqu'à Strasbourg.

Le duc de Raguse, avec le 6e corps d'infanterie
d'environ 10 mille baïonnettes et 1200 sabres
du 1er corps de cavalerie ; couvrait le fleuve
de Strasbourg à Mayence. Cette place était gardée
par le 4e corps d'infanterie aux ordres du comte
Morand, lequel avec 18 mille combattans, devait observer le Rhin jusqu'à Coblentz. Le 5e
corps d'infanterie, sous le duc de Tarente, réduit à une division de moins de 5 mille hommes,
s'étendait depuis le confluent de la Moselle jusqu'à celui de la Lippe, ayant pour surveiller les
bords du Rhin, 1200 chevaux du 3e de cavalerie, le tout aux ordres du comte Sébastiani.
Le 11e corps d'infanterie qui comptait 10 mille
combattans, garnissait, sous les ordres immédiats du maréchal, l'intervalle entre Crevelt et
Nimègue, ayant sur sa droite 1500 chevaux du
2e corps, pour former le cordon depuis Wesel
jusqu'au fort Saint-André.

.. Le comte Maison, à l'extrême gauche de la ligne, avec les fonds de dépôts des 17ᵉ et 24ᵉ divisions territoriales, les cadres de 2 divisions d'infanterie de jeune garde et 800 chevaux, couvrait Anvers et devait protéger la Belgique. La Hollande était déjà envahie (1).

Ainsi pour garder plus de 80 myriamètres du cours du Rhin, il n'y avait pas 60 mille hommes d'infanterie et 8 mille de cavalerie. Strasbourg, Dusseldorf, Landaw, Mayence et Wesel avaient, il est vrai, des garnisons; mais ces grands points d'appui faiblement liés entre eux par des places moins considérables, étaient de peu de secours contre une invasion imminente; d'ailleurs la plupart dénués d'approvisionnemens, n'auraient offert que des asiles peu sûrs aux corps qui s'y seraient réfugiés.

Dans l'intérieur, deux divisions de jeune garde s'organisaient à Metz, deux à Bruxelles, deux autres à Paris, une à Sarrelouis, l'autre à Lille. Des réserves de conscrits, habillés et armés à la hâte se rassemblaient à Bordeaux, Nîmes, Montpellier et Lyon; mais toutes ensemble ne formaient point encore 4 mille combattans.

(1) Une insurrection populaire, secondée par l'apparition du corps de Bulow, avait déterminé l'évacuation de la Hollande, dès la fin de novembre, ainsi qu'on le verra dans le chapitre suivant.

Le total des forces agissantes ne s'élevait donc Plan de défensive de Napo-
léon. pas à plus de 100 mille hommes, ainsi qu'on le voit au *Tableau*, n° *IV*.

L'Empereur se faisant néanmoins illusion sur le nombre de ses ennemis, sur la réduction de ses cadres, et sur le dénuement absolu de toutes ressources, ne songea pas à opérer de réforme dans son état militaire, et prétendit conserver 8 corps d'armée, lorsqu'il lui restait à peine assez de troupes pour en former 3. Cette faute, comme on le verra par la suite, commise en vue de ménager l'amour-propre des maréchaux, lui devint très-funeste par le peu d'ensemble qui régna entre leurs dispositions, lorsqu'ils opérèrent hors de sa présence. Enfin comme son génie se pliait avec difficulté aux combinaisons de la défense, et qu'il se flattait de trouver incessamment l'occasion de reprendre l'offensive, il adopta un plan de campagne, pour l'exécution duquel il n'eût pas fallu moins de 150 mille hommes.

Dans ce plan le cours du Rhin, depuis Mayence jusqu'à son embouchure, devait être observé par 3 corps d'armée. Celui de droite aux ordres du comte Morand, stationné dans les environs de Mayence, comme celui de gauche commandé par le comte Maison, placé sous Anvers, auraient reçu leurs instructions du duc de Tarente, qui se serait tenu au centre vers Nimègue, et aurait combiné, le cas échéant, ses opérations avec les leurs.

La frontière menacée se trouvait divisée dans ce projet en 4 grands commandemens :

Le 1er, sous les ordres du duc de Bellune, devait comprendre toute la plaine des départemens du Haut et du Bas-Rhin, et couvrir les débouchés par lesquels l'ennemi pouvait gagner la crète des Vosges, depuis les cols de Sainte-Marie-aux-Mines et du Bon-Homme jusqu'à Thann.

Le 2e, commandé par le duc de Raguse, aurait renfermé le bassin de la Moselle, la chaîne des Vosges, et ses revers sur le Doubs, depuis le col de Drummont jusqu'à la haute vallée de la Saône, communiquant avec le 1er par le débouché de Thann.

Le 3e commandement, réservé au prince de la Moskowa, s'étendait sur tous les débouchés du Morvan jusqu'à la Saône. Une forte division aurait occupé Pont-de-Saône et Gray, point d'où l'on peut à volonté suivre l'offensive sur Besançon et Vesoul, et soutenir la défensive vers les débouchés qui mènent du bassin de la Saône dans ceux de l'Yonne et de l'Armançon.

Le 4e, destiné au duc de Castiglione, aurait porté de Belley, comme centre, sa sphère d'activité sur les crètes, cols ou défilés entre le pont de Bellegarde, et Châtillon de Michaille d'une part, Les Echelles et Pont-de-Beauvoisin de l'autre.

La liaison entre les commandemens du Rhône et du Morvan, eût été faite par un corps intermédiaire, composé d'une simple division d'infanterie et d'une brigade de cavalerie légère, qui aurait surveillé les débouchés de la Suisse et du Porentruy dans la Franche-Comté.

En cas d'offensive, la garde impériale aux ordres des ducs de Trévise et de Reggio se serait rassemblée à Chaumont; sinon elle aurait été cantonnée dans les environs de Langres.

Sur la frontière des Pyrénées, les maréchaux ducs de Dalmatie et d'Albufera, déjà sur la défensive, ne reçurent aucune instruction: ils devaient par conséquent agir d'une manière tout-à-fait indépendante, tant l'un de l'autre que de la grande armée.

Le prince vice-roi avait ordre de reprendre l'offensive en Italie, aussitôt qu'il aurait été rejoint par l'armée napolitaine. L'Empereur espérait que ce renfort mettrait son fils adoptif à même, sinon de chasser les Autrichiens du royaume d'Italie, du moins de les forcer à tenir sur les frontières de la Carinthie une armée de 100 mille hommes pour couvrir Vienne.

Cette distribution de forces qui eût été con- Observations. venable, si les alliés avaient donné le temps de réorganiser l'armée, devenait impraticable dès qu'ils étaient décidés à tenter l'invasion

4*

pendant l'hiver. Des militaires ont pensé que Napoléon, au lieu de s'amuser à coordonner les détails de ce projet gigantesque, aurait beaucoup mieux fait de retirer les troupes qui se trouvaient disséminées en Hollande, en laissant seulement des garnisons à Wesel, Maëstricht et Anvers pour brider la Belgique; d'évacuer tout-à-fait l'Espagne, et de ne garder dans les Pyrénées que le nombre d'hommes strictement nécessaire; de rappeler tous les Français épars dans l'Italie, après avoir jeté les Italiens dans Mantoue, et mis de bonnes garnisons à Alexandrie et Gênes, clefs de la presqu'île; le tout afin de pouvoir rassembler 100 mille hommes entre le Jura, les Vosges et le Morvan. Dirigée avec prudence, cette armée eût suffi selon eux pour arrêter l'invasion dès le principe. Il est vrai qu'en adoptant ce projet, il eût fallu abandonner à l'ennemi, un grand nombre de départemens, et que l'Empereur eût divulgué le secret de sa faiblesse; mais qu'importait alors de la cacher? à la guerre il est telle circonstance où un sacrifice fait à propos tire du péril où jettent les demi-mesures.

CHAPITRE II.

Invasion de la Hollande, et suites funestes qui en résultent pour Napoléon.

(Consultez pour les marches la carte de l'Empire Français,
dite des ponts et chaussés, et pour les positions les feuilles de Ferraris, n° I, II, III, IV et. V.)

Tandis que les Alliés et Napoléon méditaient ainsi les plans d'invasion et de défense, un événement, pour ainsi dire imprévu, dérangeait par ses conséquences les combinaisons de la défensive, et formait en faveur de l'offensive une grande et importante diversion.

Nous allons donc exposer, comme une introduction nécessaire au récit de l'invasion principale, les circonstances et les premières suites de celle de la Hollande.

Immédiatement après la bataille de Leipzig, et au moment où les armées de Bohême et de Silésie poursuivaient les débris de l'armée impériale sur le Rhin, le prince royal de Suède en marchant sur le Weser contre le corps du prince d'Eckmuhl établi sur la Stecknitz, détacha sur sa gauche les corps de Bulow et de Winzingerode, qui vinrent cantonner au commencement de novembre dans les environs de Munster et d'Osnabruck.

L'approche de ces deux corps sur les frontières de la Hollande y mit les esprits en fermentation. Une proclamation du général Bulow, col‑ portée par ses agens jusques dans Amsterdam, exaltant toutes les têtes, y amena le 16 novembre, une insurrection qui fut le signal de la révolte dans plusieurs autres villes.

Le général Molitor qui n'avait pas au‑delà de 14 mille hommes de la plus détestable composition, pour garder la 17ᵉ division militaire, et les îles de la Zélande. (*Voyez le Tableau, n° V*), ne crut pas être en état de conjurer l'orage. Après avoir jeté garnison dans Naarden, Briel, Helvoët‑sluys, au Texel, dans l'île de Gorée, et au fort de Halweg, il se retira avec environ 5 mille hommes à Utrecht, conservant Amersfort comme avant‑poste. De son côté, le duc de Tarente qui, comme nous l'avons dit au chapitre précédent, gardait le Bas‑Rhin jusqu'à l'Yssel, se voyant incessamment menacé sur son extrême gauche, porta la division Amey forte d'environ 2000 baïonnettes à Deventer, où réunie aux douaniers et à la gendarmerie qu'y avait rassemblés le général Lauberdière, elle forma le seul corps qu'on put opposer sur l'Yssel aux premiers pas des ennemis, dont les avant‑postes observaient déjà Doesburg, Bathmen, et Zwoll.

Insurrection à Amsterdam.

Dispositions défensives des Français.

Cependant les généraux Bulow et Winzingerode sans instructions précises de leur général
en chef, demeuraient simples spectateurs de la
révolution qu'ils avaient précipitée, lorsque les
députés de la ville d'Amsterdam vinrent les sup-
plier de prendre possession d'un pays qui s'é-
chappait des mains des Français.

Sur cette invitation, l'avant-garde de Winzin- L'ennemi force le passage
de l'Yssel.
gerode forte de 1200 fantassins et 2400 chevaux
aux ordres du général Benkendorf, força le passage de l'Yssel à Zwoll qui était mal gardé, et
entre Deventer et Zutphen. Ce général avec l'infanterie et quelque cavalerie, se porta du premier de ces points à Harderwick où il s'embar-
qua sur de petits bâtimens préparés par les Hollandais, et après avoir échappé aux croisières de
l'escadre du Texel dans le Zuyderzée, il aborda
heureusement le 23 novembre à Amsterdam. La
présence de ces troupes dans la capitale de la
Hollande, imprima un caractère tout-à-fait national à l'insurrection. Le gouvernement provisoire en profita pour proclamer de suite l'indépendance des Provinces-Unies, et rappeler d'Angleterre, le prince d'Orange que les malheurs
de la campagne de 1794, en avaient tenu exilé
depuis vingt ans.

Le général Stall avec le gros de la cavalerie se
dirigea sur Amersfort, dont il chassa les avant-
postes français après une légère escarmouche.

Quoique certain de marcher à une conquête aisée, le général Bulow après avoir détaché la brigade Borstell pour former le blocus de Wesel, s'avançait avec lenteur sur l'Yssel, où son avant-garde enleva le 23 et le 24 les faibles postes français qui gardaient Doesburg et Zutphen.

Ces petits succès ayant enhardi le général Oppen, il espéra emporter Arnheim sans coup férir, mais sa tentative échoua complétement le 28. Le général Bulow auquel il grossit la division Charpentier qui ne comptait pas 3000 baïonnettes, crut devoir faire concourir toutes ses troupes à ce coup de main. Le 29, les brigades Thumen et Krafft, soutenues de tous les dragons, attaquèrent sur 5 colonnes le camp retranché en avant de cette place, défendu par la brigade Sainte-Marie. Nonobstant la disproportion des deux partis, et peut-être la disposition fautive des forces françaises, le premier effort des Prussiens fut contenu; mais le second ayant été protégé par le feu de 60 pièces de canon, les retranchemens furent emportés, et une partie de leurs défenseurs obligés de se retirer par le pont derrière le Rhin où l'artillerie continua à les écraser; l'autre se réfugia dans la ville qui fut escaladée, et dans l'intérieur de laquelle on se battit avec acharnement. La victoire était encore douteuse, lorsque la chute du général Charpentier grièvement blessé, la décida en faveur des Prussiens.

Alors tout se précipita sur le pont que l'on n'eut pas le temps de brûler, abandonnant 12 pièces de canon et 5 à 600 prisonniers à l'ennemi. La cavalerie poursuivit les fuyards jusqu'au-delà d'Elst, où elle fut arrêtée par la brigade Bigarré accourue un peu tard à leur secours.

Maître de ce point important, le général Bulow vint border la rive droite du bras du Rhin qui se dirige sur Utrecht où il établit son quartier-général le 2 décembre.

Le général Molitor ainsi pressé sur son flanc droit par les Prussiens, et menacé sur son front par les Russes, qu'il s'attendait à voir déboucher d'Amsterdam en forces, évacua Utrecht, repassa le Leck et le Wahl, et alla prendre possession de Gorcum et des passages du Wahl, depuis Whamel jusqu'au fort de Lœvenstein. *Evacuation d'Utrecht.*

Ce mouvement rétrograde fut suivi jusqu'à Wianen et Wyck par le général Stall, lequel après avoir été remplacé par l'avant-garde du corps prussien, se porta sur Rotterdam pour y préparer des moyens de passage au général Benkendorf qui ne tarda pas à le suivre.

Dès-lors toute la ligne du Leck, d'Arnheim à Rotterdam était tombée, et l'ennemi n'avait plus que le Wahl à franchir pour entrer en Brabant.

A la première nouvelle de ces événemens, l'Empereur ordonna le 30 novembre au comte Decaen de se rendre à Gorcum pour y organiser *Le comte Decaen, nommé général de l'armée de Hollande.*

un noyau d'armée avec les troupes des 17ᵉ et 31ᵉ
divisions territoriales, commandées par les généraux Molitor et Ambert, et avec les gardes
nationales de l'arrondissement maritime d'Anvers, aux ordres du sénateur comte Rampon. Ce
noyau devait être incessamment renforcé par le
1ᵉʳ corps bis de la grande armée, que le duc de
Plaisance réunissait à Anvers, et qu'on espérait
porter à 16 mille hommes, non compris une division de jeune garde qui reçut ordre d'aller former réserve à Bruxelles.

La tâche imposée au général Decaen consistait à mettre en état de défense les îles de Woorn,
de Gorée et d'Overflack; Briel, Helvoët-sluys et
Wilhelmstadt; à s'assurer pour les retours offensifs de la double tête de pont du Leck, formée
par les ouvrages de Schoon-howen et Niewport;
enfin à se tenir en garde contre les débarque-
mens que les Anglais voudraient exécuter sur les
côtes des bouches de la Meuse, et à combiner
ses opérations avec le duc de Tarente, qu'on
supposait encore contre toute vraisemblance,
intact sur l'Yssel.

Situation des
affaires en
Hollande dans
les premiers
jours de dé-
cembre. Cette tâche, si facile en apparence, entraînait
avec elle une grande responsabilité : un dévouement et une activité sans bornes ne suffisaient
pas pour la bien remplir, car il n'y avait ni les
ressources matérielles, ni les troupes, ni le temps
nécessaires pour arrêter une mesure efficace, ou

même un palliatif. Le feu de la révolte avait de proche en proche gagné toutes les îles de la Zélande, où la station d'une escadre anglaise, portant des troupes de débarquement, l'attisait encore. Les gardes-côtes, gens du pays, et les soldats des régimens étrangers auxquels, faute de meilleures troupes, la garde de ces contrées peu affidées avait été confiée, tournèrent, comme on en avait prévenu l'Empereur depuis long-temps, leurs armes contre leurs chefs. Le général Rostolland fut fait prisonnier par ses propres soldats dans le fort Duquesne; le général Ducos, assailli dans Zyrick-Zée par les flots d'une populace mutinée, abandonné de sa garnison, s'estima trop heureux d'obtenir du commandant de la station anglaise, la permission de se retirer dans Tholen avec 3o hommes fidèles. Le général Gilly dans l'île de Walcheren, le général Rousseau dans celle de Cadzant, n'ayant que des garnisons composées en partie de troupes justement suspectes, environnés de bâtimens anglais, réclamaient des secours qu'on ne pouvait plus leur donner. Les forts de Batz, de Lillo, de Santvliet n'étaient gardés que par des gardes-côtes. Steenbergen et Tholen n'étaient point occupés; il n'y avait à Gertruydenberg, à Berg-op-Zoom, dans Bois-le-Duc et dans Breda, que quelques centaines de marins et de vétérans : du reste ces quatre places importantes, les clefs de la Belgique, n'étaient

pas même à l'abri d'un coup de main. Enfin pour
comble de maux, Anvers se trouvait sans garnison. D'un autre côté un parti jeté près de Dusseldorf, sur la rive gauche du Rhin, par le général
Borstell qui bloquait Wesel, avait surpris Neuss.
A la vérité ce poste fut repris de suite par un
détachement aux ordres des généraux Beauvais
et Quinette, du corps du comte Sebastiani; mais
cette incursion avait forcé le duc de Tarente à
s'éloigner de l'Yssel, et à porter vers Neuss les
divisions Amey et Charpentier.

Tel était l'état des choses sur cette frontière,
à l'époque du 4 décembre, lorsque le comte Decaen arriva à Anvers, et que les 12ᵉ et 13ᵉ régimens de tirailleurs formant la tête de la division
de jeune garde aux ordres du général Roguet,
entrèrent à Bruxelles.

Mesures pri-
ses par le gé-
néral Decaen. Le général en chef, informé à son arrivée de
ces divers événemens, et voyant l'ennemi maître
de la plupart des points de la ligne de défense qui
lui avaient été assignés, se décida à rester à Anvers, et prit les mesures que la briéveté du
temps et le manque absolu de ressources lui permirent, pour arrêter les progrès de l'ennemi.

A cet effet le vice-amiral Missiessi et le préfet
maritime furent invités à affecter au service de
terre tous les matelots et ouvriers nés français,
dont ils pouvaient se passer, et l'on en forma divers détachemens pour renforcer les garnisons de

Berg-op-Zoom et Breda, et former celles de Steenbergen et Batz; l'on requit des chevaux pour atteler une demi-batterie qui fut attachée à une colonne mobile, dont le général Ambert se servit pour en imposer aux habitans du pays, et assurer les communications de Breda avec Gertruyden-berg et Gorcum. Le général Roguet reçut l'ordre de réunir ses troupes à Louvain pour être en mesure de soutenir sur Maëstricht ou Grave le duc de Tarente, s'il rencontrait l'ennemi en force aux environs de Neuss. En même temps l'on s'occupa de l'approvisionnement des places, ainsi que des premiers et plus urgens travaux de défense de Berg-op-Zoom et d'Anvers.

Les généraux alliés, enhardis par la réussite des entreprises les plus téméraires en apparence, se décidèrent à passer le Wahl, afin de se saisir, sur la gauche, d'une ou plusieurs places propres à les mettre en contact avec les Anglais, qui devaient débarquer sur les bords de l'Escaut oriental, et à servir de bases aux opérations ultérieures. En effet, pendant que l'avant-garde du général Bulow poussait des partis sous Bommel et Gorcum, que des insurgés hollandais se rendaient maîtres de Briel, de Helvoët-sluys, et de Hoye-Swaluwe, le général Benkendorf faisait embarquer ses troupes à Dordrecht dans la journée du 7 décembre, et forçait le 8 le poste de Verkendam, à 5 kilomètres au-dessous de

Passage du Wahl par l'ennemi.

Gorcum, s'emparait de la digue de la Vieille-Meuse, et filait à la vue de la place sur Breda, détachant sur sa droite des partis de cosaques, pour observer Gertruydenberg et Wilhelmstadt.

L'avant-garde russe rencontra à la hauteur de Posthorn, 300 marins que le général Ambert envoyait à Gertruydenberg, Klundert et Seevenberg pour en renforcer la garnison. La fusillade s'engagea, et après deux heures d'escarmouche, les Français se replièrent dans la place de Breda, dont les ponts-levis furent aussitôt levés.

. Informé de la marche de l'ennemi, le général Decaen, qui, sans un ordre exprès de l'Empereur , n'osait disposer de la division Roguet, avec laquelle il eût pu d'Anvers pousser une reconnaissance pour s'assurer de la véritable force de l'ennemi , supposa qu'il ne s'avançait point sur Breda, sans être en état de tenter un coup de main. Craignant dès-lors que le succès d'une pareille entreprise ne le privât des seuls moyens qui restaient pour couvrir Anvers , place autrement importante, puisqu'elle renfermait les arsenaux, les magasins et les chantiers de la marine, il autorisa le général Ambert à évacuer Breda.

D'un autre côté, la place de Wilhelmstadt lui paraissant avoir perdu presque tout son importance par l'investissement de Gertruydenberg, et la perte des îles de Voorn et de Gorée, il en ordonna de suite l'évacuation.

Le général Ambert, qui n'avait pas au-delà de 900 combattans, tant en marins mal armés, qu'en conscrits peu aguerris, avec 3 bouches à feu, n'était pas homme à rendre la place à un simple parti. Il fit une sortie qui fusilla le reste de la journée avec les coureurs ennemis; mais sur le soir, considérant que toute communication était coupée avec Gertruydenberg et Gorcum, qu'il ne pouvait résister à un coup de main, et courait risque d'être trahi par la bourgeoisie, il se décida à ne pas attendre le gros du corps ennemi, et à évacuer la place. Cette opération eut lieu le 9, en plein jour; la garnison emporta les clefs de la ville et se retira *Evacuation de Breda.* sur Braschaet où elle s'établit le lendemain. Vers neuf heures, l'ennemi en prit possession sur des bateaux que les habitans lui envoyèrent par le canal. Il n'y trouva que 200 malades qu'on n'avait pu transporter, faute de voitures.

A peine le général Benkendorf fut-il maître de Breda, qu'il détacha 2 régimens de cosaques sur Wilhelmstadt. Le colonel Legrand qui venait de *Evacuation de Wilhelmstadt* recevoir l'ordre d'évacuation, craignant d'être coupé, se hâta de l'exécuter, laissant dans la place un matériel d'artillerie considérable, et 32 chaloupes canonnières. La prise de cette place fut d'autant plus agréable aux alliés, que l'expédition anglaise y trouva pour débarquer un port commode et sûr. Pendant que le général

Graham se pressait de mettre ses troupes à terre, le général Stall ayant été renforcé, sommait Gertruydenberg. Le général Lorcet qui l'occupait, avec une centaine d'hommes, après avoir tenté inutilement de s'échapper, consentit à remettre ce poste à condition de rentrer en France, ce qui lui fut accordé.

Prise de l'île de Bommel. — Jusques-là, le général Bulow n'avait point bougé de ses cantonnemens aux environs d'Utrecht; mais lorsqu'il fut informé de l'occupation de Breda, de Gertruydenberg et de Wilhelmstadt, il fit resserrer le blocus de la place de Gorcum par la brigade Thumen, et se disposa à prendre possession de l'île de Bommel. Le 17 décembre, ses troupes forcèrent en même temps le passage du Wahl, en face de Bommel, et près de Gorcum. L'intention du général Bulow était d'attaquer la ville de Bommel, située sur la rive gauche du Wahl, pendant qu'une colonne chercherait à couper la retraite de ses défenseurs sur Anvers. Il avait, à cet effet, divisé ses troupes en 2 colonnes. La 1re, commandée par le général Oppen, était composée de sa cavalerie et des brigades d'infanterie de Thumen et du prince Louis de Hesse-Hombourg. La 2e ne consistait que dans la brigade Krafft.

Le passage du Wahl par la 1re, s'effectua sous le feu de 60 pièces de canon, sans qu'on pût y apporter d'obstacles. Le général Molitor se retira

en bon ordre et alla repasser la Meuse à Crèvecœur, d'où il prit la route de Grave; il fut vivement poursuivi par l'ennemi qui, après avoir
enlevé la première de ces places, rabattit sur le
fort Saint-André, dont il se rendit maître presque
sans coup férir. La 2ᵉ colonne passa à Meervelde,
près de Gorcum, dont elle compléta le blocus sur
la rive gauche du Wahl, après en avoir repoussé
une sortie; s'empara de Vorcum et de Lœvenstein, puis se dirigea sur Heusden où elle s'établit.

Le peu de troupes françaises disponibles de ce
côté, se trouvaient par l'effet de ce simple mouvement éloignées et concentrées sous les ordres du
duc de Tarente dans les environs de Nimègue;
le général Benkendorf poussa alors sans crainte
ses partis sur West-Vesel et Turnhout dans la direction d'Anvers, et le partisan prussien Co-
lomb battit la campagne jusques sous les murs de
Malines et de Louvain.

A la nouvelle des événemens qui mettaient en
si grand danger les établissemens d'Anvers, l'Empereur affecta une sécurité qui surprit tout le
monde : il se contenta d'enjoindre au général
Roguet, qui avait porté une de ses brigades à
Louvain pour comprimer les mouvemens insur-
rectionnels que l'apparition des coureurs russes
et prussiens y avaient excités, de se rendre à Anvers sous les ordres du duc de Plaisance; mais
lorsqu'il apprit l'évacuation de Wilhelmstadt et

de Breda, il fit éclater une grande colère contre le général Decaen, lui retira le commandement et ordonna qu'une enquête fût faite sur sa conduite. Cet acte de sévérité déguisait mal ses inquiétudes, et l'on ne tarda pas à s'apercevoir qu'il en avait de très-vives sur la place, à laquelle d'autres moins importantes venaient, dans l'impuissance de tout défendre, d'être sacrifiées par le brave général qui encourait sa disgrace.

L'Empereur
veut former
un corps de sa
garde en Belgique.

Mais le calme trompeur qui régnait le long du Rhin, lui persuadant que les premiers efforts des alliés se dirigeraient du côté de la Belgique, il se crut encore en état d'y tout garder, et dans ce but, il n'hésita pas à y rassembler à la hâte un corps d'armée de la garde, à défaut d'autres troupes.

La division de cavalerie du général **Lefebvre-Desnoëttes**, et celle d'infanterie du général **Barrois**, reçurent ordre du prince major-général de se rendre en toute diligence à Bruxelles, où elles devaient achever leur organisation, et être suivies tant par la division Boyer de Rebeval en formation à Lille, que par les divisions de vieille garde Friant et Laferrière-Lévêque qui s'y acheminaient de Trèves, sous la conduite du duc de Trévise.

L'intention de l'Empereur était que ces troupes reprissent Breda, fissent repasser la Meuse et le Wahl à l'ennemi, et donnassent le temps au

1ᵉʳ corps de se former et de s'asseoir dans le camp retranché d'Anvers (1).

Mais en attendant leur arrivée, il prescrivit au comte Roguet de marcher d'Anvers sur Breda, de tâcher de s'emparer de cette place par un coup de main, et de rouvrir la communication avec Gorcum. Le duc de Tarente eut l'ordre de favoriser son mouvement en se portant de Grave sur Bois-le-Duc.

Il donne ordre au comte Roguet de reprendre Breda.

Le général Roguet se mit en mouvement le 19 décembre, avec environ 6 mille hommes d'infanterie et 800 chevaux, sur West-Vesel, dont

_____

(1) Dans la guerre des Pays-Bas, Anvers fut couvert sur les deux rives de l'Escaut, par un système de forts et un camp retranché qui enveloppait le village de Borgerhout ; dans les guerres de Louis XIV et de Louis XV, cette place fut le point d'appui de lignes qui rejoignaient la Nèthe dans la direction à peu près du canal projeté de l'Escaut à la Meuse. Lors de la dernière expédition anglaise, un officier supérieur du génie proposa un camp retranché, destiné à recueillir les troupes, si elles venaient à être rejetées de l'Escaut-Oriental sur Anvers. Le prince de Ponte-Corvo reconnut ce camp, mais seulement pour agir sur l'opinion, et dit à cet officier, qui prenait ses ordres pour le tracer : « Comme vous voudrez, mon cher commandant ; ceci, voyez-vous, est un camp politique. » Quelque temps après, l'Empereur averti par cette expédition, conçut l'idée d'un système de forts et d'un camp retranché, destinés tout à la fois à préserver les chantiers de la marine de bombardement, et à couvrir une armée de gardes nationales ou de nouvelles levées ; mais les ouvrages n'étaient qu'en partie exécutés, les levées n'étaient pas faites ; en un mot, c'était un de ces projets conçus pour un état de puissance et de prospérité, dont l'empire était déchu.

il chassa les avant-postes du général Stall. Le 20, il arriva devant Breda, et disposa toutes ses batteries pour y jeter des obus dans la nuit. Le général Castex alla observer Bois-le-Duc et *Ghene-ghen* avec la cavalerie. Un poste fut placé à Terheide sur la Marck pour rompre les communications par eau avec Gertruydenberg.

Attaqué infructueuse sur Breda.

A minuit le bombardement commença, et dura six heures. La place n'y répondit que faiblement, parce qu'elle n'avait encore qu'une batterie légère; mais le prince Gagarin revenant de battre la campagne aux environs de Bruxelles, étant parvenu à déloger dans la nuit même le poste de Terheide, le convoi de grosse artillerie et de munitions expédié de Wilhelmstadt entra dans la place et releva le courage de ses défenseurs.

La journée du 21 se passa en attaques infructueuses sur les trois portes. Le général Castex s'étendit vers les lignes de Wugt. A dix heures du soir, le feu recommença et se soutint de part et d'autre avec beaucoup de vivacité, jusqu'au lendemain, six heures du matin, qu'il cessa du côté des assiégeans, faute de munitions.

Des militaires ont prétendu que la place eût pu être emportée, si l'on en avait brusqué l'attaque; nous ignorons si la qualité des troupes et les autres circonstances permettaient ce coup de main. Quoi qu'il en soit, il est certain que le général Benkendorf n'avait pas au-delà de 1500

hommes d'infanterie, que sa cavalerie l'embarrassait plutôt qu'elle ne lui était utile; que
n'ayant qu'une demi-batterie, et ne pouvant être
secouru par les Prussiens établis à Heusden, ni
par les Anglais, dont les vents contraires empê-
chaient le débarquement, il était dans une position où il fallait beaucoup d'énergie pour ne pas
douter de son salut.

Immédiatement après cette tentative infruc- Retraite sur
tueuse, le général Lefebvre-Desnoëttes qui ve- Anvers.
nait d'arriver (1), informé que le général Krafft
était en marche de Heusden sur Breda, et que
le général Graham détachait aussi à son secours
un fort détachement de Sevenberg, jugea convenable de lever le blocus et de marquer la retraite
sur Anvers. Elle fut favorisée par un épais brouillard, qui la déroba à la poursuite des assiégés.
Le 24, ses troupes prirent position à Hooghstrae-
ten, Minderhout, Braschaet et Malines, où le
général Bulow les laissa paisiblement s'établir ;
tout glorieux d'avoir chassé les Français de la
Hollande, en moins de temps qu'ils n'en avaient
mis à la conquérir en 1794.

---

(1) Le général Lefebvre-Desnoëttes, qui avait reçu l'ordre de
se rendre à Anvers pour commander la cavalerie de la garde, arriva
le 23 à Haagen, où il prit, comme plus ancien, le commandement
de toutes les troupes de l'expédition.

CHAPITRE III.

Entrée en France de la grande armée alliée. — Coup-d'œil militaire sur la frontière de l'Est. — Prise de Genève. — Mouvemens des alliés depuis le Rhin jusques dans les hautes vallées de la Marne et de la Seine.

(Consultez pour les marches la carte des ponts et chaussées de l'Empire, et pour les positions les feuilles de Cassini, n° 161, 162, 163, 164, 165; 141, 142, 143, 144, 145, 146, 147, 148; 110, 111, 112, 113, 114 et 115.)

Au moment où la Hollande se détachait ainsi de l'Empire, et donnait un nouveau point d'appui à la coalition, et où Napoléon, nonobstant le dénuement de toute espèce de ressources, se flattait encore de ressaisir la ligne de la Meuse et du Wahl avant que les grandes armées fussent en état de tenter l'invasion sur les frontières de l'Est, le généralissime, prince de Schwarzenberg, mettait en mouvement toutes les troupes de la coalition pour l'exécution du plan de campagne arrêté à Francfort; mais avant d'aller plus loin, les militaires jetteront peut-être avec plaisir un coup-d'œil sur la frontière que tant de masses s'apprêtent à franchir.

Personne n'ignore que le haut massif des Alpes, entre les Grisons, le Tyrol et la Valteline,
forme le fond du bassin du Rhin, lequel embrassé
jusqu'au Saint-Gothard, les sources et les affluens
du fleuve, jusqu'au point où il prend un seul nom
et se réunit dans un seul lit.

Depuis le Saint-Gothard jusqu'à l'entrée du
Rhône, dans le lac de Genève, la chaîne des Alpes, entre le Vallais et la Suisse, sépare les bassins du Rhône et du Rhin.

Entre le lac de Genève et la Suisse, la chaîne
s'abaisse et forme les collines du pays de Vaud,
coupées par les communications faciles qui se
dirigent de la Suisse sur Lausanne et Genève.

Vers les Rousses, la chaîne de collines du pays
de Vaud se relève et se rattache aux massifs des
Juras. La crête du bassin qui depuis le Saint-Gothard, courait de l'Est à l'Ouest, change ici de
direction, et va courir du Sud au Nord.

C'est la chaîne même des Juras qui, des Rousses jusqu'aux sources de la Birse, forme la crête
du bassin du Rhin, et le sépare de celui du
Doubs et des autres affluens du Rhône. Cette partie de la chaîne est coupée par les grandes communications qui se dirigent de la Suisse en Franche-Comté.

Jusqu'ici, la gauche du bassin du Rhin embrasse les sources de l'Aar et des autres cours

d'eau qui arrosent la Suisse, et vont grossir le
fleuve au-dessus de Bâle.

Depuis les sources de la Birse jusqu'à celles de
la Savoureuse, la crête commune des bassins du
Rhin et du Rhône, s'abaisse et forme entre les
massifs des Juras et des Vosges, *la trouée* qui conduit de Bâle dans les plaines de la Saône; c'est
sur cet abaissement que se trouve le col de Val-
dieu, point de partage du canal du Rhin au
Rhône. Cette partie de la chaîne est traversée par
les grandes routes qui se dirigent de Bâle sur Besançon, Dijon et Langres.

Une remarque intéressante à faire en passant,
c'est que cette trouée entre les Vosges et les Juras,
correspond en Franche-Comté à celle que les
Alpes tyroliennes et les Montagnes noires forment en Souabe.

Au-dessus de Béfort, le contrefort qui sépare
les affluens du Rhône d'avec ceux du Rhin, se
relève, change de direction, court de l'Est à
l'Ouest, et par ses masses, sa hauteur et sa constitution, appartient au grand massif des Vosges.
C'est ce chaînon qui sépare une partie des affluens
du Doubs, les sources et les hauts affluens de la
Saône, d'avec les sources et les hauts affluens de
la Moselle et de la Meuse.

Vers les sources de ces rivières, à-peu-près à
la hauteur de Langres, la chaîne qui forme la

gauche du bassin du Rhin change encore de direction, et court avec quelques inflexions du Sud
au Nord ; d'abord resserrée entre la Moselle et la
Meuse, elle se prolonge sur les sommités des
Ardennes, puis sur celles de l'Eiffel, et va s'a-
baisser en collines et plateaux peu élevés dans
les plaines de Juliers, où Drusus creusa sans
peine le canal qui déverse une partie des eaux
du Rhin dans le lit de l'Yssel. Cette chaîne est
coupée par les grandes et nombreuses communications qui se dirigent des villes et des places
de la Moselle et de la Meurthe sur celles de la
Meuse.

Dans le coude immense que forme la crête du
bassin du Rhin, depuis les Juras jusqu'aux sources
de la Moselle et de la Meuse, et depuis ces sources jusqu'au groupe de l'Eiffel, se trouve enfermé
le bassin particulier de la Moselle.

Sa berge gauche n'est autre que celle du Rhin,
mais à sa droite, les hautes chaînes des Vosges et
du Hundsruck séparent des affluens du fleuve,
tels que l'Ill, la Lauter, la Queich, la Nahe, les
affluens particuliers de la Moselle, tels que la
Meurthe et la Sarre. Les chaînes des Vosges et du
Hundsruck sont coupées par les grandes communications qui se dirigent de l'Alsace et du Pala-
tinat sur Metz et Nancy, et sur les autres places
ou villes de la Moselle.

Parmi ces débouchés se trouve celui qui, de

Coblentz à Metz par Trèves, suit en partie la vallée de la Moselle, et coupe les chaînons élevés et difficiles qui séparent les bassins particuliers des affluens que cette rivière reçoit à sa droite, et qui appartient comme le contrefort principal au massif des montagnes du Hundsruck.

De Coblentz à Bâle, on ne peut passer de la vallée du Rhin dans celle de la Moselle, qu'en traversant les massifs des Vosges et du Hundsruck, qui forment en première ligne une barrière bien supérieure à celle qu'offrent en seconde, les crêtes moins élevées qui séparent les bassins de la Moselle et de la Meuse. Néanmoins cette seconde ligne présente encore dans les défilés des Ardennes et dans les appendices des Vosges des obstacles dont on peut tirer parti dans la défense.

Cette direction même après avoir franchi la crête du bassin du Rhin, ne conduirait l'ennemi que dans le bassin de la Meuse, et pour arriver dans celui de la Seine, il aurait de plus à franchir le contrefort qui sépare les sources et les affluens de la Meuse et de la Marne, où se trouvent aussi d'assez grands obstacles dans les Ardennes, l'Argonne et les appendices des Vosges et du Morvan.

Depuis Bâle jusqu'à Genève, l'ennemi une fois maître de la Suisse a le choix de trois grandes lignes offensives.

En remontant d'Italie dans la vallée de l'Isère, pour marcher sur Grenoble et Lyon, les débouchés de Genève sur ces deux villes lui donnent les moyens de seconder puissamment cette offensive; hors ce cas, cette direction lui offrirait encore les moyens d'une utile diversion, s'il est assez puissant d'ailleurs pour diviser ses forces.

Entre Genève et Bâle, de grandes communications praticables à l'artillerie ouvrent, il est vrai, la chaîne des Juras; mais attendu qu'elle est longue à traverser, qu'on y trouve des positions à chaque pas, qu'il est facile de jeter les routes dans des précipices en vingt endroits, et qu'une poignée d'hommes peut y arrêter l'avant-garde d'une armée, tout indique que ces débouchés ne serviraient à l'ennemi que pour faire sur Besançon une diversion utile; soit dans le cas peu probable où il se dirigerait de Genève à Mâcon et Châlons, à travers les Juras, soit dans l'hypothèse plus naturelle où il prendrait son offensive par Bâle sur Langres ou Dijon.

C'est en effet dans cette dernière direction que se trouve la ligne d'opérations la plus directe dans une guerre décisive; car l'ennemi n'a à franchir que la trouée entre les hauts massifs des Juras et des Vosges, dont les débouchés sont occupés par de mauvaises places telles que Béfort et Blamont, et où les routes ne sont défendues que par des obstacles naturels qu'on peut vaincre ou éluder sans grandes difficultés.

Toutefois après avoir franchi dans cet abaissement la chaîne qui sépare les bassins du Rhin et du Rhône, l'ennemi n'est encore que dans le bassin de ce dernier fleuve, et il faut qu'il s'élève de la vallée de la Saône sur la chaîne du Morvan, pour redescendre dans le bassin de la Seine, soit qu'il pénètre par Dijon dans les vallées de l'Yonne et de l'Armançon, soit qu'il tombe par Langres dans les vallées de la Haute-Seine et de la Marne.

Mais bien que la chaîne du Morvan ne soit pas dénuée d'obstacles naturels, et qu'elle offre d'excellentes positions, elle ne présente aucun point fortifié, et n'a ni cette profondeur, ni cette élévation, ni cette suite, ni cette variété d'accidens qui rendent la défensive si facile dans les Vosges, et surtout dans les Juras.

De ces aperçus généraux, il résulte que c'était dans cette direction que se trouvait la ligne d'opérations la plus favorable à l'offensive des alliés, dans une guerre où ils étaient assez forts pour violer sans crainte la neutralité de la Suisse, et pénétrer au cœur de la France avec 3oo mille hommes.

Nous allons consacrer ce chapitre à développer les mouvemens de la grande armée depuis le Rhin et la Suisse jusqu'à son arrivée dans les hautes

vallées de la Seine et de la Marne; nous réserve-
rons les deux chapitres suivans aux mouvemens
des armées de Silésie et du Nord, depuis le Rhin,
base commune de leurs opérations, jusqu'à l'instant où elles sont venues se mettre en ligne avec
la grande armée dans les vallées de la Marne et
de la Meuse.

Le généralissime, prince de Schwarzenberg,
ayant réuni du 16 au 20 décembre la majeure
partie de la grande armée dans le grand coude que
forme le Rhin sur sa rive droite, vis-à-vis de Bâle,
ordonna le passage du fleuve pour la nuit du 20
au 21. Il eut lieu sur six colonnes dans l'ordre
suivant :

Le prince héréditaire de Hesse-Hombourg L'armée au-
avec les gardes et réserves autrichiennes à Schaff- trichienne entre en Suisse.
hausen, se dirigeant par Zurich sur Berne, où
il arriva le 29 décembre.

Le général Colloredo avec le 1er corps autrichien à Lauffenbourg, marchant par Arau et
Arberg sur Berne, où il arriva le 26 décembre.

Le comte de Bubna avec la 1re division légère
autrichienne, et le corps du prince Louis de
Liechtenstein à Bâle, se dirigeant par Soleure et
Berne sur Fribourg, où il fut rendu le 25, après
avoir envoyé de forts détachemens sur Neuchâtel
et Pierre Pertuis pour observer l'Immenthal et la
route de Travers à Pontarlier.

Le corps du général Giulay suivit la 1re cô-
lonne par Soleure sur Arberg où il s'arrêta le 26.

Le général Bianchi avec sa division et celle
du général Créenville, passa également à Bâle,
et flanqua la droite en marchant sur Biel, où il
arriva le 24.

Enfin le corps austro-bavarois du comte de
Wrède passa à Bâle, forma sur-le-champ le blocus d'Huningue, et détacha la division Rechberg
sur Béfort.

Pendant que tous ces mouvemens s'opéraient
sur la rive gauche du Rhin, le prince royal de
Wurtemberg avec le 4e corps, et le comte Barclay de Tolly avec les gardes et réserves russes
s'établissaient comme réserves à Lœrach, détachant quatre pulks de cosaques contre le petit
Bâle. Enfin le comte de Wittgenstein avec le 6^e
corps russe, joint au contingent badois, relevait
le prince de Wurtemberg au blocus de Kehl, et
observait la rive droite du Rhin jusqu'au fort
Vauban.

Ainsi, dans les derniers jours de décembre,
le prince de Schwarzenberg avait la majeure
partie de son armée en ligne, depuis Béfort jusqu'au lac de Genève, et trois corps sur la rive
droite du Rhin, depuis Fort-Vauban jusqu'à Lœrach. Quelles étaient les forces qui allaient entrer
en lice avec ces masses imposantes? On a vu que
le maréchal duc de Bellune avec 8,500 baïonnet-

tes et 3600 sabres, couvrait seul la longue étendue de Bâle à Strasbourg; encore devait-il compléter les garnisons de Strasbourg, Schlestadt,
Brisach et Huningue.

Cette poignée d'hommes, bien que la nature
du terrain fût d'ailleurs favorable à la défense,
n'étaient guères capables d'arrêter les alliés un
seul jour, aussi s'avancèrent-ils sans obstacles.
Le généralissime décida : que le comte de Bubna
avec sa division se porterait sur Genève et s'em-
parerait de cette place; que les corps du prince
de Hesse-Hombourg, du comte de Colloredo, du
prince Louis de Liechtenstein et du comte Giulay
feraient une conversion à droite, dont le dernier formerait le pivot; que pour assurer la base
d'opérations, le comte de Wrède chercherait à
réduire promptement Huningue; et qu'enfin le
prince royal de Wurtemberg passerait le Rhin
pour s'établir du 2 au 3 janvier à Béfort.

On sentira facilement qu'il serait impossible
de décrire avec clarté les mouvemens de tant de
corps, sur des directions divergentes, si l'on
voulait les présenter sous un seul point de vue.
Il est donc nécessaire pour l'intelligence des
faits de séparer la marche de la grande armée de
la manière suivante :

1° Le mouvement du comte de Bubna, jusqu'à
la prise de Genève;

2° Ceux des corps du prince de Hesse-Hom-

Directions
suivies par la
grande armée.

bourg, du comte Colloredo, du prince Louis de
Liechtenstein, des comtes Giulay et Bianchi,
jusqu'à la prise de Langres ;

3° Le mouvement du comte de Wrède et du
prince royal de Wurtemberg, jusqu'à leur arrivée en ligne avec les précédens, et le passage du
Rhin par le comte de Wittgenstein ;

4° Les opérations du comte de Giulay, du
prince royal de Wurtemberg et du comte de
Wrède, jusqu'au 26 janvier ;

5° Enfin les mouvemens des comtes de Wittgenstein et Barclay de Tolly, jusqu'à leur arrivée
à la hauteur des armées.

Marche du
comte de Bub-
na sur Genève Le comte de Bubna, arrivé le 25 décembre à
Fribourg, continua son mouvement par Lausanne et arriva le 30 devant Genève. La place,
quoique désarmée et avec une très-faible garnison, était cependant à l'abri d'un coup de main ;
mais le général Jordy, son commandant,
vieillard malade et plus que sexagénaire, se
trouvait hors d'état d'ordonner les mesures vigoureuses que réclamait la circonstance. D'un
autre côté le général d'artillerie Montfort, n'ayant
rien osé prendre sur lui, et le préfet ayant quitté
la place à l'approche de l'ennemi, la première
sommation bouleversa tous les esprits: Regardée
par la bourgeoisie comme l'avant-coureur du
recouvrement de ses droits, la société économi-

que (1) agit tellement sur le comité de défense dans l'intérêt de la ville, que ce dernier après avoir fait d'abord une réponse négative au général Bubna, lui envoya quelques heures ensuite des députés pour le prier de recevoir la place à composition. La proposition était trop avantageuse pour éprouver un refus. La garnison eut là faculté de se retirer sur Rumilly où elle prit position ; son évacuation fut si précipitée, qu'elle laissa un matériel d'artillerie considérable dans la place.

Les opérations ultérieures du comte de Bubna, ayant été indépendantes de la grande armée alliée, seront traitées au chapitre XXI, qui lui est particulièrement consacré ainsi qu'au duc de Castiglione, qu'il eut en tête le reste de la campagne.

Lorsque l'Empereur fut informé de la perte de Genève, il déversa toute son indignation sur le préfet, et prononça sa suspension et son renvoi devant un conseil d'enquête, s'étayant de motifs qui, aux termes des lois et règlemens, sont tout-à-fait étrangers à l'autorité civile, puisque dans

(1) La société économique composée des anciens magistrats ou membres du gouvernement de Genève, était une espèce d'administration indépendante de l'autorité municipale, que l'Empereur avait laissé subsister, pour gérer les biens et liquider les dettes de l'ancienne république, qui se trouva ainsi avoir un gouvernement tout formé pour l'événement.

l'état de guerre, la garde nationale passe sous les ordres du commandant d'armes, que l'état de siége investit de tous les pouvoirs civils (1).

Marche du prince de Hesse-Hombourg sur Dijon. Le corps du prince de Hesse-Hombourg se porta de Berne sur Neuchâtel, Montbazon et Dijon, ne rencontra aucun obstacle, et s'établit le 19 janvier dans cette dernière ville. Le général Devaux l'avait évacuée à son approche, emmenant avec lui la compagnie départementale, et environ 600 hommes des dépôts stationnés dans la 18e division militaire.

Marche du comte Colloredo sur Langres. Le corps du comte de Colloredo suivi de la division légère du prince Maurice Liechtenstein, se porta de Berne à Neuchâtel, où il se divisa en deux colonnes de deux divisions chacune. Celle de gauche composée des divisions Wimpfen et Maurice Liechtenstein marcha par Salins et Dôle sur Auxonne (2), dont la première forma l'investissement, pendant que celle du prince se portait sur Dijon et Châtillon-sur-Seine. La colonne de droite aux ordres du comte Collo-

---

(1) Lisez l'article 2 du titre 1er de la loi du 10 juillet 1791, sur la conservation des places de guerre. Lisez encore l'article 92, chapitre 3; les articles 101 et 102, chapitre 4, du décret impérial du 24 décembre 1811, sur le service des états-majors de place.

(2) Place isolée sur la Saône, fort éloignée de la frontière, abandonnée depuis long-temps, et où le général Legrand se retira après avoir tenté inutilement de défendre les ponts de la Saône avec les fonds de dépôts des 35e et 70e de ligne.

redo, se dirigea par Beaune et Montbazon sur Vesoul, et de là sur Langres.

Le corps du prince Louis de Liechtenstein se porta par Neuchâtel, Pontarlier et Ornans sur Besançon, qu'il investit le 6 janvier. *Investissement de Besançon.*

Le corps du comte de Giulay se porta d'Arberg sur Montbéliard, y entra le 3 janvier, et continua sa marche sur Vesoul où il ramassa le 7 quelques prisonniers. Le général Bianchi qui avait investi Béfort pendant quelques jours, le rejoignit et passa sous ses ordres. Jusqu'ici la grande armée n'avait rencontré d'obstacles que dans les garnisons d'Huningue, Béfort, Besançon et Auxonne, qui bien qu'incomplètes, ne laissèrent pas de jeter quelqu'embarras dans les mouvemens de ses colonnes. *Marche du comte Giulay sur Vesoul.*

Napoléon se berçant toujours de l'espoir de créer à temps une troisième armée, s'en tenait à son premier plan de campagne, et jusqu'au 5 janvier ne changea la direction d'aucun des renforts en marche (1). Seulement à la nouvelle du passage du Rhin par l'ennemi à Bâle, il prescrivit au duc de Trévise arrivé le 24 décembre à Namur, de se rendre sur-le-champ à Reims, avec les deux divisions de vieille garde, afin d'être en mesure de pouvoir les faire manœuvrer à vo- *Le duc de Trévise se porte de Namur à Langres.*

---

(1) Voyez le Tableau d'emplacement et de mouvement, n° VI, mis sous ses yeux, à cette époque, par le prince major-général.

6*

lonté sur les routes de Bâle, ou Metz, et de couvrir ainsi là capitale sur ces deux directions.

Ce petit corps de troupes était donc le seul
que la gauche de la grande armée allait probable-
ment rencontrer; en effet, à peine fut-il arrivé à
Reims, que l'Empereur lui donna l'ordre de se
porter, à marches forcées, sur Langres, où la
cavalerie du général Laferrière-Levêque entra
le 10, deux jours avant la division Friant. Après
avoir séjourné à Vesoul jusqu'au 8 janvier,
le comte de Giulay reprit son mouvement en 2
colonnes sur Langres, poussant devant lui des
avant-gardes aux ordres du colonel Thurn et du
général Hecht. Le 13 janvier, le premier qui suivait la route de Gray, donna sur la cavalerie de
la garde française devant Chassigny, et la força
à rentrer dans Longeau. Le général Hecht qui
marchait sur la route de Pont-sur-Saône, rencontra les avant-postes à Fay-Billot, et les ramena jusqu'à la Griffonotte. Trop faible pour
rien entreprendre contre Langres, il prit position
à Châtenay et Montlandon, en attendant le gros
de son corps.

Le duc de Trévise auquel il importait de savoir
s'il n'avait en présence que des avant-gardes, ou
s'il était menacé par un corps entier, ordonna
pour la nuit une reconnaissance sur les villages
de Châtenay et de Montlandon. Tous deux furent
emportés, et les postes qui les gardaient obligés

de se replier sur le gros des troupes du général Hecht, qui engagea l'action et força les Français à rentrer à Langres. Le corps d'armée continuant son mouvement, se réunit le 15 et le 16 devant cette ville, dont l'attaque fut résolue pour le lendemain.

Langres aurait été défendu par le duc de Tré-Le duc de Trévise évacue Langres. vise, si les manœuvres des autres corps de la grande armée alliée n'eussent menacé de prévenir ce maréchal à Chaumont, et de le rejeter pour le reste de la campagne hors de la ligne d'opérations de l'armée française. Cette considération le décida à commencer son mouvement rétrograde sur Chaumont, laissant dans la place le colonel Simon, avec 59 grenadiers écloppés, et 125 hommes du 153e régiment.

Dès que l'ennemi fut informé de son départ, il fit sommer la ville; située sur une hauteur et enveloppée d'un bon mur d'enceinte devant lequel on avait déjà exécuté quelques travaux, elle était en état de tenir quelques jours; mais la garde urbaine qui, d'abord avait montré l'intention de seconder la garde impériale, s'en voyant abandonnée et désespérant de faire une résistance efficace, ne voulut point courir les chances d'une défense sans objet, et ne contribua pas peu à paralyser les préparatifs de la centaine de soldats que la présence de l'armée ennemie n'intimidait pas. Après quelques pourparlers, les Autrichiens entrèrent dans la ville, et sa petite garnison se rendit prisonnière.

Ici se termine la première période des opérations des corps autrichiens; et comme leurs mouvemens subséquens se coordonnent avec ceux du prince royal de Wurtemberg et du comte de Wrède, nous allons d'abord indiquer la marche de ces derniers, jusqu'à leur arrivée en ligne.

Tentatives infructueuses sur Huningue et Béfort.

On a vu plus haut que le comte de Wrède, avait investi Huningue et Béfort, aussitôt après avoir passé le Rhin. Il pressait avec beaucoup d'activité le siége de ces deux places, couvert par le corps du baron de Frimont, établi à Mulhausen; mais le succès ne répondait pas à ses désirs; les tentatives de surprise avaient échoué comme celles de séduction (1); les garnisons faisaient de fréquentes sorties, et paraissaient disposées à se défendre avec opiniâtreté. Ce contre-temps était loin d'être balancé par la prise des petits forts de Blamont et de Landskroon, que le général Deroy en battant le pays vers Porentrui, prit et fit sauter le 25 décembre.

Le corps de Wrède prend l'offensive.

Le comte de Wrède, se consumait donc en efforts impuissans devant Huningue et Béfort en attendant le passage du prince royal de Wurtemberg et du comte Barclay de Tolly. Pour élargir

---

(1) On se rappelle que les alliés ne recueillirent que de la honte des propositions faites aux commandans d'Huningue et de Fort-Mortier.

ses cantonnemens, couvrir plus parfaitement les siéges et éclairer la route de Brisach, il résolut de faire avancer jusqu'à Colmar, le corps du baron de Frimont, qui formait sa droite. Ce mouvement donna lieu à la première rencontre des troupes de la grande armée avec les Français. Le comte Milhaud qui se trouvait à Colmar avec le 5e corps de cavalerie, ayant été prévenu qu'une avant-garde de mille chevaux, sous le colonel Scheibler, était établie à Sainte-Croix, se porta à sa rencontre le 24 décembre avec la division de dragons du général Collaërt. La brigade Montélégier attaqua de front Sainte-Croix, tandis que 2 escadrons tournèrent la position. Les 2e, 6e et 11e de dragons chargèrent avec impétuosité, culbutèrent l'ennemi et le poursuivirent l'épée dans les reins à un myriamètre de Sainte-Croix, lui causèrent une perte de 400 tués ou blessés, et de 150 prisonniers. Le baron de Frimont ne s'obstinant pas à pénétrer jusqu'à Colmar, établit ses avant-postes à Enzisheim, et son quartier-général à Rixheim.

Les choses demeurèrent dans cet état jusqu'au passage du corps du prince royal de Wurtemberg, qui eût lieu sur un pont de bateaux à Markt, près Huningue, les 30 et 31 décembre. Il prit position entre Sainte-Colombe et Enzisheim, investit Brisach, et appuya sa gauche à l'Ill, pour se lier aux Bavarois.

Passage du Rhin par le prince de Wurtemberg.

Dès que la communication fut établie, le comte

de Wrède prit l'offensive. Le 3 janvier, après un court combat, il occupa Colmar, que l'arrière-garde du comte Milhaud lui céda pour se retirer sur Sainte-Marie-aux-Mines. De là, les Bavarois continuèrent leur mouvement par les deux rives de l'Ill sur Schlestadt, forcèrent la garnison qui courait la campagne, à se renfermer dans la place, qu'ils investirent aussitôt.

Cependant le comte de Wittgenstein qui avait relevé le prince royal de Wurtemberg, au blocus de Kehl, observait le cours du Rhin, choisissant des positions, et se préparant des moyens de résistance et de retraite contre les opérations possibles, mais peu probables d'offensive, des garnisons de Kehl et de Strasbourg.

Passage du Rhin par le comte de Wittgenstein.

Le prince de Schwarzenberg, qui savait n'avoir rien à redouter de ce côté, lui ordonna de franchir le fleuve au-dessous de Strasbourg, et d'établir un pont avec une tête sur la rive gauche. Il lui désigna comme favorables les environs de Selz, où le prince de Waldeck avait opéré son passage en 1793. Le pont une fois établi et mis hors d'insulte, une partie du corps devait investir Strasbourg sur la rive gauche, et le reste sous les ordres immédiats du comte de Wittgenstein, traverser les Vosges pour former l'extrême droite de la grande armée, et lui servir d'intermédiaire avec celle de Silésie.

En vertu de ces ordres, le comte de Wittgenstein jeta sur la rive gauche le général Seslavin avec 2 escadrons de hussards et un pulk de cosaques pour avoir des nouvelles de l'ennemi et faire des courses sur ses derrières. Il s'occupa ensuite du passage de son corps; mais au lieu d'y mettre l'activité que lui permettait l'absence de l'ennemi, il procéda à cette opération si simple avec la méthode et la circonspection des guerres du 17ᵉ siècle. Il choisit pour point de passage, l'île de Fort-Vauban, qui lui offrait de grands avantages, parce qu'en s'emparant de cette place et du fort d'Alsace, situé sur la gauche du Rhin rouge, sa tête de pont se trouvait toute faite. Les fortifications de ces deux postes avaient à la vérité été détruites en 1794; mais on pouvait les relever sans grand travail, et la difficulté de les enlever devait être légère, car leur garnison ne consistait qu'en 200 hommes et 50 chevaux.

Les deux divisions d'infanterie du prince Gortschakow, et quelque cavalerie restèrent devant Kehl, le corps du prince Eugène de Wurtemberg, et le surplus de la cavalerie aux ordres du comte Pahlen, se rassemblèrent le 1ᵉʳ janvier entre Stolhofen et Spielfeld. Tous les pontons étaient réunis pour opérer le passage jusqu'à l'île dans la nuit du 1ᵉʳ; mais vers deux heures du matin qu'ils se mirent en mouvement, le courant les emporta et la plupart dérivèrent sur la droite. Enfin dans la journée du 2, la nuit suivante, et

la matinée du 3, les troupes parvinrent à s'établir à Fort-Vauban et au fort d'Alsace; le pont
achevé, la cavalerie du comte de Pahlen se porta
sur Haguenau, le prince Eugène de Wurtemberg avec la division Pitchnitzky cantonna aux
environs de Reschwoog. La division Schachafskoy, resta sur la rive droite aux environs de Stolhofen, pour appuyer au besoin le prince Gortschakow.

Pressé de tous côtés par tant d'ennemis, le duc
de Bellune, n'était pas assez fort pour leur faire
face, quoiqu'il eût reçu, vers la fin de décembre, 17 à 18 mille conscrits ou gardes nationaux,
parce qu'il avait fallu, sinon compléter, du moins
renforcer les garnisons de Landaw, Strasbourg,
Huningue, Brisach, Schlestadt et Béfort (1);
en sorte que le 2ᵉ corps se trouvait toujours au
même effectif, c'est-à-dire de 8 à 9 mille combattans. Dans cette situation pénible, le maréchal inquiet de la responsabilité qui pesait sur
lui, ne cessait de demander des renforts et des
instructions; mais il était aussi difficile de lui
tracer un plan de conduite, que de lui envoyer
des troupes. Le prince de Neuchâtel se borna à

_____

(1) On jeta dans Landaw 3 mille hommes, dans Strasbourg 4,900,
à Brisach 3 mille, à Schlestadt 2,600, à Huningue 3 mille, à Béfort 2 mille, en totalité 18,500 hommes arrivés récemment des
dépôts ou des départemens de la Meurthe et des Vosges.

lui recommander en général de défendre les gorges des Vosges, et à l'informer que 2 légions de
gardes nationales des départemens de la Meurthe
et des Vosges, recevaient l'ordre du duc de Valmy
de venir occuper les quatre débouchés entre Béfort et Phalsbourg.

Ces légions n'arrivant point, et le duc de Bellune se voyant contraint de se retirer de peur
d'être rejeté dans Strasbourg, ordonna au comte
Milhaud et à l'infanterie qu'il avait dans la vallée
de Colmar de se replier par Molsheim sur Saverne, où son intention était de se concentrer
et tenir ferme, afin de donner au duc de Raguse
le temps de venir à lui; mais comme nous le
verrons dans le chapitre suivant, il se trouvait
déjà séparé de son collègue par l'armée de Silésie
qui, dès le 7 janvier, était arrivée sur la Sarre.
Dans cette situation, le mouvement du comte de
Wrède força le général Milhaud à se retirer par la
vallée de Sainte-Marie-aux-Mines, et par suite,
obligea le maréchal à prendre un point de concentration plus éloigné. Laissant donc à Saverne le
comte de Ségur avec les 3e et 4e régimens de gardes
d'honneur pour observer le comte de Wittgenstein, et achever l'approvisionnement de Phalsbourg, le maréchal se dirigea, le 5 janvier, par
Mutzig et Framont sur Baccarat, où il devait se
réunir au comte Milhaud. Une partie de l'infanterie et les dragons du 5e corps s'y établirent; la

division Duhesme forte de 5 bataillons, la cavalerie légère et une batterie à cheval furent pous-
sées en première ligne à Raon-l'Etape.

Cette retraite dérangea le grand plan de défense de l'Empereur, qui en conçut de l'humeur,
et en fit des reproches très-vifs au maréchal. Les
alliés maîtres des débouchés de Colmar sur Nancy,
pouvaient arriver sans obstacle dans le bassin de
la Moselle et enlever aux Français l'avantage des
deux saillans que la chaîne des Vosges et le
Hundsruck forment vers Béfort et Landaw. Le
théâtre du premier commandement envahi, celui
du deuxième sérieusement menacé, il fallut reculer le centre de celui-ci à Nancy, avant même
qu'on fût en état d'y avoir un noyau d'armée.

Le duc de Valmy reçut l'ordre d'y diriger en
toute hâte la 2ᵉ division de voltigeurs qui était
en formation à Sarrelouis; et cette division qui
comptait à peine 5,200 hommes armés depuis
quinze jours, à laquelle se joignirent 400 chevaux du dépôt général des remontes, et deux
batteries, forma le corps d'armée avec lequel le
prince de la Moskowa fut chargé d'arrêter les
progrès de l'ennemi dans cette direction.

Cependant le comte de Wrède reçut ordre de
s'approcher de la grande armée par Saint-Dié sur
Langres, et le prince royal de Wurtemberg dè
celle de Silésie par Remiremont et Epinal. Le
blocus des places de Schlestadt, Brisach et Hu-

mngue fut confié au lieutenant-général Beckers, et les deux corps se disposèrent à exécuter leur mouvement.

Le prince royal de Wurtemberg se mit en marche par Remiremont sur Epinal, où il rencontra la brigade Rousseau, soutenue par 300 chevaux aux ordres du général Duvigneau, que le prince de la Moskowa avait envoyés de Nancy pour en chasser le parti de cosaques qui l'occupait. Cette faible troupe hors d'état de se mesurer avec un corps d'armée, commença sa retraite par Thaon, où elle parvint sans accident; mais là, l'avant-garde qui la poursuivait reçut un renfort inattendu. C'étaient les cosaques du général Grekow, formant l'avant-garde de l'hetman Platow, qui ayant été détachés des réserves du comte Barclay de Tolly devaient entrer en ligne le 9 à Epinal. Les Wurtembergeois enhardis par l'arrivée de cette cavalerie, redoublèrent d'ardeur dans la poursuite, et rejetèrent les Français dans Charmes après un engagement vigoureux.

Cependant le duc de Bellune voulant faire un dernier effort pour éloigner l'ennemi et assurer sa position, autant que le permettait sa faiblesse, avait résolu de faire avancer de Raon sur Saint-Dié la division Duhesme, soutenue par les dragons du général l'Héritier, tandis que ceux du général Briche chasseraient de Rambervillers un parti ennemi, et que le général Cassagne avec

une colonne d'infanterie et 300 chevaux, se porterait sur Épinal, qu'on ne croyait occupé que
par des troupes légères.

Combat d'É-
pinal.

Le général Cassagne, trompé comme le maréchal sur la force de l'ennemi qu'il avait en tête,
donna sur le gros des Wurtembergeois : son infanterie écrasée par le nombre se retira avec
peine; la presque totalité de sa cavalerie fut enlevée. Alors le prince royal de Wurtemberg, s'a-
vança d'Epinal par Bourbonne, dans la direction de Langres, vers les sources de la Meuse,
où il prit son rang dans la ligne de la grande armée, à droite du corps de Giulay.

La division Briche plus heureuse que la colonne Cassagne, tomba à l'improviste dans le
vallon, entre Saint-Dié et Rambervillers, sur
un parti de 200 cosaques que le général Montélégier culbuta à la tête du 6ᵉ de dragons, et poursuivit au-delà de ce bourg, où le général Briche
s'établit.

Combat de
Saint-Dié.

L'expédition du général Duhesme rencontra
de plus redoutables ennemis. Le corps du comte
de Wrède, ayant en tête de colonne la 3ᵉ division bavaroise, et à l'avant-garde la brigade
Deroy, s'avançait sur Saint-Dié, qui n'avait été
jusqu'alors occupé que par des partis. A peine
les avant-postes s'étaient-ils établis de l'autre
côté de la ville, qu'ils furent attaqués vers onze
heures par les dragons du général l'Héritier, qui

les repoussèrent jusqu'à Sainte-Marguerite, dont ils s'emparèrent. Bientôt le général Duhesme déboucha de ce village à la tête de son infanterie, et trouva la brigade Der oy, en bataille et prête à le recevoir : le choc fut rude et tourna à l'avantage des Bavarois, dont le général tomba blessé grièvement au moment où ses troupes enlevaient Sainte-Marguerite. Le colonel Treuberg qui le remplaça poursuivit ses avantages et continua à pousser les Français jusqu'au pont de la Meurthe, derrière lequel ils se reformèrent entre Sainte-Marguerite et Saint-Dié ; l'infanterie bavaroise les ayant bientôt atteints, le combat recommença. Les nombreuses coupures du terrain, rendaient nulle l'action de la cavalerie, l'infanterie même ne pouvait se mouvoir qu'avec lenteur ; mais l'artillerie jouant avec avantage obligea le général Duhesme à continuer son mouvement rétrograde sur Saint-Dié. Le colonel Treuberg combinant des mouvemens de flanc avec son attaque de front, enleva la ville de vive force, et porta ses avant-postes sur les routes de Raon et de Bruyères. Le général Duhesme se retira avec sa poignée d'hommes par Saint-Michel sur Rambervillers.

Ainsi repoussé sur son front, le duc de Bellune était menacé plus sérieusement encore par le prince royal de Wurtemberg, dont le mouvement sur la Haute-Marne compromettait son flanc droit. Malgré le danger de sa situation, sentant toute l'importance de la possession des Vosges, il balançait encore à les abandonner; lorsque le maréchal prince de la Moskowa, lui manda de Nancy que la gauche de l'armée de Silésie s'avançant à grands pas par Château-Salins, allait lui couper la retraite pour peu qu'il tardât à l'effectuer. Il n'y avait pas un moment à perdre : les troupes se mirent en mouvement des points où elles se trouvaient, et après s'être réunies à Saint-Nicolas, gagnèrent Nancy, où s'opéra la jonction avec le prince de la Moskowa. Ce maréchal était en communication par sa gauche avec le duc de Raguse qui se trouvait sur la Moselle, et dès-lors les 3 corps opérèrent ensemble devant l'armée de Silésie.

Jonction des corps du prince de la Moskowa et des ducs de Bellune et de Raguse sur la Moselle.

Débarrassée par cette brusque retraite du seul ennemi qui lui disputait le terrain, l'avant-garde bavaroise, s'avança sans résistance jusqu'à Lunéville. Ses coureurs poussés le 15 janvier sur Nancy, lui apprirent l'occupation de cette ville par l'aîle gauche de l'armée de Silésie. Le comte de Wrède qui, avec le gros de ses forces, se trouvait à Saint-Dié, voyant dès-lors son front dégagé et sa droite assurée, reprit son mouvement le 16 janvier, et se porta en quatre marches sur Neufchâteau et Châtenoy. C'est là qu'il entra dans la ligne de la grande armée, dont il forma l'extrême droite et ouvrit la communication avec celle de Silésie.

On voit par les mouvemens qu'on vient de rapporter, que le prince de Schwarzenberg n'ayant plus en tête que le duc de Trévise, pouvait réunir au 19 janvier, pour agir contre lui, les corps du comte de Giulay, du prince de Wurtemberg et du comte de Wrède qui se trouvaient en ligne entre Langres et Neufchâteau. Il ordonna aux deux premiers de le poursuivre sur Chaumont; le comte Giulay par la route directe, détachant 6 escadrons sur l'ancienne voie romaine pour tâcher de couper l'arrière-garde; le prince de Wurtemberg par la route de Bourbonne et Montigny. Celui-ci, après avoir chassé les avant-postes français de la Ville-aux-Bois, s'établit sur les hauteurs entre Choignes et Chaumont, où il plaça son artillerie. Déjà deux bataillons s'étaient emparés du village et du pont de Choignes, et avaient passé la Marne. Le maréchal lança sur eux un bataillon de grenadiers qui, les abordant à la baïonnette, reprit le village et en culbuta un grand nombre dans la rivière.

La position du duc de Trévise était critique. Il n'avait qu'une division d'infanterie et une de cavalerie à opposer à deux corps d'armée qui le harcelaient, et il savait que le comte de Wrède se trouvait en mesure de déborder sa gauche. Dans une telle occurrence, la retraite devenait

indispensable, et la prudence la conseillait
d'autant plus, qu'en gagnant Bar-sur-Aube et
Troyes, le maréchal était assuré d'être renforcé
par la 2ᵉ division de vieille garde en marche de
Luxembourg sur Brienne, et par le 113ᵉ régiment
de ligne arrivé à Troyes.

Il commença son mouvement le 19 janvier, et
s'établit le lendemain à Bar-sur-Aube, où il fut
rejoint par la division Michel. Alors ses forces
s'élevant à 8 mille fantassins et 2,100 chevaux
d'élite, il résolut de disputer encore le terrain, et
jeta 2,000 hommes et 400 chevaux sous le général Letort, à Colombé-les-deux-Eglises, pour
observer l'ennemi.

La retraite sur Bar n'avait point été inquiétée.
Le prince de Schwarzenberg, plus attentif à maintenir l'ordre dans ses opérations qu'à la situation
de son ennemi, s'était décidé à donner quelques
jours de repos aux corps du comte Giulay et du
prince de Wurtemberg, pour attendre l'arrivée
du comte de Wrède et surtout celle du comte
de Wittgenstein.

Combat de
Bar-sur-Aube.   Cette inaction était trop favorable au duc de
Trévise pour qu'il dût se flatter de la voir durer
long-temps. En effet, le généralissime sentant ce
qu'elle pourrait lui faire perdre, ordonna le 28
aux deux corps de reprendre leur mouvement;
le comte Giulay par la Ferté-sur-Aube et Clairvaux, le prince par la route directe, afin d'être

en mesure d'attaquer simultanément la position de Bar le lendemain 24.

A onze heures du matin, l'avant-garde du comte Giulay débouchant de Clairvaux se porta sur le village de Fontaines. Il espérait l'enlever, y passer l'Aube, surprendre Bar et y prévenir le détachement du général Letort qui couvrait à Colombé la route de Chaumont. Mais le duc de Trévise pénétra son projet; une partie de ses troupes était en bataille sur les hauteurs à droite et à gauche de Bar, et la division Michel occupait Fontaines.

Cette dernière position, couverte par l'Aube, était avantageuse. L'artillerie française plongeant dans les colonnes autrichiennes, y causa une grande perte et du désordre. Le général Michel les voyant ébranlées, fit franchir l'Aube à sa première brigade qui les chargea sur-le-champ; mais les régimens de Giulay et de Mariassy ayant été soutenus sur la gauche par une diversion de la brigade Trenck, les Français furent contraints de repasser la rivière. Deux fois les Autrichiens pénétrèrent dans le village, deux fois ils en furent chassés par les fusiliers et les vélites qui, loin de passer à l'ennemi comme l'affirmèrent des rapports mensongers, méritèrent dans cette occasion les éloges du général Christiani.

Pendant que les principaux efforts se dirigeaient sur Fontaines, le prince royal de Wurtemberg

7*

cherchait à attirer l'attention du duc de Trévise
par une fausse attaque du côté de Colombé. Le
général Letort se retira en bon ordre, d'abord
sur Lignol, puis sur le plateau de Rouvré, où
se trouvaient la division Friand et l'artillerie,
dont le feu força le prince à la retraite. La perte
des Français s'éleva à moins de 500 hommes; les
alliés en avouèrent 1,500 hors de combat.

Toutefois, quoiqu'il eût déjoué le projet de
l'ennemi, le duc de Trévise jugea prudent d'a-
bandonner la position qu'il venait de défendre, de
peur d'y être forcé le lendemain; car il savait le
prince de Schwarzenberg en mesure de renforcer
ses attaques autant qu'il le jugerait nécessaire. Il
se retira dans la nuit sur Vandœuvre et de là sur
Troyes, laissant une forte arrière-garde à Magny-
le-Fouchar.

Le 25 janvier, le comte de Giulay occupa Bar.
Le prince royal de Wurtemberg resta à Colombé-
les-deux-Eglises, d'où il se mit en communication
avec le comte de Wrède aux environs de Neufchâteau.

Opérations et
marche du
comte Witt-
genstein.

Les mouvemens rapportés jusqu'ici démontrent
assez que le comte de Wittgenstein, après avoir
franchi le Rhin, n'eut d'autres obstacles à éviter
que les sorties des garnisons de la basse Alsace, et
la faible brigade du comte de Ségur qui l'observait
des hauteurs de Saverne.

Le comte de Pahlen commandant son avant-garde entra à Haguenau le 4 janvier, et poussa de suite des partis dans toutes les directions. Le général Rudinger se porta sur la Vantzenau, où il escarmoucha avec un parti de la garnison de Strasbourg auquel il fit une cinquantaine de prisonniers. Les patrouilles dirigées sur Bitche, communiquèrent avec les flanqueurs de gauche de l'armée de Silésie.

Le comte de Pahlen continua sa marche sur Phalsbourg, la division Pitchnitzki le suivit et forma l'investissement de cette place et des postes de la Petite-Pierre et Lichtemberg. Le 17, elle envoya des obus dans Phalsbourg qu'elle n'avait pas les moyens d'attaquer régulièrement; mais il fallut bientôt, faute de munitions, cesser cet impuissant simulacre de bombardement. Le comte de Ségur qui avait veillé à l'approvisionnement de la place et au complément de sa garnison, s'était replié sur Sarrebourg et de là sur Nancy, de peur d'être coupé du corps du duc de Bellune.

La division Schachafskoy laissée d'abord sur la rive droite du Rhin passa le fleuve, et le 10 janvier forma sans opposition l'investissement de Landaw.

Toutes ces opérations qui demandaient au plus 4 ou 5 jours, occupèrent le comte de Wittgenstein du 3 au 17 janvier.

Cependant le prince de Schwarzenberg qui voulait l'employer plus activement, lui ordonna

de se mettre en marche pour prendre son rang
dans la ligne, après avoir laissé le nombre de
troupes strictement nécessaire pour bloquer les
places de la basse Alsace. En conséquence, le
blocus de Kehl et de Strasbourg fut confié au
général badois de Hochberg; le corps du prince
de Gortschakow passa le Rhin; le prince, avec
la division Mezenzow, bloqua Landau, Phalsbourg, la Petite Pierre, Lichtemberg et Bitche,
et enfin le général en chef, avec l'avant-garde
du comte de Pahlen, les divisions Pitchnitzki,
Schachafskoy, et Helfreich, se mit en marche le 19
de Haguenau sur la grande route de Nancy. Le
généralissime lui avait donné l'ordre, sans autre
instruction, d'être rendu sur la Marne moyenne
à la fin du mois et de s'y faire précéder de quelques jours par sa cavalerie; ce qui donne à croire
qu'il était assez sûr des événemens, pour assigner
ainsi à ce corps un point de concentration à 35
myriamètres en avant et sur la ligne de défense
occupée par les Français.

Marche des
réserves et des
gardes alliées.

Il ne reste plus à parler que des gardes et réserves russes et prussiennes sous les ordres du
comte Barclay de Tolly. Leur mouvement a été
rejeté à la fin du chapitre, parce qu'il ne présente que le simple tableau d'une marche par
étape qu'aucun incident ne pouvait déranger.

Ce corps, qui se rassembla aux environs de
Loerach dans les premiers jours de janvier, avait

jeté dès le 3o décembre sur la rive gauche du
Rhin, les cosaques de l'hetman Platow, qu'on
a vu plus haut arriver le 9 en première ligne. Deux
colonnes furent formées du corps principal; la
première passa le Rhin à Bâle le 2 janvier, et
cantonna jusqu'au 13 aux environs d'Altkirch.
La seconde resta près de Loerach jusqu'au 13,
qu'elle passa le fleuve au même point. Toutes
deux se mirent en marche le même jour, la première par Montbéliart et Villers-Sexel, l'autre
par Mollans et Frahière, laissant 2 mille hommes
au blocus de Béfort; elles arrivèrent le 16 et le
17 janvier à Vesoul. Le 18, le quartier-général
du comte Barclay s'établit à Fay-Billot; les troupes cantonnèrent entre cette ville, Pont-sur-
Saône, la Carte et Scie. Les journées suivantes
furent employées à des contre-marches sur le
même terrain pour établir le corps en ligne entre
Fay-Billot et Rançonnières, où il resta jusqu'au
28. Le quartier-général fut placé à Langres.

Ainsi la grande armée alliée occupait au 26 jan- Position des
vier les positions suivantes : en première ligne, alliés au 26
le comte Giulay à Bar-sur-Aube, le prince royal
de Wurtemberg à Colombé-les-deux-Eglises,
le comte de Wrède aux environs de Neufchâteau,
se liant par des patrouilles avec le corps du baron
Sacken de l'armée de Silésie qui se trouvait à
Joinville; en seconde ligne, le prince de Hesse-
Hombourg et le comte de Colloredo à Dijon, le

comte de Barclay à Langres, le corps dé bataille du comte de Wittgenstein en marche, vers Nancy, son avant-garde en avant de Vezelise.

Sur les derrières, le corps du prince Louis Liechtenstein investissait Besançon; toutes les forteresses du Rhin étaient bloquées par les troupes désignées plus haut.

A cette époque, le prince de Schwarzenberg n'ayant toujours devant lui que le faible corps du duc de Trévise en position sous Troyes, se voyait maître d'opérer sa jonction avec l'armée de Silésie qui, comme on le verra bientôt, maîtrisait toutes les opérations des ducs de Bellune, de Raguse et du prince de la Moskowa, rejetés sur la Marne par la série d'opérations dont nous allons rendre compte.

CHAPITRE IV.

Passage du Rhin par l'armée de Silésie. — Opérations jusqu'à son arrivée sur la Marne.

(Consultez pour les marches, la carte des ponts et chaussées de l'Empire Français, et pour les positions la reconnaissance militaire du Hundsruck, par le général Hardy, ainsi que les feuilles de Cassini, n° 161; 175; 141, 142; 110, 111, 112; 80 et 81.)

Pendant que la grande armée alliée violant la neutralité de la Suisse, s'approchait à pas précipités des frontières de France, l'armée de Silésie aux ordres du feld-maréchal Blucher, s'étendait des bords du Necker à ceux de la Lahn. Dans les derniers jours de décembre, le corps du baron Sacken occupa Manheim; celui du général Yorck cantonna entre Lœrich et Saint-Goarshausen, ayant en seconde ligne entre Katzenellenbogen et Langenschwalbach, les 9° et 10° corps russes. Le comte de Saint-Priest avec le 8°, formait à Ehrenbreitstein l'extrême droite de la ligne. Le comte Langeron commandait ces trois derniers corps.

Les ordres étaient donnés et les préparatifs faits pour franchir le Rhin dans la nuit du 31 décembre au 1ᵉʳ janvier. Le baron Sacken devait passer vis-à-vis de Manheim sur une flotille réunie dans l'anse du Necker; le général Yorck et les deux corps aux ordres immédiats du comte de Langeron, sur un pont de bateaux jeté à Kaub près de Bacearach. Enfin le comte de Saint-Priest, avec tous les bateaux de la Lahn, avait ordre d'effectuer un double passage au confluent de cette rivière et par l'île de Niederwerth en face de Coblentz.

Le corps de Sacken passe le Rhin.

La flotille qui portait le corps du général Sacken, quoique favorisée par un épais brouillard, éprouva des difficultés : la garde de la redoute en avant du bois de Friesenheim engagea avec elle un combat opiniâtre ; elle parvint pourtant à éteindre son feu et à débarquer. Les troupes de la redoute se voyant forcées et craignant d'être coupées, se retirèrent en toute hâte sur Mayence, laissant dans les retranchemens 6 bouches à feu et plus de 100 hommes hors de combat.

Passage du général Yorck.

Le passage du général Yorck et des deux corps du comte Langeron n'éprouva nul obstacle. Le duc de Raguse, informé dès les derniers jours de décembre de la concentration de l'armée de Silésie, et qui aurait pu lui opposer une ombre de résistance, était lui-même en mouvement pour rassembler ses troupes à Landaw, d'après les ordres de l'Empereur pour l'exécution du plan de défense indiqué au chapitre Iᵉʳ. Le 30 décembre,

ce maréchal était à Neustadt avec la division Lagrange et la cavalerie du général Doumerc; le
général Ricard qui venait d'être relevé à Coblentz
par la division Durutte, était en marche pour le
rejoindre.

Le double passage du comte de Saint-Priest Passage du général Saint-
Priest.
ne fut pas moins heureux. Il aborda sur les
deux points, enveloppa le général Durutte dans
Coblentz et l'attaqua vivement, dans l'espoir de
le faire prisonnier; mais après un combat opiniâtre, la division française parvint à se faire
jour l'épée à la main, abandonnant 7 pièces de
canon, 2 à 3 bet prisonniers et un hôpital de
1,100 malades.

Le 2 janvier, le général Sacken se mit en
mouvement sur Turkheim. Informé par ses coureurs que le duc de Raguse était en position sur
le Schinthulk, entre Elderstadt et Turkheim pour
couvrir Kaiserslautern et attendre la division Ricard, il le fit attaquer vers midi et le força,
après un court combat, à se retirer sur le Har-
temberg, en arrière de Turkheim, avec perte
d'une dentaine de prisonniers.

Le général Ricard n'était pas loin de Kreutznach lorsqu'il apprit le passage de l'ennemi et
l'échec du général Durutte qui, poursuivi par la
majeure partie des forces du comte de Saint-
Priest, se retirait avec peine par Waldeck sur
Zimmiern. Il n'hésita pas à marcher à son secours
en se dirigeant vers Coblentz par le Hundsruck,

Jonction des
divisions Du-
rutte et Ri-
card.
Son avant-garde rencontra à Halzenbach la division qui se repliait, et leur jonction s'effectua ;
mais déjà il n'était plus possible de rejoindre le
duc de Raguse, car le corps d'Yorck occupait
Stromberg et le comte Langeron qui n'avait
encore pu passer entièrement, cantonnait vers
Kaub et Baccarach, sur les deux rives du Rhin.
Dans cette extrémité, le général Ricard sentit
qu'il n'avait d'autre parti à prendre que de se retirer à Lambach, pour de là manœuvrer pour
son propre compte et gagner la Sarre.

Ce morcellement du faible corps français qui
devait défendre la contrée entre le Rhin, la Sarre
et la Moselle, donnait beau jeu à l'armée de Silésie qui pourtant ne s'avança pas avec plus de célérité. Le corps du général Yorck prit séjour dans
sa position de Stromberg, faisant occuper Zim-
mern et Kirchberg, et ceux du comte de Langeron se détachant de l'armée, gagnèrent Mayence
qu'ils étaient destinés à investir. Sur la route de
ces derniers se trouvait à Bingen, le général

Combat de
Bingen.
Choisy avec une brigade de gardes d'honneur et
mille baïonnettes, pour observer la Nahe. Le
comte de Langeron l'attaqua, le chassa de son
poste avec perte de 300 prisonniers ; et le força à
se jeter dans Mayence. Le 1er régiment de gardes
d'honneur qui était à Kreutznach et environs,
coupé et séparé en deux, parvint cependant à
s'échapper par divers chemins et à rejoindre en
partisans le duc de Raguse sur la Sarre.

Cependant le baron Sacken poursuivant son mouvement par Turkheim, chassait devant lui le duc de Raguse, tandis que le général Yorck se dirigeant par Kreutznach et Missenheim sur Lautereck et Kusel, débordait son flanc gauche et entrait dans les défilés de Grunstadt. Le maréchal sentit qu'il fallait se rapprocher de la Sarre et se replier sur Kaiserslautern; mais cette position n'était plus tenable pour lui, car lors même qu'il eût eu assez de monde pour l'occuper, il eût couru risque, en tenant tête au baron Sacken, de se voir prévenir sur la Sarre par le général Yorck, ou abordé sur ses derrières par Rabenstein et Schœnberg. Une autre raison l'engageait d'ailleurs à presser sa retraite; ce n'était que derrière la Sarre qu'il pouvait se flatter de se réunir aux divisions Ricard et Durutte. Il se mit donc en mouvement le 5 janvier au matin sur Hombourg et Sarreguemines, et le 6 il s'établit sur la rive gauche.

Le duc de Raguse se retire derrière la Sarre.

L'armée de Silésie fut bientôt sur ses traces. Le général Yorck s'avança sur deux colonnes par Saint-Wendel et Birkenfeld. Un gros parti sous le colonel comte de Henkel, fut jeté par Kirbach et Malzbach sur Trèves, où il entra le 6, aux acclamations des habitans, et trouva une ambulance de 5 à 600 malades. Le faible détachement qui occupait la ville sous le général Rigaud, se replia sur Luxembourg. L'avant-garde du général Yorck, aux ordres du général Katzler, se porta le

7 janvier sur Sarrelouis, dans l'intention de le surprendre; mais n'ayant pu passer la Sarre grossie par les pluies et dont tous les bateaux étaient détruits, il prit poste à Sarrewelingen et se contenta de jeter des obus dans la place durant toute la nuit.

Le corps du baron Sacken marcha par Hombourg, poussa son avant-garde sur Sarreguemines et occupa Blieskastel, Deux-Ponts et Rohrbach.

Quoique le duc de Raguse ne pût se dissimuler que la Sarre n'était pas une barrière capable d'arrêter long-temps un ennemi puissant, il ne laissa pas de faire des dispositions pour tenir derrière cette rivière, tant pour gagner du temps que pour approvisionner le fort de Bitche sur le point d'être investi.

Les divisions Ricard et Durutte qui s'étaient repliées par les vallées de Saint-Wendel et de Birkenfeld sur Sarrebruck, dont elles avaient fait sauter le pont, furent chargées de défendre l'espace compris entre Sarrelouis et Sarreguemines. Des partis de cavalerie soutenus par de l'artillerie furent envoyés au-dessous de Sarrelouis pour défendre les gués; la division Lagrange et la cavalerie légère prirent position à Sarreguemines pour l'expédition du ravitaillement de Bitche. Le quartier du maréchal fut établi à Forbach. Là, des bruits sourds, mais qui n'étaient pas dénués de vraisemblance, lui ayant rapporté que le duc

de Bellune, dans l'impossibilité de défendre les
débouchés des Vosges, était en pleine retraite
sur Nancy, il tourna des regards d'inquiétude
autour de lui et peignit en couleurs rembrunies
au prince major-général la situation dans laquelle
il se trouvait; mais au lieu des renforts sollicités,
il n'en reçut qu'un nouveau plan de campagne
qui atteste à-la-fois l'embarras de l'Empereur et
son ignorance complète des plans, des moyens et
de la marche des alliés.

Nouveau plan de Napoléon.

N'accordant à l'époque du 8 janvier que 10 mille
hommes au général Bulow, 60 mille au feld-maréchal Blucher, et 180 mille au généralissime
prince de Schwarzenberg, il croyait encore possible d'arrêter leurs progrès avec les seuls débris de
la grande armée.

Dans cette persuasion, son intention était que
le comte Maison contînt sous Breda les Prussiens
et les Anglais. Partant du principe que le feld-maréchal Blucher laisserait 20 à 25 mille hommes devant Mayence et sur le Rhin, il voyait son armée
réduite à 30 mille hommes actifs; dès-lors, obligé
de masquer Sarrelouis s'il voulait se porter
sur la Sarre; de bloquer Luxembourg, Thionville, Marsal et Metz, s'il la franchissait pour
se porter sur la Moselle, il ne devait lui rester que fort peu de monde pour ses opérations
ultérieures. Dans cette hypothèse, le duc de Raguse devait se borner à l'observer, le contenir,

et à manœuvrer entre les places. Si par l'effet
d'une chance regardée comme inadmissible, d'a-
près les calculs de l'Empereur, le maréchal était
contraint à repasser la Moselle, il aurait jeté la
division Durutte dans Metz et défendu pied à
pied la route de Paris, tandis que le duc de Tarente qui avait reçu l'ordre de réunir son corps
vers Namur, eût opéré sur le flanc droit de l'ennemi, sans cesser de couvrir les débouchés de Paris.

Dans le cas où le feld-maréchal Blucher, après
avoir tâté la Moselle, se serait porté sur la basse
Meuse, vers la Belgique, le duc de Tarente aurait
défendu cette rivière de pied ferme pendant que
le duc de Raguse aurait harcelé le flanc gauche
de l'armée de Silésie.

Partant également du principe que le prince
de Schwarzenberg ne laisserait pas moins de 20
mille hommes pour contenir la Suisse, de 20 mille
pour assiéger Besançon, et de 20 à 25 mille pour
masquer les places d'Alsace, il pensait que ses
progrès seraient arrêtés sans efforts à Langres par
le duc de Trévise, à Nancy par le prince de la
Moskowa, et dans les Vosges par le duc de Bellune. Il recommandait à cet effet aux trois maréchaux de combiner leur attaque pour s'emparer de
nouveau des gorges des Vosges, de s'y retrancher
et d'y réunir tous les gardes nationales, les vo-
lontaires, les gardes champêtres et forestiers
qu'ils pourraient mettre sur pied.

Dans le cas où tous leurs efforts auraient échoué, ces trois corps devaient se réunir et couvrir autant que possible, les principales routes aboutissant à la capitale.

La teneur de ces nouvelles instructions n'était guères propre à inspirer de la confiance aux maréchaux; mais comme le major-général annonçait en même temps que la paix était signée avec Ferdinand VII, que les armées des Pyrénées et de Catalogne marchaient sur Paris, où l'Empereur avait déjà rassemblé une armée de 100 mille hommes, et que les gardes nationales de Bretagne, de Normandie et de Picardie se levaient spontanément pour former une réserve de pareille force : généraux, officiers et soldats, espérant voir bientôt un terme aux maux de la patrie, reprirent courage, et résolurent de suppléer au nombre par un entier dévouement.

Cependant le feld-maréchal Blucher avait bordé la rive droite de la Sarre : le corps du baron Sacken de Sarralbe à Sarrebruck, le général Yorck de ce dernier point à Mertzig. Le 10 janvier, des ponts furent jetés à Sarralbe et à Rehling; toute la cavalerie et l'artillerie légère se mirent à la poursuite du duc de Raguse, qui refusant le combat, se retira par la grande route de Metz. Le lendemain l'infanterie prussienne passa à Sarrebruck et se dirigea sur Forbach, où le général Yorck établit son quartier. Huit bataillons et quatre escadrons formèrent l'investissement de Sarrelouis. La brigade Horn marcha sur Thionville; l'avant-garde du général Katzler poussa sur Saint-Avold et donna sur l'arrière-garde française près de Neue-Muhlen.

La facilité avec laquelle on avait jusqu'alors poussé le duc de Raguse, fit penser au maréchal Blucher que le corps d'Yorck était plus que suffisant pour le rejeter de la Sarre sur la Moselle. Il jugea donc qu'il serait plus avantageux de porter le baron Sacken de Sarreguemines par Putelange et Château-Salins sur Nancy, afin de lier l'armée de Silésie avec la droite du généralissime formée par le comte de Wittgenstein. Ce dernier à la vérité, s'occupait encore de faire passer le Rhin à son arrière-garde et de former l'investissement des places; mais le feld-maréchal devait le croire beaucoup plus avancé, puisque, comme on l'a vu au chapitre précédent, ses coureurs avaient rencontré les siens le 5 janvier aux environs de Bitche. Quoi qu'il en soit, le général Yorck marcha sur Metz et le baron Sacken sur Nancy, sans éprouver de résistance.

Le duc de Raguse se retire derrière la Moselle. Le 12 janvier au matin, le duc de Raguse vint prendre position sous Metz, et les dispositions qu'il ordonna en arrivant, firent penser qu'il était dans l'intention de se maintenir quelque temps derrière la Moselle. En effet, cette ligne protégée à la gauche et au centre par de bonnes places,

offrait de grandes ressources pour tenir en échec
le seul corps de l'armée de Silésie qui la menaçât, et peut-être empêcher sa réunion avec la
grande armée. Mais pour obtenir ce résultat,
il fallait effectuer une jonction préalable avec
le duc de Bellune, qu'on a vu au chapitre précédent se retirer sur Nancy où il s'était rallié au prince de la Moskowa. Alors ces trois
corps eussent présenté une masse assez imposante pour arrêter quelques jours le maréchal
Blucher; et de cette opération dérivaient les plus
hautes conséquences, dans une conjoncture où
une seule marche rétrograde privait l'État des
conscrits de la moitié d'un département.

Néanmoins cette jonction si désirable n'eut pas
lieu, soit que le défaut d'unité dans le commandement s'y opposât, soit que les instructions
particulières de l'Empereur la défendissent aux
maréchaux qui ne cessaient de la solliciter.
Ce défaut d'ensemble et d'harmonie eut les
suites les plus fâcheuses. Le baron Sacken continuant sa marche sur Nancy, poussa son avant-
garde jusqu'aux portes de cette ville, et se lia
par sa gauche avec les cosaques de l'hetman Platow, qui avaient pénétré jusqu'à Vézelise. Le
prince de la Moskowa surpris par l'arrivée des
Russes, évacua Nancy avec une telle précipitation qu'il y laissa un dépôt de 500 prisonniers
espagnols. Il se porta sur Toul, engageant le duc

8*

de Bellune à suivre son mouvement rétrograde sur
Ligny. Les deux maréchaux s'étant reposés l'un sur
l'autre pour la destruction des ponts de Frouard
et de Bouxières , elle ne fut pas effectuée.

De son côté, le général Yorck, dont l'avant-garde
suivait constamment le duc de Raguse, prit position le 13 janvier sur la rive droite de la Moselle ;
établissant des cordons autour de Metz et de Thionville; le gros de son corps à Longeville. Le même
jour, le duc de Raguse poussa la division Ricard sur
Pont-à-Mousson par la vieille route; elle coucha le
soir à Novéant, et entra le lendemain de bonne
heure dans la ville. L'ennemi n'y avait pas encore
paru; mais les reconnaissances envoyées sur Nancy, rapportèrent que l'avant-garde du baron Sacken venait d'y entrer, et avait déjà fait passer
des troupes sur les ponts de Bouxières et de
Frouard. Alors le maréchal , débordé sur sa
droite , se décida à gagner Verdun pour se
placer derrière la Meuse. Il compléta tant bien
que mal la garnison de Metz , acheva son approvisionnement , et y laissa pour gouverneur le
général Durutte avec les cadres de 2 régimens de
sa division; la cavalerie , la division Lagrange ,
la division de jeune garde Decouz non encore
organisée , et le quartier-général , prirent la route
de Verdun par Mars-la-Tour.

' Le grand quartier-général , les administrations,
le grand parc et le duc de Valmy étaient partis

depuis trois jours pour Châlons où ils furent établis; la division Ricard se replia sur Thiaucourt, et abandonna Pont-à-Mousson sans avoir le temps d'en briser le pont.

L'ennemi se voyait donc maître de deux débouchés pour arriver sur la Meuse et peut-être y devancer l'un ou l'autre des corps français. Le général Wassiltschikow, commandant la cavalerie du baron Sacken, s'empara de Pont-à-Mousson ; le prince Biren de Courlande poursuivit le duc de Bellune sur la route de Nancy à Toul, tandis que les troupes légères passées à Frouard, Bouxières et Pont-à-Mousson, pressaient leur marche pour le prévenir à Commercy et à Saint-Mihiel. L'occupation de ces deux points par des forces insuffisantes, n'entraîna pas de grandes conséquences; tous deux furent repris, le premier par les dragons du général Briche, soutenus par quelque infanterie du duc de Bellune, et le second par la division Decouz; mais le passage de la Moselle étant ouvert à l'ennemi, tout espoir de lui disputer le pays situé entre cette rivière et la Meuse, s'évanouit.

Le duc de Raguse parti de Metz le 15 janvier, se retirait lentement sur Verdun; son arrière-garde était encore le 19 à Manheulle. Sa marche ne fut pas d'abord inquiétée; le général Jurgasz, chargé de le poursuivre avec la cavalerie du corps d'Yorck ne put, à cause des glaces et du manque

de bateaux, franchir la Moselle à Jouy-aux-Ar-
ches; il lui fallut rabattre sur Pont-à-Mousson, où
il la passa le 17; il coucha le même jour à Thiaucourt, et enfin le 19 atteignit à Manheulle l'arrière-garde française. Il l'aborda avec 1,200 chevaux et 2 pièces, et rejeta dans le village la cavalerie du général Picquet; mais là, accueilli par
un feu meurtrier de mousqueterie, il fut obligé
de se replier avec perte, vivement poursuivi par
le 10ᵉ de hussards.

Évacuation
de Nancy
par l'armée
française.

Le prince de la Moskowa ayant continué son
mouvement de Ligny sur Bar-le-Duc, le maréchal de Bellune resté seul à Toul, n'y pouvait
tenir qu'au risque d'être prévenu sur la Meuse: il
laissa donc dans cette place le chef de bataillon
Chaudron avec 300 hommes et quelques pièces,
appela la garde nationale à la défense de ses remparts, et se replia derrière la Meuse à Vaucouleurs, Void et Commercy, d'où il se mit en communication avec le duc de Raguse.

Ainsi du 14 au 20 janvier, les trois corps français se virent rejetés de la Moselle sur la rive gauche de la Meuse. On observe avec peine que
les avant-gardes de l'ennemi seulement furent
engagées; le corps de bataille du général Sacken
n'entra à Nancy que le 18; et le même jour le
général Yorck, contrarié par la crue des eaux
dans l'investissement, et le coup de main qu'il
avait ordre de tenter sur Metz, Thionville ou

Luxembourg, réunissait à peine ses forces à Pont-à-Mousson.

La prise de Nancy causa beaucoup de joie au feld-maréchal Blucher. Bien qu'il ne reste aucune trace de ses anciennes fortifications, affectant de la considérer comme une place de guerre, il s'en fit apporter les clefs. Le langage qu'il tint aux magistrats dans cette occasion fut celui d'un vainqueur politique; il ne fit connaître aux Lorrains les motifs et le but de l'invasion qu'en leur promettant la suppression d'impôts onéreux. C'était plus que les alliés ne pouvaient ou ne voulaient tenir. Un écrivain a déjà remarqué (1) l'inconvenance de cette conduite qui peut s'expliquer par le désir d'humilier en paraissant protéger une ville qui servait naguères de dépôt aux prisonniers prussiens.

La prompte retraite de l'armée française, fut sans doute déterminée par l'état déplorable dans lequel elle se trouvait. Les soldats sans solde depuis six mois, sans distributions régulières, mal vêtus et maltraités par les habitans, étaient découragés et instigués à la désertion par des émissaires de l'étranger, secondés d'indignes citoyens. Les chevaux de la cavalerie et de l'artillerie n'ayant pu être ferrés à glace, faute de fonds, 300 avaient péri en se brisant les jambes dans la

_____

(1) Voy. Sarrazin, Hist. de la guerre de la Restauration; p. 171.

route de Baccarat à Nancy. L'impérieuse nécessité contraignit le duc de Bellune à frapper un emprunt de 15 mille francs sur cette ville. L'autorité municipale ne céda qu'à la force, et cette somme ne fut versée dans la caisse militaire, qu'après que le comte Grouchy eut fait enlever le maire et ses adjoints. Si le refus de ces fonctionnaires fut motivé moins par le manque de fonds que par un attachement trop scrupuleux aux formalités qui pouvaient être sacrifiées à l'urgence, quels regrets ne durent-ils pas éprouver, lorsqu'un ordre du feld-maréchal les chargea de pourvoir à l'équipement des prisonniers espagnols, destinés à former la garnison de Toul pour les alliés !

Dans l'état actuel des choses, l'opération la plus avantageuse que pût faire la gauche de l'armée de Silésie avant de forcer le passage de la Meuse, était de s'emparer de Toul ; car si la faiblesse de sa garnison, ôtait à cette place une partie de son importance, elle n'en fermait pas moins d'une manière incommode la chaussée de Nancy à Bar. C'est un ennéagone irrégulier, bastionné, avec fossé, sans contrescarpe ni chemin couvert, dont la Moselle couvre six fronts ; mais il est dominé sur les trois autres ; et le mauvais état de ses ouvrages, le mettait à peine à l'abri d'un coup de main.

Prise de Toul par les Russes.   La 10e division d'infanterie russe, aux ordres du général comte de Lieven, fut chargée de l'enlever. Elle établit le 20 janvier ses batteries sur la côte de Saint-Michel, et se forma en deux colonnes sur les routes de Void et de Nancy, pour tenter une attaque de vive force. Le commandant intimidé par ces apprêts, ouvrit ses portes et se rendit prisonnier avec sa garnison.

Toul pris avec tant de facilité, assurait singulièrement la position de l'armée de Silésie dans la Lorraine, et le feld-maréchal Blucher allait se trouver plus que jamais maître de toutes les opérations par l'arrivée des corps du comte de Langeron, qui relevés au blocus de Mayence par des troupes allemandes, s'avançaient par Sarrebruck et avaient le 20 janvier leur tête de colonne entre Château-Salins et Nancy.

. Cet heureux concours de circonstances lui fournit l'occasion de ressaisir des avantages qu'il avait laissé échapper; car il était loin d'avoir tiré tout le parti possible de la retraite prématurée des Français. Au lieu d'employer un temps précieux en contremarches sans fin entre Metz, Thionville, Luxembourg et Sarrelouis, quelques officiers ont pensé que le général Yorck eût beaucoup mieux fait de masquer simplement ces places et de se réunir au baron Sacken, pour pénétrer vivement et en masse entre la Moselle et la Meuse, aussitôt que les débouchés de Frouard et de Pont-à-Mousson lui furent livrés; et ils ne doutent pas que dans la situation où se trou-

vaient les trois corps français, il ne les eût culbutés sur la Meuse et peut-être prévenus sur la
Marne.

Quoi qu'il en soit, le feld-maréchal se voyant
enfin en mesure de forcer le passage de la Meuse,
résolut de laisser le général Yorck achever ses
opérations de blocus, et de se mettre en mouvement le 21 avec le reste de ses troupes, divisé en
deux colonnes. La première, composée de la
moitié du corps du baron Sacken, et précédée
d'une forte avant-garde de cavalerie et d'infanterie sous les ordres des généraux Wassiltschikow
et prince Scherbatow, s'avança par Ligny et Bar-
le-Duc sur Saint - Dizier. La seconde, formée
de l'autre moitié du corps du général Sacken,
suivie à un jour de distance par le 9ᵉ corps russe
aux ordres du général Alsusiew, eut son itinéraire tracé par Vaucouleurs et Gondrecourt sur
Joinville.

L'ennemi pas-
se la Meuse.
Les maréchaux français avaient bien pris quelques mesures de défense sur la Meuse, et la crue
de ses eaux leur donnait l'espoir de s'y soutenir
quelque temps; cependant les ponts au-dessus de
Vaucouleurs n'ayant pas été détruits à cause des
débordemens qui avaient empêché, dit-on, d'en
approcher, l'avant-garde de la colonne de gauche
ennemie en profita et passa la rivière sans obstacle dans la nuit du 20 au 21 janvier. Le duc de
Bellune, inquiet déjà des mouvemens que le

comte de Wrède et l'hetman Platow faisaient à sa droite sur Neufchâteau, craignit d'être prévenu à Ligny par les troupes de l'armée de Silésie qui filaient sur Gondrecourt, et évacua le 21 au matin ses positions de Vaucouleurs, Void et Commercy pour se concentrer à Ligny. Le duc de Raguse, afin de se tenir à sa hauteur, fit retirer à Naives la division Decouz qui défendait Saint-Mihiel, dont elle fit voler le pont; la division Lagrange s'établit à Chaumont-en-Aire, le reste du 6ᵉ corps à Verdun.

Cependant la colonne de droite de l'armée de Silésie se mit sur la chaussée de Nancy à Bar, à la poursuite du duc de Bellune dont l'arrière-garde était à Saint-Aubin. Le maréchal ne jugeait ni la position en avant de Ligny, ni le plateau par lequel on y arrive de Saint-Aubin, susceptibles de défense, vu qu'on n'en peut sortir que par une rampe rapide, longue et dangereuse, qui se prolonge jusqu'aux premières maisons de Ligny. Son intention était au contraire de tenir la position opposée formant la tête du défilé qui conduit à Saint - Dizier; mais l'Empereur voulait qu'on tînt ferme sur l'Ornain, et le prince de Neuchâtel, arrivé à Ligny le 22 janvier, ordonna de faire faire volte face à la cavalerie, qui se porta aussitôt en avant. Elle rencontra près de Saint-Aubin celle du général Wassiltschikow, avec laquelle elle engagea l'action; le comte Milhaud n'étant pas soutenu par l'infanterie, et ayant affaire à trop forte partie, fut obligé de se replier sur Ligny, serré de près par l'avant-garde russe. La colonne de droite de l'armée de Silésie coucha le même soir à Void, celle de gauche à Vaucouleurs et Toul; le quartier du feld-maréchal fut établi dans cette dernière place.

Le lendemain au point du jour, l'infanterie du prince Scherbatow attaqua Ligny, dont elle chassa l'arrière-garde française après un combat opiniâtre. Le gros de l'armée continua son mouvement.

Bien que le général Jurgasz observât encore Verdun, et que le corps de bataille d'Yorck se trouvât toujours sur la Moselle, le duc de Raguse ne s'en vit pas moins obligé de se retirer, pour être à hauteur de ses collègues; son mouvement rétrograde s'opéra de Verdun sur Bar et Saint-Dizier, où il arriva le 24, laissant la division Ricard à l'entrée du défilé des Islettes, pour couvrir la route de Verdun à Châlons.

Les trois corps français se trouvèrent enfin réunis le 24 janvier à Saint-Dizier; mais ils n'y furent pas long-temps en repos : attaqués le lendemain matin par l'avant-garde du prince Scherbatow, et menacés sur leur droite par le mouvement de la colonne du général Alsusiew sur Joinville, ils furent obligés de se retirer et prirent position : le général Duhesme, avec sa divi-

sion, 600 chevaux et deux batteries, en arrière
de Saint-Dizier, observant cette ville et s'éclairant dans les directions de Joinville et de Bar; le
reste du corps du duc de Bellune en échelon à
Perthes; le duc de Raguse avec la division Decouz et ses cuirassiers à Vitry-le-Français; la division Lagrange à Vitry - le - Brûlé; la cavalerie
légère à Changy et Outrepont; le général Ricard
toujours aux Islettes, son avant-garde à Cler-
mont; le prince de la Moskowa à Vitry-le-Français.

L'armée de Silésie s'établit le même jour 25
janvier : le baron Sacken à Dammartin; le quartier-général du feld-maréchal Blucher et le corps
du général Alsusiew à Joinville; le prince Scherbatow et la cavalerie du général Landskoy à Saint-
Dizier. Ce dernier devait observer la route de
Châlons et attendre pour se réunir à lui, le
corps du général Yorck, lequel quittant les bords
de la Moselle le même jour, devait passer la
Meuse le 28 à Saint-Mihiel.

Ainsi l'armée de Silésie avait envahi dans le
court espace de 25 jours, tout le terrain compris
entre le Rhin et la Marne; franchi ce fleuve, la
Sarre, la Moselle, la Meuse, les montagnes du
Hundsruck et des Vosges, et se trouvait avoir débouché dans les plaines de la Champagne. Elle
ne présentait pas, à la vérité, une masse aussi
imposante qu'au passage du Rhin, puisqu'elle

n'avait en ligne que le corps du baron Sacken et celui du général Alsusiew, fort d'environ 5 mille hommes; mais elle devait incessamment se renforcer du corps prussien du général Kleist, qui ayant passé le Rhin à Coblentz le 16 et le 17 janvier, était annoncé à Saint-Mihiel pour le 2 février, et de plus des troupes du comte de Langeron qui touchait au moment d'entrer en ligne. Néanmoins le retard du général Yorck semble un sujet de reproche à faire au feld-maréchal Blucher. Il s'en sépara sans motifs suffisans, et aurait pu s'en repentir, s'il avait eu pour adversaire un homme de tête qui ne se laissant pas abattre par la mauvaise fortune, eût bien jugé sa position, concentré ses moyens, conduit une défensive énergique, et châtié toutes ses fautes. En effet, ce fut bien plus pour avoir eu affaire à des corps éparpillés et à des généraux isolés et découragés que par l'habileté de ses manœuvres, qu'il parvint à atteindre la Marne et à ouvrir les communications par sa gauche avec la grande armée.

CHAPITRE V.

Passage du Rhin par le corps de Winzingerode,
retraite de l'armée du duc de Tarente. — Opé-
rations jusqu'à l'arrivée du général Winzinge-
rode à Namur, et du duc de Tarente à Mézières.

(Consultez pour les marches la carte des ponts et chaussées
de l'Empire Français, et pour les positions, les feuilles
de Ferraris, V, IX, X, XIII, XIV, XV; XVIII et XXIII.)

Le passage du Rhin par la grande armée et celle
de Silésie était effectué, que la majeure partie de
l'armée du Nord, ne se trouvait pas encore en mesure de les suivre sur la rive gauche.

Nous avons vu dans le chapitre II, qu'après
avoir enlevé Arnheim de vive force, un des corps
de cette armée, sous les ordres du général Bulow, franchit le Leck et le Wahl sans résistance,
prit des cantonnemens dans l'île de Bommel, et
s'établit dans Crèvecœur et Heusden, en forçant
le général Molitor de se réunir au duc de Tarente
avec les troupes qui venaient d'évacuer la Hollande.

Immédiatement après la tentative infructueuse
du général Roguet sur Bréda, la garde de cette
place fut confiée à six bataillons anglais, prus-

Position du
corps de Win-
singerode.

siens et hollandais, et le général Benkendorf fut
rappelé par le baron Winzingerode, en pleine
marche de Munster pour se rapprocher des
bords du Rhin.

Déjà le général Ururk, avec 3,400 hommes
et 1,800 chevaux formant tête de colonne, était
arrivé devant Wesel où il avait relevé la brigade
prussienne de Borstell , rappelée sur le Wahl
par le général en chef Bulow.

Le général Czernischef, avec l'avant-garde,
était à Dusseldorf.

Le général Winzingerode, en réunissant tous
ces détachemens, n'avait encore que 14 mille
hommes d'infanterie et 7,900 chevaux (*Voyez le
Tableau , n° VII*), mais il devait être incessamment renforcé par les corps russes des comtes
Woronzow et Strogonow, détachés momentanément sur le bas Elbe.

Le prince royal de Suède était toujours occupé
devant les Danois, qui reculaient, autant que possible, la conclusion d'un traité désavantageux.

Le corps de Winzingerode, peu formidable en
lui-même, suffisait cependant, sans attendre les
divisions Woronzow et Strogonow, pour opérer
contre la faible armée du maréchal duc de Tarente, qui avait son quartier-général à Clèves, et
bordait le Rhin avec deux corps d'infanterie et
deux de cavalerie dans l'ordre suivant :

Position de   La 1re division du 11e corps, de 4 mille hommes, occupait Wesel dont elle devait former la garnison. Une division de 600 chevaux du 2ᵉ corps sous le général Excelmans, s'étendait de Wesel à Nimègue, soutenue par la 2ᵉ division du 11ᵉ, forte de 2 mille hommes de pied.

Le général Molitor occupait Venloo avec 1,400 fantassins; enfin le général Dommanget avec les 800 chevaux de cavalerie légère du 2ᵉ corps, était établi devant Maëstricht, s'éclairant sur Bruxelles.

Le 5ᵉ corps d'infanterie, de 3 mille baïonnettes, sous le général Sebastiani, et le 3ᵉ de cavalerie, de 1,500 sabres, aux ordres du duc de Padoue, bordaient la rive gauche du Rhin, depuis Rema-gen jusqu'en face de Wesel.

On se rappelle que le comte de Saint-Priest a effectué le passage du Rhin le 31 décembre et le 1ᵉʳ janvier à l'île de Niederwerth et au confluent de la Lahn; dès qu'il eut établi son pont et chassé de Coblentz le général Durutte, il envoya des partis dans toutes les directions, et dirigea la brigade Pillar sur Andernach, dont elle s'empara sans coup férir. A l'apparition des éclaireurs russes, le comte Sebastiani, dont le faible corps était très-étendu, craignit avec juste raison de voir enlever ses cantonnemens, et s'empressa d'envoyer à leur rencontre une forte reconnais-sance conduite par les généraux Albert et Jacqui-not. Leur détachement culbuta un parti ennemi

1.

9

Combat d'O-ber-Winter. entre Ober-Winter et Mehalen; mais ce faible avantage n'était pas de nature à dissiper entièrement les craintes qu'un si dangereux voisinage devait inspirer. Heureusement pour les Français, le débarquement de l'artillerie et de la cavalerie russe éprouva beaucoup de difficultés, et força le comte de Saint-Priest à rester pendant quelques jours dans les environs de Coblentz.

Ces positions en équerre entre le Rhin et la Meuse étaient loin d'être sûres. Le duc de Tarente craignait d'être pris à revers, et prévenu sur sa ligne de retraite par le corps de Bulow, qui occupait Breda, investissait Bois-le-Duc. L'approvisionnement de Wesel, de Grave, Juliers, Venloo et Maëstricht éprouvait des retards désolans, tant à cause de la circonscription du terrain, que par la mauvaise volonté des habitans, dont on n'obtenait rien sans garnisaires. Le maréchal, qui ne pouvait jeter dans ces places que des échantillons de garnisons, prévoyant qu'elles seraient attaquées et prises aussitôt qu'abandonnées à elles-mêmes, pour ne pas s'affaiblir en pure perte, proposa de les évacuer. Il prescrivit même au gouverneur de Wesel d'abandonner la sienne sous quarante-huit heures, à moins d'ordres expressément contraires de l'Empereur; mais cette sage mesure ne put avoir lieu. Bien que le général Winzingerode n'ignorât pas la situation difficile de son ad-

versaire, et qu'il fût informé des succès de Bulow à sa droite et de la marche de l'armée de Silésie à sa gauche, il balançait encore à franchir
le Rhin sans avoir reçu les ordres du prince royal
de Suède, dont il était éloigné de plus de 50 myriamètres, et mesurait avec inquiétude les glaçons chariés par le fleuve.

De son côté, le duc de Tarente convaincu du
danger de sa position par le péril auquel venait
d'échapper sa droite, et ne voulant point s'exposer à être battu en détail, prit le parti de concentrer ses forces : il retira de Wesel les Suisses
qui lui étaient devenus suspects, et les remplaça
par des Français; 1,400 hommes furent jetés dans
Grave; Clèves et Nimègue évacués. Le 4 janvier,
le 11ᵉ corps d'infanterie et le 2ᵉ de cavalerie furent réunis à Gueldres et Venloo, conservant
leur communication avec Wesel par Xanten. Le
5ᵉ corps d'infanterie et le 3ᵉ de cavalerie se rassemblèrent à Cologne et Neuss.

Les choses restèrent dans le même état de part
et d'autre, jusqu'au 12 janvier, que le général
Winzingerode se décida enfin à effectuer le passage du Rhin. Dans la nuit du 12 au 13, quelques
centaines de cosaques jetés sur la rive gauche
entre Kaiserwerth et Doësbourg, chassèrent devant eux les avant-postes français, et s'emparèrent d'une redoute armée de 5 pièces de canon,
construite à l'embouchure de la Roër. Le 13 à

Marginal notes:

Concentra-
tion de l'ar-
mée française
sur la Meuse.

Passage du
Rhin par le
corps de Win-
zingerode.

9*

midi, l'avant-garde sous le général Czernischew commença à passer près de Dusseldorf sans résistance, car les Français n'y avaient laissé que des vedettes; mais les glaces dont le fleuve était couvert en rendaient la navigation si difficile, qu'à quatre heures, on n'avait encore sur la rive gauche que 800 chasseurs à pied et une centaine de cosaques. Avec cette petite troupe, le général Benkendorf donna la chasse aux postes d'observation jusqu'à Neuss; là, reçus par un bataillon et une centaine de chevaux français, les cosaques furent à leur tour ramenés jusqu'à Ober-Cassel sur l'infanterie qui les recueillit. Si les Français avaient mieux connu la position de cette avant-garde, ils l'auraient infailliblement acculée au Rhin, où sans moyen de retraite et sans secours efficace de son armée, elle eût été écrasée et obligée de mettre bas les armes.

Le lendemain matin, le général Benkendorf occupa Neuss, pendant que l'avant-garde continua son passage. Le 15, les cosaques d'Ilowaïski entrèrent à Cologne, que le général Sebastiani et le duc de Padoue avaient évacué le 12, pour se retirer sur Aix-la-Chapelle, et jeter 1800 hommes et 200 chevaux à Juliers. Le général Czernischew s'établit le 11 à Neuss, et poussa ses avant-postes jusqu'à Ritz.

Les jours suivans, le corps de bataille opéra son passage à Dusseldorf. Le général Benkendorf n'ayant pu l'effectuer à Emmerich, remonta le Rhin et prit les ordres du général Unurk, qui laissant une partie de ses forces sous le prince Schowanski pour continuer le blocus de Wesel, dirigea le reste en deux colonnes sur Doësbourg et Dusseldorf. Là, elles passèrent le Rhin sans obstacles, et jetèrent des partis sur la Meuse jusqu'à Ruremonde.

Le duc de Tarente, hors d'état d'accepter le combat, avait prononcé son mouvement de retraite devant l'avant-garde russe, et livré Juliers à ses propres forces. Le 18 janvier, tous ses corps étaient réunis à Liége. De son côté le général Winzingerode avait enfin toutes ses troupes sur la rive gauche du Rhin; son quartier-général et le gros de son infanterie étaient à Dick, son avant-garde à Aix-la-Chapelle. Retraite de l'armée française.

Le 19 janvier, la garnison de Juliers tenta une sortie qui, comme cela arrive toujours, repoussa les premiers postes ennemis, et fut obligée de rentrer après un léger combat. La cavalerie qui en faisait partie ayant été dissipée par celle des Russes, l'infanterie fut entourée et perdit 100 hommes. On confia le blocus de la place au général Ilowaïski.

Cependant le duc de Tarente, qui avait continué sa retraite sur Namur, y reçut le 19 janvier, l'ordre de l'Empereur de se rapprocher de lui, en se rendant par les Ardennes à Châlons-sur-Marne.

Comme il lui était prescrit de ne pas perdre de temps, il se mit incontinent en marche. Son arrière-garde, aux ordres du comte Sebastiani, coucha le 22 à Huy, le 23 à Namur, le 24 à Dinan, le lendemain à Givet; le 26 à Rocroy et le 27 à Mézières. Par suite de ce mouvement, le général Winzingerode n'eut plus d'ennemi devant lui, et dès ce moment rien ne pouvait s'opposer à ses progrès, car les troupes françaises en Belgique, étaient retenues en avant d'Anvers par les corps des généraux Bulow et Graham.

Cependant, soit à cause de la rigueur de la saison, soit par circonspection, sa marche fut excessivement lente; le 23 janvier, son quartier-général et son corps de bataille n'étaient encore qu'à Aix-la-Chapelle; l'avant-garde occupait Herve, et n'avait à Liége que des coureurs.

Pour s'assurer de ce qui se passait à la droite, le baron Winzingerode poussa le 24 janvier, le général Benkendorf par Saint-Tron sur Bruxelles. A peine ce dernier fut-il à cinq kilomètres de Liége, qu'à son grand étonnement il rencontra l'ennemi.

Le comte Maison avait remplacé le général Decaen, et son premier soin en prenant le commandement, ayant été de faire reconnaître sur sa droite la position du duc de Tarente, avec lequel il devait lier ses opérations, il avait détaché sur Louvain le général Castex, à la tête de 1,200 hommes, 800 chevaux et 2 pièces de canon, avec ordre de s'éclairer sur Saint-Tron, et de reconnaître sans trop s'aventurer les débouchés de Liége et de Namur. Ne rencontrant aucune troupe ni française, ni russe, il crut pouvoir s'avancer au-delà de Saint-Tron, et se trouva en face du général Benkendorf.

Celui-ci, qui n'avait que 2 régimens de cosaques, battit sur-le-champ en retraite jusqu'auprès du faubourg de Liége. Il fut assez heureux pour être secouru à temps par le général Czernischew avec sa cavalerie et 2 pièces de canon. Ce renfort inopiné ranima le combat et le fit tourner à l'avantage des Russes ; la cavalerie française fut tournée par les cosaques de Lapuchin et de Bernikow, tandis qu'elle était vivement chargée en front. Après avoir perdu une centaine d'hommes, elle se retira sur Saint-Tron. Les vainqueurs la poursuivirent jusqu'à Orey. Le général Castex fut blessé et d'autant plus à plaindre, que le même jour, le comte Maison, informé des événemens, lui mandait expressément de se concentrer à Saint-Tron.

Combat de Saint-Tron.

Quoique rassuré par ce succès, le baron Winzingerode n'en accéléra pas son mouvement, et mit six jours pour porter son avant-garde de Liége à Namur. Le 30, son quartier-général était encore dans cette première ville ; et il ne se décida le 2 février à le transférer à Namur, qu'a-

Concentration du corps de Winzingerode à Namur.

près qu'un parti de cosaques envoyé sur Tirle-
mont pour avoir des nouvelles du général Bulow,
lui eut rapporté de Bruxelles que les Prussiens
se trouvaient à sa hauteur.

Ici se termine la première période des opérations du général Winzingerode. Il s'arrêta quelques jours à Namur, croyant indispensable, avant
de s'engager entre la Sambre et la Meuse, de
s'emparer de la place de Philippeville, sous laquelle il avait fait avancer son avant-garde; jugeant, non sans inquiétude, qu'il serait obligé,
en reprenant l'offensive, de laisser encore Givet
et Maubeuge sur ses flancs. Il se plaignait que la
nécessité d'établir des corps de blocus devant les
places, eût réduit ses forces à 8 mille hommes et
5 mille chevaux, et calculait avec anxiété, le
temps que devaient mettre à le rejoindre les
corps de Woronzow et Strogonow que le prince
de Suède lui renvoyait. Par l'événement, ces
craintes n'étaient pas fondées, puisque le seul
corps qu'il eût en tête, d'ailleurs plus faible de
moitié que le sien, se trouvait alors à plus de 12
myriamètres de lui, appelé à opérer contre d'autres ennemis.

Récapitulant les positions des trois armées d'invasion, on voit qu'elles occupaient au 25 janvier,
une ligne qui s'étendait de Langres à Namur, sur
un développement de plus de 30 myriamètres.
De Langres à Saint-Dizier, cette ligne était con-

tinue et formée par les armées du prince de
Schwarzenberg et du feld-maréchal Blucher ;
mais l'intervalle entre ce dernier point et Dinant,
où se trouvait l'avant-garde du baron de Winzingerode, était encore occupé par l'armée du duc
de Tarente, qui se disposait, à la vérité, à l'évacuer.

Si l'on ne considère que l'étendue de terrain
envahi par ces trois armées depuis l'ouverture de
la campagne, on sera tenté de croire qu'elles
ont obtenu en un mois de bien grands avantages;
mais si l'on embrasse d'un coup-d'œil le but
de la guerre, les forces de ces armées et le
peu d'obstacles qu'elles ont eu à surmonter, on
s'apercevra bientôt que leurs progrès furent au-
dessous de ce qu'on était en droit d'attendre
d'elles. En effet, dans la déplorable situation où
la France était réduite, les alliés pouvaient im-
punément tout oser. Si donc, la grande armée
au lieu de s'étendre et d'avancer parallèlement à
l'armée de Silésie sur un très-grand front, se fût
portée sur trois colonnes, deux par la route de
Dijon à un ou deux jours de distance, l'autre par
celle de Chaumont, rien ne l'aurait empêché
d'arriver à Paris; car le duc de Trévise, qui
n'atteignit Langres que le 12 janvier, loin de
prendre le 3 de Reims cette direction, eût été
obligé de se replier sur la capitale, où elle devait le prévenir pour peu qu'elle eût hâté sa

Observations
sur les opéra-
tions des trois
armées d'in-
vasion.

marche ou qu'il eût fait de faux mouvemens. Dès-
lors la grande question politique eût été décidée
sans effusion de sang au moyen d'une simple
promenade militaire. Mais il aurait fallu pour cela
une résolution prompte et énergique qui manqua à cette coalition, comme à toutes celles qui
s'étaient nouées depuis 25 ans contre la France.
La divergence d'intérêts, les jalousies et surtout
les longues délibérations des alliés , enfantèrent
ces manœuvres compassées , ces lenteurs qui
donnèrent à Napoléon le temps de réunir le petit
nombre d'hommes avec lequel il remit en question le sort de l'Empire et de l'Europe.

CHAPITRE VI.

Réunion des corps de l'armée française sous Châlons. — Projets et dernières mesures de Napoléon. — Son départ de Paris. — Il prend l'offensive. — Combats de Saint-Dizier et de Brienne.

(Consultez pour les marches la carte des ponts et chaussées de l'Empire Français, et pour les positions les feuilles de Cassini, n° 80 et 81.)

Voici donc les armées de Winzingerode, de Blucher et du prince de Schwarzenberg réunies sur la Meuse et la Marne, et en mesure d'agir sur Paris. Deux autres, celles de Bulow en Belgique, et de Bubna dans le bassin du Rhône, sont destinées à des entreprises collatérales, subordonnées aux succès des opérations des trois premières auxquelles sont opposés cinq corps français.

Le maréchal duc de Tarente est en pleine marche de Namur sur Châlons; le prince de la Moskowa ainsi que les ducs de Raguse et de Bellune sont à Vitry; le duc de Trévise s'est retiré de Chaumont sur Troyes. C'est donc sur la Marne et la Seine que vont se frapper les grands coups; c'est par leurs vallées que se dirigeront les lignes d'opérations. Dès-lors toute incertitude disparaît,

et d'après l'offensive, il est facile de déterminer
la défense.

La disposition générale des esprits ne permet
pas de compter sur le concours unanime de la
population, et les moyens de résistance con-
sistent uniquement dans ce qui reste de troupes
régulières, et dans le petit nombre de conscrits
et de gardes nationales en activité; encore faut-il
le temps d'encadrer et de former ces nouvelles
levées, et de réunir au centre toutes les troupes
qui ne sont point indispensables à la défense des
extrémités. Quel sera donc, dans l'état actuel des
affaires, le genre de guerre le plus convenable à
suivre ?

Projet de dé-
fensive pré-
senté à l'Em-
pereur.

Cette question n'était pas du nombre de celles
que l'Empereur donnait à résoudre au comité
de défense. Il ne le consultait que sur les positions ou sur l'armement et l'approvisionnement des places; et depuis sa création, les progrès de l'ennemi, la faiblesse et le dénuement de
l'armée ne permettaient pas de profiter de ses avis.

Cependant, un de ses membres crut devoir ré-
sumer dans un court mémoire des vues qu'il
avait émises de vive voix en faveur d'une guerre
défensive. Dans son plan, l'armée principale eût
défendu le terrain pied à pied, tandis que des
corps d'armée de 15 à 20 mille hommes, eussent
agi sur les flancs et sur la ligne d'opération de
l'ennemi, en partant au nord des places de la

Meuse et de la Moselle, au midi des chaînes de montagnes qui séparent les bassins du Rhône, de l'Yonne et de la Loire.

On insistait surtout dans ce projet, sur la nécessité de ne point livrer de bataille, à moins que l'ennemi, par des fautes graves, n'en mît toutes les chances contre lui. « Sans doute une victoire
» complète, ajoutait-on, déciderait la question
» avec plus de promptitude et d'éclat; mais si
» l'armée ennemie n'est pas rompue, ce succès
» augmentera notre faiblesse; si les alliés nous
» battent, même sans nous entamer, il faut à
» l'affaiblissement ajouter le discrédit de l'opi-
» nion. Il serait trop affligeant de calculer les
» suites d'une grande défaite : les journées d'A-
» zincourt et de Poitiers ont conduit le roi Jean
» à Londres et Henri V à Paris. »

Mais dans l'opinion même de l'auteur, le succès de ce plan eût exigé que l'Empereur changeât son système de guerre, qu'il rendît son gouvernement indépendant de l'occupation de Paris, et qu'il s'associât par des mesures politiques les volontés et les ressources de la nation.

Soit que ce plan s'écartât trop du genre de guerre si familier à l'Empereur, et qu'il exigeât de sa part des sacrifices et des combinaisons auxquelles son génie ne pouvait se ployer, soit que sa politique jugeât nécessaire de ne pas dévier du

système d'offensive auquel il était redevable de
tant de victoires et de l'ascendant qu'il exerçait
sur tous les généraux de la coalition, i résolut
de réunir sa principale armée au centre ou au-
delà de la sphère des opérations des alliés, et d'y
frapper un coup décisif.

Derniers pro-
jets de Napo-
léon.
Persuadé qu'il rétablirait ses affaires en une
seule bataille, il ne rabattit rien de ses premiers
projets. Menacé déjà dans Paris, il prescrivit
néanmoins le 20 janvier au général Maison de
concentrer ses troupes sous Anvers, et de veiller
uniquement à la conservation de cette place,
pour le salut de laquelle il devait sacrifier la Belgique et laisser à découvert l'ancienne frontière
du Nord.

Le maréchal duc de Castiglione, avec la 1re division de son commandement, et les gardes nationales des 19e et 20e divisions militaires, eut
pour instruction de faire occuper les routes de
Lyon à Paris par Mâcon et Tarare, tandis que le
général Marchand, avec la 2e et les gardes nationales des 7e et 8e divisions territoriales, prendrait
poste à Chambéry, Grenoble et Vienne. Ces deux
petits corps d'armée devaient se porter ensuite
simultanément sur Lyon, en chasser les alliés
s'ils s'en étaient rendus maîtres, et de là marcher
sous le commandement du maréchal, vers Genève et la Suisse, sur leurs derrières.

Le vice-roi eut l'ordre vague de se rapprocher des Alpes, et d'entrer en communication avec le général Marchand.

Il ne fut rien changé dans ce qui avait été prescrit aux ducs de Dalmatie et d'Albufera ; leur rôle devait être entièrement défensif dans les Pyrénées comme dans la plaine du Lampourdan ; seulement le premier eut ordre de diriger sur Orléans deux divisions d'infanterie, et moitié de sa cavalerie et de son artillerie légère ; et le second d'envoyer à Lyon une forte division d'infanterie, les deux tiers de sa cavalerie et toute son artillerie légère.

Les divisions de réserve qui s'organisaient à Bordeaux, Toulouse, Nismes, et Montpellier, furent désignées pour remplacer le vide que ces détachemens opéreraient dans les cadres de leurs armées.

Ainsi, malgré l'imminence du danger, Napoléon prétendit faire face partout ; et dans un moment où mille considérations lui imposaient le devoir de couvrir sa capitale avant tout, il laissa ses meilleures troupes sur des points secondaires, où les plus grands succès n'auraient eu aucune influence dans les résultats de la campagne.

A la vérité, dans les premières alarmes de l'invasion, l'Empereur avait témoigné le dessein de saisir par des ouvrages de campagne les hauteurs qui dominent la capitale dont il avait ordonné la reconnaissance secrète. D'après cette reconnais-

Projet de fortifier la capitale présenté par le comité de défense.

sance, un projet fut soumis au conseil de défense.
Il consistait en ouvrages en terre détachés et fer-
més, sur les principales sommités et à la tête des
faubourgs extérieurs qui auraient été barricadés,
crénelés et rattachés à l'enceinte de Paris par des
tranchées. Leurs habitans, organisés en compagnies, eussent fait partie des légions les plus voisines de la garde parisienne. Toutes les troupes de
la garnison, à l'exception de 3 à 4 mille hommes
nécessaires à la garde des ouvrages avancés, auraient été ainsi disponibles pour la défense active.
Ce projet fut arrêté le 31 janvier par le comité de
défense et mis sous les yeux de l'Empereur, qui
le rejeta et posa lui-même dans une note du 14
les bases d'un autre dispositif; c'était de couvrir

Il est rejeté les barrières de tambours en charpente, percés
par l'Empe- de créneaux et d'embrasures, prenant des flancs
reur qui en
trace un autre. sur l'enceinte, pour diriger quelques feux de
mousqueterie et d'artillerie sur les boulevards
extérieurs et les principales avenues. En bornant
la défense matérielle de Paris à des ouvrages en
bois, on veut que Napoléon n'ait cessé d'avoir l'i-
dée de conserver la supériorité sur les alliés, et
de croire que cette ville n'avait à craindre qu'un
hurra de troupes légères. Il est vraisemblable
pourtant qu'il n'a été amené à cette résolution
que par des considérations politiques. En effet,
que n'avait-il pas à craindre, si la malveillance
parvenait à faire envisager à la multitude de sim-

ples redoutes comme susceptibles d'une résistance qui devait attirer sur elle de longs malheurs,
si même elle réussissait à lui persuader qu'il dé-
sespérait d'arrêter l'ennemi autre part que sous
ces retranchemens ? L'intervention du ministre de
l'intérieur et du corps des ponts et chaussées dans
ces travaux, le mystère avec lequel on prépara
les tambours dans des chantiers particuliers, de
manière à être transportés à volonté, et prêts à
être montés sur le terrain, décèlent assez les inquiétudes de l'Empereur à ce sujet.

Non-seulement il se méfiait de la population
ouvrière de la capitale, mais même de l'élite des
citoyens appelés à concourir à la formation de
la garde nationale. Ne cédant, en la créant, qu'à
l'invincible nécessité, il avait pris toutes ses pré-
cautions pour qu'elle ne pût, en aucun cas, s'opposer à la volonté du gouvernement. On chercherait en vain dans les instructions adressées la
nuit de son départ, à son lieutenant, le service
qu'il exige d'elle en cas d'alerte, tandis qu'il s'in-
génie à chaque ligne, pour lui épargner *l'embarras de sa mise en activité.*

D'après ces instructions, le roi Joseph la com- Le roi Joseph
mandera en son absence, et lui transmettra ses nommé Lieutenant de l'Em-
ordres par l'intermédiaire du maréchal duc de pereur.
Castiglione, qui en est nommé major-général.

Joseph cumule en même temps le commande-

1. 10

ment de la 1ʳᵉ division militaire et celui de la garde impériale.

Paris devenu tout-à-coup le centre d'activité, la place de dépôt de la grande armée, renferme pour le moment une foule de troupes, mais qui toutes sont destinées à l'alimenter.

Sa garnison actuelle se compose de 3o cadres de bataillons qui, après avoir été complétés avec des conscrits de 1815, seront dirigés sur l'armée, et successivement remplacés par d'autres qui ne sont éloignés que de deux ou trois journées de marche de la capitale.

La jeune garde y a réuni 22 cadres de bataillons, dont 4 tenus au complet formeront réserve et feront le service extérieur du palais, pour l'intérieur duquel 3oo vieux grenadiers ou chasseurs ont été réservés.

Le dépôt central des remontes, que les progrès de l'invasion ont forcé d'établir à Versailles, sous le commandement du général Roussel, a amené dans les environs de cette ville, près de dix mille cavaliers à remonter. Le dépôt fournissant mille chevaux tous les trois jours, Paris sera gardé par un détachement de troupes à cheval de cette force, qui y restera trois jours avant de continuer sa route vers l'armée.

La garde impériale n'ayant que 3 mille hommes à remonter, et 1oo chevaux sortant de son dépôt chaque jour, le comte Ornano aura au 1er février mille à 1,200 cavaliers d'élite disponibles.

Cent bouches à feu provenant du grand parc, arrivaient de Châlons, 80 de Bordeaux, 50 de Brest. Le matériel ne manquait pas encore, mais la disette de canonniers se faisait sentir vivement. Pour y suppléer en partie, 4 compagnies de matelots-canonniers formées à Cherbourg, sont appelées à Paris; les élèves de l'Ecole polytechnique et les invalides sont exercés au tir du canon, et les vétérans de la garde chargés du service d'une batterie de 8 pièces attachée à leur réserve. Par la réunion de ces moyens, l'Empereur se flatte d'être toujours maître de Paris. *Matériel d'artillerie.*

Ainsi, plein de confiance en *l'entier* dévouement de ses ministres et du sénat, et dans un dispositif de troupes que les événemens ordinaires de la campagne tendent journellement à affaiblir, qu'une seule défaite peut ruiner, il laisse l'Impératrice et le roi de Rome dans une ville sans défense, exposée aux machinations de ses ennemis secrets et à la merci des troupes légères des alliés.

D'autres soins occupent les derniers momens de son séjour à Paris : il songe à se former une armée. La rapidité des événemens a trompé tous ses calculs; l'envahissement d'un quart du territoire de l'Empire, l'a frustré des hommes et des ressources qu'il s'en promettait. Au commencement de décembre, il ne semblait craindre que *Dernières mesures relatives à la formation de l'armée.*

10*

de manquer de cadres; maintenant il s'en trouve beaucoup plus qu'il n'a de conscrits. Pour obvier à cet inconvénient, les bataillons qui, dans le premier projet de réorganisation, devaient être portés à 840 hommes, entreront en ligne dès qu'ils en auront 400. L'on n'attendra pas même qu'ils soient habillés; et pourvu qu'ils soient coiffés, équipés et armés, ils seront en état de se montrer à l'ennemi.

Les préfets reçoivent de nouveaux ordres pour hâter le départ des gardes nationales mises en activité par le décret du 6. On n'exige d'elles ni armement, ni équipement; elles recevront l'un et l'autre des arsenaux et magasins de Paris, dans les camps de Troyes, de Provins, de Montargis, de Meaux et de Soissons, où leur rassemblement doit s'effectuer au plus tard les premiers jours de février.

La garde royale d'Espagne est dissoute (1). Le

---

(1) La garde royale d'Espagne fut créée à Naples le 1er août 1806. Elle consistait en un régiment de grenadiers, un de voltigeurs, formés de 2 bataillons de 8 compagnies chacun, d'un régiment de chevau-légers de 4 escadrons, d'un escadron de gendarmerie d'élite et de deux compagnies d'artillerie.

Les 12 régimens d'infanterie, la légion corse et la légion polonaise, ainsi que les 6 régimens de cavalerie de l'armée de Naples, concoururent à sa formation, en fournissant chacun dans l'infanterie une compagnie de grenadiers et une de voltigeurs, dans la cavalerie une compagnie d'élite, toutes au grand complet. Le 1er.

duc de Dalmatie est autorisé à y prendre, comme
dans une pépinière, tous les sujets propres à passer

___

régiment d'artillerie à cheval et le 2ᵉ à pied, donnèrent chacun une
compagnie. La gendarmerie d'élite venait de Paris.

Le 7 juillet 1808, tous ces corps furent dédoublés; moitié se rendit en Espagne, moitié resta à Naples pour la garde de Joachim.

Le 20 octobre, l'Empereur qui commençait à éprouver pénurie
de vieux soldats, incorpora à la partie dont il est question, la 3ᵉ
légion de réserve, et le 2 octobre suivant, tous les prisonniers français délivrés à San-Fernando près Madrid. Le 1ᵉʳ février 1809, sur
les représentations de son frère que ces moyens de recrutement ne
lui procuraient point assez de sujets pour réorganiser son régiment
de chevau-légers, il l'autorisa à choisir dans les dépôts généraux
de remonte, jusqu'à la concurrence de 400 vieux cavaliers démontés.

C'est avec ces élémens, que la garde royale fut reconstituée à
Madrid le 13 mars 1809, telle qu'elle l'avait été à Naples. Elle comptait alors 3,600 grenadiers ou voltigeurs et 800 chevau-légers ou
gendarmes. Cette petite division se fit dès-lors remarquer par sa
belle tenue, son instruction et sa discipline : plus tard elle se montra digne de marcher de pair avec la garde impériale, et comment
n'aurait-elle pas été animée du même esprit, puisqu'elle renfermait
dans ses rangs, mille de ces soldats deux fois conquérans de l'I-
talie ?

Le sort des braves qui la composaient fut aussi malheureux que
peu mérité. Après avoir été désignés pour faire partie de la garde
de Joseph, en récompense d'anciens services, ils furent bientôt
après regardés comme étrangers par leurs frères d'armes, dont on
les força de quitter les couleurs, et par les Espagnols qui ne virent
en eux que des soldats vallons. Joseph au comble de la fortune, ne
les dédommagea point de la perte du titre de citoyens français, que
la tyrannie de Napoléon leur avait ôté par le décret du 26 août
1811, et lorsqu'il résigna sa couronne, il poussa l'ingratitude jusqu'à les frustrer d'une année de solde, que 5 à 600 mille francs aurait
acquittée.

sous-officiers dans la ligne; mais les cadres de ces vieilles bandes sont appelés à former les 13e régimens de tirailleurs et de voltigeurs, le 3e d'éclaireurs et 2 nouvelles compagnies d'artillerie dans la garde.

On presse par toutes sortes de moyens l'organisation d'une réserve de troupes de ligne : 34 bataillons tirés des dépôts les plus voisins de la capitale, y sont affectés et doivent former deux divisions, dont le général Gérard prendra le commandement.

La première, forte de 13 bataillons et commandée par le général Dufour, est déjà en ligne sous le duc de Trévise; le général Hamelinaye rassemble l'autre à Troyes avec la plus grande peine.

En même temps, le général Pajol forme à Melun deux brigades de dragons et de chasseurs des dépôts des régimens employés à l'armée d'Espagne; le comte Bordesoulle réunit à Meaux le noyau de 4 brigades de cuirassiers, de dragons, de lanciers et de chasseurs.

Des ordres sont donnés pour mettre à l'abri d'un coup de main Troyes et Nogent, sur la route de Bâle; Vitry, Châlons et Meaux sur celle d'Allemagne; Soissons sur celle de Reims. Des ingénieurs et des géographes sont chargés de reconnaître le terrain compris entre la Loire et l'Aisne, et d'indiquer les positions défensives comprises dans ce vaste théâtre.

Mais les événemens se pressent et réclament la présence de l'Empereur à l'armée; c'est de lui seul qu'elle peut recevoir une impulsion nouvelle après tant de revers. Les maréchaux ont perdu sur les troupes l'ascendant de leur renommée, et ne sauraient le suppléer dans cette circonstance critique; ils l'attendent avec impatience, persuadés d'ailleurs, d'après les bruits publics et les communications officielles, qu'il sera suivi par des réserves de conscrits capables de recompléter les cadres ruinés de leurs petits corps d'armée. Vain espoir! ces renforts si vantés, si solennellement promis, n'existent nulle part. A peine Napoléon est-il précédé sur la route de Châlons par 5 mille conscrits revêtus depuis huit jours de l'uniforme de la garde, et 1,500 cavaliers récemment montés.

Toutefois son départ de la capitale est fixé au 25 janvier. Un sénatus-consulte a conféré la régence à l'Impératrice comme dans la précédente campagne, et il se dispose à prendre congé de la garde parisienne. Ce ne sont plus néanmoins ces adieux fastueux faits à dessein de recueillir les hommages d'une foule servile et empressée, lorsqu'à la veille de rejoindre ses formidables légions, il méditait la conquête de Vienne, Berlin ou Madrid. Napoléon dépouillant son orgueil, prend un ton conforme à sa fortune, et recommande avec chaleur et dignité, Marie-Louise et son fils au

Adieux de Napoléon à la garde parisienne.

corps d'officiers de cette garde. Cette scène d'un genre nouveau, touche les cœurs sans les pénétrer, et l'Impératrice recevant de tous le serment de fidélité, put croire dans les premiers momens de cette émotion, que la nation chérissait encore son époux.

Arrivée de l'Empereur à Châlons. Après avoir ainsi disposé les esprits et arrêté toutes ses mesures, l'Empereur partit le 25 pour Châlons, où il avait été précédé par 1,700 chevaux de la garde, aux ordres du général Lefebvre-Desnoëttes, le 1ᵉʳ régiment de chevau-légers polonais venu de Reims, la 2ᵉ division de tirailleurs, deux batteries à pied et deux à cheval.

A son arrivée dans cette ville, il trouva ainsi qu'on l'a vu plus haut, les squelettes des corps du prince de la Moskowa et des ducs de Raguse et de Bellune groupés en avant de Vitry; à sa gauche, le duc de Tarente en marche de Namur sur Verdun; à sa droite, le duc de Trévise en position à Vandœuvres; enfin sur son extrême droite, le général Alix à Auxerre avec environ 2,500 hommes provenant des dépôts de la 18ᵉ division militaire; le tout formant à-peu-près 70 mille combattans (*Voyez le Tableau*, n° *VIII*.)

Au même moment, l'armée de Silésie disséminée devant lui, avait le corps du général Alsusiew à Dammartin, celui de Sacken à Giffremont, la division Landskoy à Saint-Dizier attendant le corps du général Yorck prêt à passer la Meuse à

Saint-Mihiel, pour continuer sa marche sur Châlons.

Dans cet état de choses, Napoléon voyant la possibilité de commencer l'exécution du plan qu'il roulait dans sa tête depuis huit jours, résolut de réunir toutes ses troupes à Vitry, d'en déboucher sur Saint-Dizier, pour se rabattre par Joinville et Chaumont sur Langres, où il augurait trouver la tête de la grande armée alliée et lui livrer bataille. En conséquence, il ordonna au duc de Bellune de masser ses troupes près de Saint-Dizier, au duc de Raguse de l'appuyer avec la division Lagrange et la cavalerie Doumerc.

Il veut manœuvrer sur le flanc de la grande armée.

La division de jeune garde Decouz fut réunie à celle du général Meunier pour former une petite réserve dont le prince de la Moskowa prit le commandement ; enfin, comme il fallait employer tous les maréchaux présens, le duc de Reggio eut ordre de se mettre à la tête de celle du général Rothembourg. La cavalerie polonaise, qui se trouvait être la meilleure de l'armée, fut admise dans la garde et forma une petite division sous les ordres du comte Pacz. L'ordre fut expédié au duc de Tarente, de faire remplacer la division Ricard à la naissance de l'Argonne, jusqu'à ce que les armées ennemies eussent été rejetées dans le bassin du Rhin. Cette dernière division, ainsi que celle du général Dufour, eurent l'ordre de se réunir à Vitry. Il ne resta à Châlons, sous

le duc de Valmy, qu'un bataillon de douaniers et
quelques détachemens pour la garde du grand
parc, des ambulances et du grand quartier-général.

Par ces dispositions et la vivacité qu'il espérait
imprimer à ses manœuvres, Napoléon se flattait
de surprendre les alliés, de les battre l'un après
l'autre, et de délier le nœud de la coalition. Peu
s'en fallut que ce plan ne lui réussît; car les
Souverains arrivés à Langres s'épouvantèrent de
la rapidité de leurs succès. La ferveur des deux
Empereurs s'était éteinte : l'enthousiasme avait
fait place aux calculs de la prudence, et l'invasion résolue à Francfort allait peut-être dégéné-
rer en une guerre méthodique. L'Empereur de
Russie commençait à sentir qu'en coopérant à l'a-
baissement de la France, il travaillait à accroître
la puissance de l'Angleterre et de l'Autriche.
François II de son côté, ne pouvait consentir par
égard pour sa fille, au détrônement de son gen-
dre. Ajoutez que les conseils de l'un et de l'autre,
n'étaient pas de nature à les encourager; on mettait sans cesse sous leurs yeux les efforts faits par
la nation française en 1793, ces 14 armées, ce
million d'hommes levés pour assurer l'intégrité
du territoire. Le silence des départemens envahis, l'accueil sombre et farouche reçu dans quelques autres, tout dénotait selon eux, que les armées de la coalition marchaient sur un volcan.
A les en croire, si l'on n'avait point rencontré de

troupes, c'est que Napoléon sans s'amuser à disputer un bout de frontière, réunissait tous ses
moyens au centre de l'Empire, pour écraser
plus sûrement ses ennemis. Partant de cette hypothèse, ils mesuraient avec inquiétude la profondeur de leurs lignes d'opérations, l'éloigne-
ment des magasins, la difficulté de renouveler les
approvisionnemens, de se procurer des munitions, au cas que 200 mille Français, résolus de
s'enterrer sous les décombres de Paris, y com-
battissent seulement trois jours comme à Leipzig :
pour achever enfin le tableau, ils montraient sur
les derrières la Suisse tout en feu. Ebranlés par
ces considérations puissantes, les deux Empereurs étaient prêts à arrêter leurs armées au
revers des chaînes du Morvan, des Vosges et du
Hundsruck, en attendant l'issue du congrès qui
allait s'ouvrir à Châtillon, lorsqu'un incident releva tout-à-coup leur courage, et les détermina à
marcher sinon à Paris, du moins jusqu'à Troyes.

L'ex-directeur helvétique Laharpe, instituteur
de l'empereur Alexandre, se rendant de Paris en
Suisse, fut arrêté près de Bar aux avant-postes
autrichiens. Il se réclame de son élève, auprès
duquel il est conduit. On ignore le sujet de leur
entretien, mais l'ex-directeur, quelques heures
après, dit hautement dans les salons de l'Empereur : *Que la chute de Napoléon n'était pas éloignée, puisque la majorité du sénat et du corps*

*législatif n'attendaient qu'une occasion pour se
déclarer contre lui.* Ce propos et vingt autres
particularités de cette espèce, la nature des liai-
sons qu'on lui connaissait dans la capitale, l'époque de son départ, toutes ces circonstances réunies, firent conjecturer que son voyage en Suisse
ne fut qu'un prétexte pour faire, en dépit de la
police, d'importantes communications de la part
d'un grand personnage aux Souverains alliés. Que
ce soit au reste par accident, ou par mission secrète que cette circonstance ait été connue, il
n'en est pas moins vrai qu'elle raffermit les deux
Empereurs, et donna une nouvelle activité aux
opérations. Les ordres furent expédiés pour concentrer la grande armée sur l'Aube, d'où elle
devait se porter simultanément sur Troyes avec
celle de Silésie. Ainsi par l'effet de cette résolution inopinée, Napoléon qui croyait rencontrer
seulement des têtes de colonne, allait donner sur
des masses, s'il ne découvrait à temps les importans changemens qui ne tarderaient pas à s'opérer dans la position des armées alliées.

Après avoir arrêté toutes ses mesures dans la
journée du 26, il fixa l'attaque au lendemain
matin.

Combat de   La cavalerie du comte Milhaud se mit en mou-
Saint-Dizier. vement sur Saint-Dizier, où le général Landskoy
était dans la plus grande sécurité. La cavalerie
française surprit la sienne dans ses bivouacs. La

division Duhesme qui la suivait de très-près, atteignit son infanterie à Saint-Dizier et lui enleva quelques prisonniers. L'Empereur entra dans la ville avant 9 heures, aux acclamations des habitans, et fit poursuivre l'ennemi dans les directions de Joinville et d'Eclaron; les ducs de Raguse et de Bellune, ainsi que les 3 divisions de jeune garde, prirent position en avant de Saint-Dizier avec les 1er et 5e corps de cavalerie.

Le général Dufour, avec la réserve de Paris qui avait remonté à Brienne le 24 janvier, après avoir inutilement tenté, faute de temps et de sapeurs, de rompre le pont de Lesmont, s'était retiré le 25 à Arcis d'où il se porta à Vitry le 27.

La division Ricard gagnait Vitry par la traverse d'Elize et Bassué; la division Brayer, de l'armée du duc de Tarente, qui devait la remplacer, marchait sur Autry. Le quartier-général du maréchal se trouvait toujours à Mézières.

Le duc de Trévise quittait ses positions entre Vandœuvres et Magny-le-Fouchar pour s'établir à Troyes.

Le 28 janvier, l'Empereur laissant à Saint-Dizier le duc de Raguse et le 1er corps de cavalerie, mit l'armée en mouvement sur Montiérender par Vassy. Le duc de Bellune, précédé de la cavalerie du comte Milhaud, suivit la route de Joinville jusqu'à Ragecourt où il prit la traverse de Vassy. La cavalerie et l'infanterie de la garde suivirent

L'armée se porte sur Montiérender.

la route directe de Saint-Dizier à Vassy , à gauche
de la forêt Duval.

Les divisions Dufour et Ricard , sous les ordres
du général Gérard, partirent de Vitry pour flanquer la droite de l'armée.

Le quartier impérial fut placé le soir à Montiérender. Les troupes bivouaquèrent à droite et à
gauche de ce bourg. L'artillerie eut beaucoup de
peine à se tirer de la traverse de Ragecourt qui
passe dans des terres molières, qu'une pluie con-
tinuelle avait encore rendues plus difficiles pour
les charrois.

La division Ricard prit position à Chatrou , la
division Dufour à Braux-le-Comte; la cavalerie du
général Piquet qui marchait avec elles, avait
l'ordre de pousser le soir même jusqu'à Montiérender; elle ne l'exécuta que le lendemain au
jour.

De son côté le duc de Raguse , après avoir envoyé de Saint-Dizier des reconnaissances sur Bar
et Ligny, se mit en marche vers 4 heures du soir
avec la grosse cavalerie du 1er corps et 1,200
hommes d'infanterie pour se porter à Vassy. Le
général Lagrange avec le reste de sa division et
la cavalerie légère, resta à Saint-Dizier pour couvrir les derrières de l'armée.

L'armée de Si-
lésie se con-
centre à Bri-
enne.
Cependant, le feld - maréchal Blucher avait
réuni à Brienne, le 27 au matin, les corps de
Sacken et d'Alsusiew, avec lesquels il se prépa-

rait à se porter sur Arcis, lorsqu'il fut informé
que le général Landskoy délogé de Saint-Dizier par
l'avant-garde de l'armée française, se retirait par
Doulevent et Soulaines sur Brienne. Cette nouvelle dérangea tous ses projets. Il n'était pas assez
fort pour aller à la rencontre de l'Empereur, et
moins encore pour continuer son mouvement
sur Arcis en le laissant sur ses derrières. Il résolut
donc de s'arrêter à Brienne, tant pour recueillir
la division Landskoy et rappeler ses détachemens
de cavalerie poussés sur Troyes et Arcis, que
pour observer la marche ultérieure des Français.
Il donna connaissance de sa situation au prince
royal de Wurtemberg et au comte Giulay qui se
trouvaient aux environs de Bar-sur-Aube, et les
engagea à s'avancer jusqu'à Maison pour être à
portée de le soutenir.

Le feld-maréchal ne tarda pas à recueillir le
fruit de cette sage mesure, car le 28, il fut renforcé par le corps du comte de Wittgenstein,
dont les têtes de colonnes débouchèrent à Joinville. Rassuré par l'arrivée de ce renfort et par la
proximité des autres corps de la grande armée,
il revint à son projet de se porter en avant, et
prescrivit au baron Sacken de passer l'Aube à
Lesmont.

L'Empereur, de Montiérender, avait envoyé
dans toutes les directions des reconnaissances
qui rentrèrent sans avoir rien rencontré. Cette

L'Empereur
marche à sa
rencontre.

circonstance coïncidant avec les assurances que les habitans donnaient du passage récent d'une armée ennemie à Joinville, se dirigeant par Doulevent sur Troyes, il en conclut qu'elle avait passé l'Aube à Lesmont. Mais attendu que le général Dufour devait en avoir détruit le pont, il estima que l'ennemi avait perdu du temps à sa reconstruction, et dans l'espoir d'atteindre son arrière-garde et de l'entamer, il marqua pour le lendemain la direction de l'armée sur ce point.

Elle se mit en marche au point du jour sur la route de Brienne, en une seule colonne, la cavalerie en tête, l'infanterie de la garde en queue. L'ordre avait été expédié dans la nuit au duc de Trévise de se rapprocher de l'armée; malheureusement l'officier d'état-major qui en était porteur fut pris, et le contenu de ses dépêches fit connaître au maréchal prussien le danger dans lequel il allait se jeter. Il s'empressa de rappeler de Lesmont le général Sacken qui réparait le pont, et à faire couvrir son mouvement rétrograde par la cavalerie du comte de Wittgenstein sous le comte de Pahlen.

La grande armée alliée manœuvre pour soutenir celle de Silésie.

De son côté, le prince de Schwarzenberg informé de l'arrivée de Napoléon à Montiérender, ordonna au comte de Wrède, qui était en marche de Chaumont à Bar-sur-Aube, de se porter sur Joinville pour se réunir au comte Wittgenstein et être à même de s'opposer à l'Empereur, s'il tentait de se glisser sur les derrières de l'armée de Silésie; précaution fort sage, car si l'armée française eût fait volte-face, elle eût trouvé en colonnes de marche le corps du général Yorck qui venait de passer la Meuse à Saint-Mihiel et Commercy. Enfin prévoyant que le feld-maréchal Blucher pouvait être attaqué par toutes les forces françaises, le généralissime ordonna aux réserves et aux gardes russe et prussienne de filer de Chaumont sur Bar, afin d'être prêtes à entrer en ligne en cas de besoin.

L'armée française continuant son mouvement, la cavalerie du général Piré formant tête de colonne, découvrit, à 7 heures et demie du matin, l'ennemi en position entre Maizières et Brienne. L'Empereur ordonna de continuer la marche avec prudence et résolution. Vers une heure après-midi on rencontra 2 régimens d'infanterie légère sous les ordres du prince Scherbatow. On continua de filer; mais ayant été soutenus par 6 escadrons de uhlans et 4 pièces légères, ils barrèrent la route à la hauteur de Perthes et commencèrent à canonner. Pendant qu'on leur ripostait, la tête du corps de Sacken qui revenait de Lesmont, se plaça en colonne derrière Brienne sur la route de Vitry à Bar; le prince Scherbatow se replia sur le chemin de Lassicourt, et le comte de Pahlen qui avait flanqué le mouvement de Lesmont sur Brienne, se forma

Combat de Brienne.

en première ligne. La ville fut occupée par le corps d'Alsusiew.

Cependant la cavalerie française s'étant déployée dans la plaine, le comte Grouchy ordonna au 5ᵉ corps qui en formait la gauche de se porter en avant sous la protection de 3 batteries. Le comte de Pahlen qui n'avait pas au-delà de 2 mille 500 chevaux, jugea la partie trop inégale pour se mesurer : il se plia en colonnes et se mit en mouvement sur Brienne, faisant faire bonne contenance à son arrière-garde, prête à être chargée par les dragons des généraux Briche et Lhéritier; trois bataillons du prince Scherbatow la garantirent du choc, en leur opposant des carrés d'où partit un feu meurtrier. Parvenu à la hauteur de Saint-Léger, le comte de Pahlen traversa la grande rue de Brienne et alla prendre la droite du corps de Sacken, où il fut rejoint par la cavalerie de ce dernier, aux ordres du général Wassiltschikow qui avait fait l'arrière-garde et détruit le pont de Lesmont.

Il était déjà trois heures ; le mauvais temps avait retardé la marche de l'infanterie française dont la présence devenait indispensable pour continuer à pousser l'ennemi. La cavalerie russe était inabordable, repliée derrière son infanterie qui avait posté quantité de tirailleurs dans les larges fossés de la route de Bar, dans les jardins en avant de la ville et sur le chemin de Morvilliers et de Doulevent. Vers trois heures et demie, la tête de la colonne du duc de Bellune parut à hauteur du bois d'Ajou. Ce corps était harassé et ne pouvait s'arracher des boues; dès qu'il eut atteint la ligne de cavalerie, le maréchal poussa en avant la division Duhesme.

Alors s'engagea un feu d'artillerie et de mousqueterie qui dura près d'une heure sans avantage marqué. Le jour tombait. L'Empereur pressa le prince de la Moskowa d'arriver, et lui ordonna de marcher à la tête de 6 bataillons de la division Decouz sur Brienne, par le chemin de Maizières, tandis que le général Duhesme renouvellerait son attaque, et que le général Château se porterait à droite pour s'emparer du château en tournant la ville.

Les trois colonnes se mirent aussitôt en mouvement; mais le maréchal Blücher s'apercevant qu'elles n'étaient protégées que par de l'artillerie, et que toute la cavalerie française se trouvait encore à la droite, ordonna aux généraux Pahlen et Wassiltschikow de charger la colonne du général Duhesme. Assaillie en un instant par 40 escadrons, elle est ramenée en désordre et perd 8 pièces de canon.

Cet échec nuisit aux progrès de la colonne du centre qui, après s'être emparée de 2 pièces de canon, et prêté à pénétrer dans la ville, fut forcée de les abandonner aux 4ᵉ et 34ᵉ de chasseurs

11*

russes, et de se retirer derrière les jardins.

Cependant la colonne de droite s'introduisit par le parc dans le château. L'ennemi qui n'imaginait pas qu'on eût l'audace d'y pénétrer de ce côté, n'y avait laissé que peu de monde; il fut enlevé sans coup-férir. Enhardi par ce premier succès, le général français, après y avoir laissé 400 hommes des 37° et 56° régimens, sous les ordres du chef de bataillon Henders, descendit sur la ville avec le reste de sa colonne, culbutant tout ce qui se trouvait sur son passage. Mais dans ce moment même, la cavalerie de la garde aux ordres du général Lefebvre-Desnoëttes qui avait tenté une charge à l'entrée de Brienne, fut rejetée par celle des Russes sur la division Duhesme qu'elle entraîna. Favorisé par cette circonstance, l'ennemi réunit des forces supérieures contre la colonne descendue du château et la repoussa.

Toutefois la possession de ce poste rendait les Français maîtres d'une partie de la ville. Il devenait urgent de les en chasser, car le parc qui remontait de Lesmont à Dienville était compromis. Le feld-maréchal Blucher résolut de faire faire aux corps d'Alsusiew et de Sacken un effort combiné. Le premier eut ordre d'attaquer le château en flanc et sur ses derrières; l'autre de diriger une forte colonne d'infanterie dans la grande rue de Brienne pour balayer tout ce qui s'y trouvait.

Ce château est un grand bâtiment de forme à-
peu-près carrée, fort vaste, et clos de hauts
murs qui divisent plusieurs cours et de petits jardins. Il est assis sur une colline au pied de laquelle est adossée la ville, à 5oo mètres environ
plus loin dans la plaine. Celle-ci est ouverte, et
consiste en deux rues qui se coupent à angle droit.
Le prolongement de l'une d'elles aboutit au château, la route de Vitry à Bar traverse l'autre dans
toute sa longueur.

Deux fois les colonnes russes escaladèrent le
château sur des points différens, deux fois elles
furent repoussées à la baïonnette; les cours, les
escaliers, surtout du côté du parc, furent jonchés
de cadavres, et le général Alsusiew obligé de se
retirer dans la ville sous un feu très-vif de mousqueterie. Ici s'engagea un nouveau combat. La
brigade Baste de la division Decouz, soutenue de
la division Meunier, après avoir repoussé l'attaque
du corps de Sacken dans la grande rue, barrait la
retraite aux assaillans, qui se jetèrent de désespoir dans les maisons voisines. Chacune d'elles fut
vivement disputée, et souvent par des retours offensifs, ils reprirent ce qu'on leur avait arraché
avec des peines infinies. Dans un de ces combats
particuliers, le prince de Neuchâtel fut atteint
d'un coup de lance sur la tête. Tous les corps se
trouvaient pêle-mêle; c'était moins une bataille

qu'une boucherie éclairée par l'incendie de la ville.

Sur la droite, vers dix heures, et à la clarté des flammes, le général Grouchy fit exécuter une charge par les dragons du général Lhéritier, mais ils furent ramenés; le 22ᵉ régiment seul tint ferme à l'entrée de la ville.

Enfin vers minuit, épuisées de fatigue et rassasiées de carnage, les deux armées cessèrent leur feu. Les Français conservèrent le château, les Russes la presque totalité de la ville; le quartier impérial fut établi à Perthes. Les Russes, après avoir fait filer leur parc sur Dienville, se retirèrent en silence sur la route de Bar, ne laissant dans Brienne que des troupes légères.

Cette journée causa des pertes énormes aux deux partis; 3 mille tués ou blessés de chaque nation restèrent sur le champ de bataille : on se fit réciproquement quelques centaines de prisonniers. Les Français eurent à regretter le contre-amiral Baste, qui ne trouvant plus l'occasion de servir sa patrie sur mer, vint se faire tuer à la tête d'une brigade de jeune garde. Les généraux Decouz et Lefebvre-Desnoëttes furent mis hors de combat : le premier grièvement blessé fut bientôt enlevé à l'armée.

Les généraux en chef des deux partis coururent personnellement de grands dangers. L'Em-

pereur débouchant vers 3 heures du bois de Valentigny avec son escorte, fut assailli sur le chemin de Maizières par une colonne de cavalerie qui
lui donna la chasse et l'eût pris infailliblement, si
une brigade de la division Meunier n'eût arrêté
sa poursuite. Le feld-maréchal Blucher faillit être
enlevé avec tout son état-major dans le château
de Brienne, quand les Français s'en emparèrent.

Ce combat qui n'eut pas les suites que l'Empereur s'en promettait, plaça son armée dans
une situation critique. On ignorait le parti auquel
s'arrêterait le feld-maréchal prussien; si recevant
des renforts dans la nuit, son intention eût été
de recommencer le combat le lendemain, il eût
fallu vaincre ou mourir, car l'armée n'avait, en
cas d'échec, pour opérer sa retraite, que des
chemins de traverse entièrement défoncés et
rendus impraticables par le dégel. C'était une imprudence d'avoir attaqué si vivement l'ennemi,
ne le trouvant pas engagé, comme on l'avait d'a-
bord pensé, dans un passage de rivière. Tout le
monde s'inquiétait au quartier impérial, lorsqu'au jour on vint annoncer que les Russes s'é-
taient retirés. Cette nouvelle causa une agréable
surprise à Napoléon qui attribua leur retraite à
la crainte d'être forcés à un nouveau combat,
et donna l'ordre de se mettre sur-le-champ à leur
poursuite.

Le comte Grouchy et le duc de Bellune s'ébranlèrent vers 9 heures de Brienne. Leur avant-garde fut arrêtée un peu plus loin que l'embranchement du chemin de Doulevent sur la chaussée de Bar, par le feu d'une batterie. Il faisait un brouillard si épais, qu'on ne distinguait rien à 100 pas, ce qui ralentit singulièrement la marche. Vers 11 heures le brouillard se dissipant, on découvrit la cavalerie des comtes de Pahlen et Wassiltschikow dans la plaine de Dienville. Il fallut dès-lors manœuvrer; le reste de la journée se passa de part et d'autre en évolutions dont les intervalles furent marqués par de fortes canonnades. A nuit tombante, l'armée française prit position à la Rothière, en face de l'ennemi.

Les divisions Dufour et Ricard continuant le 29, à flanquer la droite de l'armée, ne prirent aucune part au combat de Brienne, et couchèrent, la première à Maizières, la seconde à Margerie. Le lendemain elles se réunirent à Ronay avec la cavalerie du général Piquet, sous les ordres du général Gérard, qui les conduisit à Dienville, où elles prirent position pour former la droite de l'armée et garder le pont de l'Aube.

La division Defrance fut envoyée à Lesmont, passage important, dont l'Empereur ordonna de rétablir le pont sur-le-champ.

Le duc de Raguse, avec la division Lagrange

et le 1er corps de cavalerie, s'était mis en marche de Saint-Dizier pour rejoindre l'armée le 29, et couchait le 30 à Vassy.

Le feld-maréchal Blucher, couvert par sa ca-valerie dont l'avant-garde observait Dienville et la Rothière, prit avec les corps de Sacken et d'Alsusiew, position à Trannes, à l'extrémité de la plaine de Brienne, point d'où il pouvait ga-gner par Dolancourt la route de Troyes, ou être soutenu par le comte Giulay qui se trouvait à Bar, et par le prince de Wurtemberg qui campait à Maisons.

L'armée de Silésie se con-centre à Tran-nes.

Le même jour, le comte de Wrède couchait entre Mussey et Joinville, prêt à se joindre au comte Wittgenstein qui occupait cette dernière ville. La tête des gardes et réserves arrivait à Co-lombé-les-deux-Eglises, et le comte Colloredo s'avançait de Château-Vilain sur Bar; enfin à l'ex-trême droite de tous ces corps, celui du général Yorck marchant en deux colonnes par Staïnville et Saudrupt, arrivait à Saint-Dizier.

Le moment approchait où toutes les masses alliées allaient se concentrer, et l'Empereur avec sa faible armée, sur le point d'être enveloppé, voyait s'évanouir l'espoir de manœuvrer contre une des deux armées isolées. Sa position était grave; un mouvement rapide et concentrique de toutes les forces ennemies pouvait la rendre désastreuse. Pour comble de malheur, il n'avait que des données inexactes de leur emplacement, et cette ignorance le retint en présence de l'armée de Silésie, quand il aurait fallu se décider à une prompte retraite pour se réunir à Troyes au duc de Trévise, et attendre, concentré sous cette ville, que le généralissime prononçant un mouvement offensif, lui donnât l'occasion de tenter la fortune à chances moins inégales.

CHAPITRE VII.

Bataille de la Rothière. — Combat de Ronay. — Combats sous Troyes.—Evacuation de cette ville.— Retraite de l'armée française sur Nogent.

(Consultez pour les marches la carte des ponts et chaussées de l'Empire, et pour les positions la feuille de Cassini, n° 81).

L'ARMÉE française et celle de Silésie étaient en présence dans la plaine de Brienne depuis le 31 janvier, et l'Empereur avait employé la journée à rectifier sa position. Son armée occupait, le 1ᵉʳ février au matin, de la droite à la gauche, Dienville, la Rothière, Petit-Mesgnil, la Giberie et la Chaise, et en arrière à droite de ce dernier village, celui de Morvilliers. Son ordre de bataille était conforme au tableau n° IX. L'Empereur ne se dissimulait pas que cette position avait beaucoup trop d'extension pour ses forces, et il aurait voulu pousser jusqu'à Trannes et Eclance, tant pour se resserrer, que pour jeter l'ennemi dans un terrain qui eût gêné son déploiement; mais ses masses occupaient ces points. Il aurait fallu pour les en déloger une attaque générale, dont il n'était pas démontré que le moment fût venu. Il se décida donc à rester où il se trouvait, ordonnant au duc de Raguse de retrancher en toute hâte la Chaise et Morvilliers.

Le feld-maréchal Blucher, moins nombreux de moitié que son adversaire, resta toute la journée du 31 immobile dans la position de Trannes, où il attendait des renforts de la grande armée. Dans une autre circonstance, Napoléon se serait sans doute défié de cette inaction; mais ayant été informé à faux que le prince de Schwarzenberg se montrait en force sur la route d'Auxerre, il resta en présence de l'armée de Silésie, avec l'espoir de l'entamer si elle venait à faire un mouvement, ou de la bien recevoir si elle prenait l'initiative de l'attaque.

Les alliés sont décidés à livrer bataille. Cependant le généralissime instruit que le feld-maréchal était poursuivi par Napoléon, décida qu'il lui offrirait la bataille, et afin de lui assurer une grande supériorité, mit à sa disposition et dirigea sur Trannes les corps de Giulay, du prince royal de Wurtemberg et les réserves du comte Barclay de Tolly, tandis que les comtes de Wrède et Wittgenstein manœuvreraient sur son flanc droit. Le premier se mit en mouvement le 31 au matin, de Joinville sur Nomecourt d'où il devait, de concert avec le second, déloger le duc de Raguse de Vassy; mais le 6e corps français ayant évacué ce bourg de bonne heure, les Bavarois se dirigèrent sur Doulevent, poussant leur avant-garde vers Soulaines. Le comte de Wittgenstein occupa Vassy et poussa sur Montiérender une division qui surprit le général Van Merlen que le duc de

Raguse y avait laissé avec 400 chevaux pour couvrir la marche de son artillerie et de ses bagages, le fit prisonnier, enleva 150 hommes, 2 pièces de canon et 40 caissons.

Le feld-maréchal Blucher prévenu de ces mouvemens, et que les renforts de la grande armée arriveraient à Trannes dans la matinée du 1er février, fixa l'attaque pour midi.

Elle devait avoir lieu sur trois points à la fois : *Plan d'attaque du feld-maréchal Blucher.* à la gauche, le comte de Giulay avait ordre de se déployer dans la plaine, d'attaquer avec sa gauche le village de Dienville, tandis que sa droite soutiendrait le corps du général Sacken, qui au centre s'avancerait en deux colonnes sur la Rothière. A la droite, le prince royal de Wurtemberg devait attaquer le village de Chaumenil. Le comte de Wrède reçut l'instruction de favoriser cette triple attaque, en se portant de Soulaines sur la Chaise pour inquiéter, selon les circonstances, le flanc gauche ou les derrières des Français ; enfin le comte de Colloredo eut l'ordre de se porter de Vandœuvres, où il devait arriver vers deux heures après-midi, sur la route qui de Dienville conduit à Troyes par Piney. Le feld-maréchal gardait en réserve à Trannes, le corps de grenadiers russes et deux divisions de cuirassiers, échelonnés par le reste des troupes du comte Barclay de Tolly sur la route de Bar-sur-Aube. En cas de succès, l'armée de Silésie devait se diriger

sur Vitry., le comte de Giulay occuper Dienville,
le prince royal de Wurtemberg Brienne, le comte
de Wrède Montiérender, et le comte Wittgenstein continuer sa marche sur Saint-Dizier pour se
réunir au général Yorck.

L'armée alliée fut prévenue par un ordre du
jour, de la bataille qui allait se livrer, et afin
d'éviter toute méprise entre tant de nations différentes, il fut ordonné que les troupes porteraient
au bras gauche, en signe de ralliement, un bra-
celet blanc; mesure de simple précaution à laquelle on prêta depuis un but politique de plus
haute importance.

Tels étaient la disposition des forces et le plan
des alliés pour la première bataille rangée qu'ils
allaient livrer en France, et dont le résultat devait avoir une si grande influence sur le moral
des armées et les événemens de la campagne;
mais avant d'en donner la relation, il est nécessaire d'en bien faire connaître le théâtre.

Description
du champ de
bataille.

De Trannes à Ronay, se présente une plaine
d'environ 20 mille mètres de longueur sur une
largeur moyenne de 4 à 5 mille. Elle est bornée
au nord par la Voire qui coule de l'est à l'ouest,
dans des prairies humides couvertes en hiver,
par les inondations; au levant par les bois marécageux de Valentigny, celui d'Ajou et le revers
du plateau de Morvilliers; au midi par le bois de
Beaulieu qui s'étend sur la droite de Trannes en

avant du plateau qui le limite jusqu'à l'Aube ; au couchant par cette rivière jusqu'à Brienne, et de là par le parc du château et la croupe du coteau de Lesmont. La route de Vitry à Bar traverse longitudinalement cette plaine, presqu'en ligne droite, et passe au milieu du village de la Rothière qui est à 5 kilomètres de Trannes et environ 10 de Brienne. La plaine généralement basse, s'élève un peu en remontant vers Perthes, puis s'incline presqu'aussitôt vers la route de Bar. Elle s'élève d'une manière plus sensible depuis le coude que forme l'Aube au-dessus de Dienville jusqu'à Trannes ; c'est là aussi qu'elle est boisée, le reste est en culture ; le fonds du sol est gras et compact.

La rive gauche de l'Aube haute et escarpée domine partout la plaine de la rive opposée ; néanmoins une armée qui y est placée n'a rien à en craindre en prenant la précaution d'occuper ou de détruire les ponts de Lesmont, Radonvilliers, Dienville et Unienville.

Le plateau de Morvilliers dont le revers limite les deux tiers de ce vaste champ de bataille du côté du levant, est couvert sur son front et ses flancs par des défilés boisés et marécageux qui en masquent les approches. Son élévation rend maître de la plaine celui qui l'occupe.

Les mouvemens préparatoires des alliés durè- Bataille de la Rothière. rent toute la matinée, ce qui devint pour Napoléon un grand sujet d'inquiétude. En effet, il devait penser que le feld-maréchal Blucher l'attaquerait dès le matin, ou que décidé à se réunir au prince de Schwarzenberg, il continuerait son mouvement de retraite. L'immobilité, dans laquelle il resta, lui fit supposer qu'on l'avait trompé sur la direction prise par la grande armée, et que le feld-maréchal prussien ne cherchait qu'à le tenir en échec pendant qu'elle marchait sur Troyes. Il allait donc rebrousser chemin vers cette ville ; déjà même le corps du prince de la Moskowa était en route pour Lesmont, lorsqu'instruit vers midi par le comte Grouchy des grands mouvemens qui avaient lieu dans la ligne ennemie, il monta à cheval et parcourut les avant-postes. Il neigeait, et un temps très-obscur rendit cette reconnaissance à peu près nulle ; jugeant néanmoins que ce pourrait être un mouvement offensif, il fit rappeler le prince de la Moskowa et ordonna à la division Rothembourg, bivouaquée à hauteur de Brienne, depuis la veille, de se tenir prête à se porter en avant.

Premier moment.

Vers une heure, les colonnes ennemies parurent en vue des avant-postes dans la plaine de la Rothière et dans le bois de Beaulieu. L'action s'engagea aussitôt à la gauche et au centre des alliés par une forte canonnade, et à la droite par une fusillade très-vive.

Attaque de gauche.

A la gauche, le comte de Giulay, arrêté par le feu de l'artillerie du comte Gérard, tenta de par-

tager son attention, en ordonnant au général
Pfluger, soutenu de 4 pièces de canon et 200
chevaux, de forcer le pont d'Unienville gardé par
un simple poste, ce qui fut exécuté sur-le-champ.
L'intention du général autrichien était de gagner
par la rive gauche de l'Aube le pont de Dienville
où s'appuyait l'extrême droite des Français; mais
l'Empereur s'en étant aperçu, donna l'ordre au
comte Gérard de manœuvrer pour s'y opposer.
Aussitôt la brigade Boudin fut commise à la garde
du pont, et celle du général Pelleport se rappro-
cha du village; en même temps la division Dufour prit une ligne plus en arrière.

Ces dispositions indiquaient assez au comte
Giulay qu'on avait deviné son projet; cependant
il ne perdit pas l'espoir de le mener à sa fin, seulement il renforça son attaque, de la brigade
Czollich, et en confia la direction au général-
lieutenant Fresnel. Ce pont, auquel les deux partis attachaient une si haute importance, se trouve
à l'extrémité du village, au pied du coteau qui
domine les deux rives de l'Aube. Sa situation encaissée ne permettant pas d'employer l'artillerie
à sa défense, des tirailleurs postés dans les maisons voisines, avec une petite réserve, à 300 pas
de là, en rendirent les approches meurtrières.
Protégés par le feu de 10 pièces, vainement lés
Autrichiens l'attaquèrent de vive force à plusieurs

reprises; les jeunes soldats français les rejetèrent
chaque fois au pied du coteau.

Vers la rive gauche de l'Aube, le comte Giulay
se contenta de faire jouer 24 pièces de gros calibre, tant sur Dienville que sur les masses de la
division Dufour qui voyaient le feu pour la première fois sans en être ébranlées.

Attaque du
centre.
Au centre, le général Sacken n'avançait qu'avec
peine. La nature du terrain détrempé par les
pluies, le força de laisser la moitié de ses pièces
en arrière pour doubler l'attelage de l'autre. Son
infanterie aborda pourtant la Rothière; mais accueillie par un feu roulant dirigé des jardins et
des maisons, elle eut encore à essuyer plusieurs
charges des divisions Piré, Colbert et Guyot qui
étaient sur le point d'entamer ses masses, lorsqu'elles furent chargées à leur tour par la réserve
du général Wassiltschikow qui venait d'être renforcée d'une douzaine d'escadrons. Le choc fut
rude, et les escadrons français enfoncés d'abord,
furent ramenés jusqu'auprès de Brienne-la-Vieille.

Vainement sur la droite le général Nansouty,
avec les divisions Lefebvre-Desnoëttes, Pacz, et
le comte Grouchy sur la gauche, avec les dragons
du général Briche, essayèrent de prendre en
flanc cette charge : ils arrivèrent trop tard, et 24
pièces de canon de la garde tombèrent au pouvoir de l'ennemi.

Encouragée par ce brillant succès, l'infanterie

russe saisit cet instant pour attaquer de nouveau
la Rothière. Presque toute la division Duhesme y
fut enlevée; ce qui s'en échappa se réfugia dans
Petit-Mesgnil, quelques vieux soldats se retranchèrent dans les maisons et y vendirent chère-
ment leur vie.

A la droite, le prince royal de Wurtemberg, Attaque de
droite.
en débouchant d'Eclance, trouva le bois de Beau-
lieu occupé par les tirailleurs français, et fut
obligé d'employer la brigade Stockmayer à le nettoyer. Arrivé en face du coteau de la Giberie, il
en ordonna l'attaque à deux bataillons soutenus
de quelques centaines de chevaux. Les Français
qui n'avaient pas de cavalerie, se retirèrent alors
dans le hameau qu'ils se disposaient à défendre,
lorsque le prince y poussant son infanterie les en
empêcha. Cette attaque, protégée par la dé-
monstration que fit sur la gauche du duc de Bellune une brigade de cavalerie qui venait de franchir le défilé des étangs en avant d'Eclance, en ex-
pulsa d'abord les Français; mais le maréchal qui
sentait toute l'importance de ce poste, ne laissa
pas le temps à l'ennemi de s'y établir, et dirigea
une charge d'infanterie qui réussit à l'y faire rentrer. Le prince royal ne se jugeant pas en mesure
de le reprendre avant l'arrivée des renforts qu'il
sollicita du feld-maréchal Blucher, se rabattit sur
le village de Petit-Mesgnil dont l'occupation lui
parut propre à faciliter l'attaque qu'il se promet-

tait de renouveler incessamment sur la Giberie.

Attaque se-
condaire de
l'extrême
droite.

Pendant que les principales attaques se poursuivaient avec des chances si variées, celle du
comte de Wrède, qui semblait dans le principe
n'être que secondaire, obtenait de plus solides
avantages, parce qu'elle était dirigée sur le point
stratégique et en même temps le plus faible de la
ligne de bataille.

Le corps austro-bavarois ayant débouché de la
forêt de Soulaines vers une heure après midi, se
déploya devant la Chaise sous le feu des avant-
postes du duc de Raguse, et de là se porta en
deux colonnes sur Chaumenil et Morvilliers. Le
maréchal, sur le point d'être assailli, sentit
le risque d'attendre le choc dans une position si
étendue, et se proposa de réunir ses faibles
moyens plus avantageusement, à 2 kilomètres à
droite de Morvilliers, et en avant de Chaumenil ;
mais il était déjà tard, et la difficulté des chemins ralentissant encore la marche de l'artillérie,
il n'eut que le temps d'y porter la brigade Joubert. En effet, le comte de Wrède s'étant aperçu
du long mouvement de flanc qu'exécutait le petit
corps français, fit avancer la division Hardegg
contre Morvilliers. Vainement les tirailleurs français se prévalant de quelques abattis construits à
la hâte dans la nuit par les paysans, voulurent
l'empêcher de déboucher du bois ; ils furent rejetés avec perte dans le village par la cavalerie

bavaroise, qui en fit un grand nombre prisonniers, et enleva la batterie qui les protégeait. Favorisé par cette charge, le corps de bataille se déploya malgré le jeu de l'artillerie française et les efforts de la cavalerie du général Doumerc. Aussitôt que la ligne fut formée, le comte de Wrède ordonna au général Spleny de tourner le village de Chaumenil par sa droite, tandis que le général Rechberg l'aborderait de front, et que la division Hardegg avec une brigade d'infanterie et une de cavalerie bavaroises, l'attaquerait par le chemin de Brienne.

La brigade Joubert établie dans une ferme, au centre de la position qui couvrait ce village, se mit en devoir de s'opposer à la marche de ces colonnes; mais abordée par 4 bataillons ayant pour réserve le reste de la division Rechberg, elle en fut bientôt chassée et poursuivie vivement, par la cavalerie du général Spleny qui lui enleva 3 pièces de canon et une centaine de prisonniers.

La droite du duc de Raguse, se trouvant ainsi découverte, il se vit obligé d'abandonner Morvilliers où il avait tenu jusqu'alors sous la protection de son artillerie, et de rejoindre sa 1re brigade en avant du bois d'Ajou.

L'Empereur prévenu de cet échec, en craignit les conséquences, appréhendant que son adversaire ne dirigeât ses masses vers ce point, ne prît

Deuxième moment.
L'Empereur porte du secours à sa gauche.

sa ligne de bataille à revers, et n'acculât l'armée aux ponts de l'Aube, il accourut avec la division Guyot et une batterie qu'il fit appuyer par une brigade de la division Meunier; mais ce renfort ne rétablit pas l'équilibre : l'artillerie française contrebattue par 12 pièces de canon que le baron Frimont porta rapidement en avant du village, fut bientôt réduite au silence, et la cavalerie austro-bavaroise en profita pour exécuter une charge dans laquelle elle enleva 7 pièces et une centaine d'hommes.

Troisième moment.
L'Empereur fait ses dispositions de retraite.

Les progrès décisifs du comte de Wrède, coïncidant avec la grande charge sur le centre, l'Empereur jugea dès-lors la bataille perdue, et ne s'occupa plus que des moyens d'assurer la retraite. A cet effet, il ordonna au comte Grouchy de retarder autant qu'il le pourrait avec la cavalerie du comte Milhaud, la marche de l'ennemi dans cette partie, et de soutenir le duc de Bellune, et au général Nansouty de faire bonne contenance en arrière de la Rothière avec celle de la garde; en même temps pour mieux faire prendre le change aux alliés, il prescrivit au duc de Reggio de marcher sur la Rothière avec la division Rothembourg et de chercher à y rentrer.

Diversion sur le centre.

Cette division s'ébranla aussitôt et arriva devant le village à la chute du jour, au moment où le général Colbert, par une charge heureuse, venait d'y refouler les Russes. Le duc de Reggio

saisissant l'à-propos ordonna au général Rothembourg d'y pénétrer avec sa 1ʳᵉ brigade, gardant
la seconde en réserve. Ce général divisa sa petite
troupe en trois colonnes, confia le commandement de celle de droite au général Marguet qui
marcha sur la route, celle du centre au colonel
Trapier, et se mettant à la tête de celle de gauche, s'avança dans cet ordre sur la Rothière ;
ses colonnes furent accueillies par une grêle de
plomb à travers laquelle celles de droite et du
centre parvinrent jusqu'à l'église, mais là, ayant
été chargées par la 2ᵉ division de grenadiers
russes, conduite par le feld-maréchal Blucher
en personne, et soutenue par le corps du général Alsusiew et la brigade autrichienne de
Grimmer, elles furent ramenées jusqu'au bout du
village. Cependant le général Rothembourg rencontra face à face une colonne russe qui en débouchait. A son aspect, les conscrits saisis d'effroi, font une décharge mal dirigée et se pelo-
tonnent de manière à ne pouvoir avancer ni reculer. L'officier commandant la colonne russe at-
tribuant leur immobilité à l'intention de se rendre, s'avança vers le général Rothembourg qui
les exhortait à le suivre, et lui proposa de mettre
bas les armes. Celui-ci croyant au contraire que
l'officier russe voulait parlementer en faveur d'un
détachement coupé par les deux autres colonnes,
s'approcha de lui, reconnut son erreur et chercha

à le faire prisonnier. Une lutte singulière s'engagea entr'eux et suspendit un instant les coups des deux partis. L'officier russe s'échappe enfin et court donner l'ordre aux siens d'arriver; mais le général Rothembourg détourne cette charge, en les faisant mitrailler à bout portant par 4 pièces de canon. Cet heureux dénouement lui permit d'opérer sa retraite et de rallier les débris des colonnes du général Marguet et du colonel Trapier, à 400 mètres environ du village, où il attendit de nouveaux ordres.

Nouvel échec sur la gauche. Tandis que ces choses se passaient au centre, le prince royal de Wurtemberg ayant été renforcé par une division de grenadiers et deux de cuirassiers russes, fit attaquer le duc de Bellune à la Giberie, par la brigade Dœring. Ce poste vaillamment défendu, fut enfin cédé au nombre, et le maréchal se retira entre Petit-Mesgnil et Chaumenil, poursuivi vivement par les Wurtembergeois, dont la brigade Stockmayer emporta le premier de ces postes, et se mit par-là en communication avec les Bavarois.

Cette dernière opération fut le coup de grace pour l'armée battue. Le prince fit aussitôt couler sa cavalerie entre Petit-Mesgnil et la Rothière pour attaquer celle du comte Milhaud qui était venue appuyer sa gauche au bois d'Ajou, face à Chaumenil. Prise en flanc et dans l'obscurité, la cavalerie française n'eut pas le temps de se pré-

parer contre cette attaque, et s'enfuit à toute
bride sous la ferme de Beugné, où l'on parvint à
la rallier. Six pièces légères tombèrent au pouvoir de l'ennemi. Pendant cette charge, des chevau-légers Wurtembergeois se précipitèrent sur
une batterie placée à la lisière du bois d'Ajou,
la seule qui incommodât encore les Bavarois dans
Chaumenil, et s'en emparèrent.

Tel était l'état des choses, vers huit heures, Ordre de re-
lorsque Napoléon informé des derniers succès traite.
de l'ennemi sur sa gauche et de l'issue peu heureuse de sa diversion sur la Rothière, ordonna
au général Drouot d'incendier ce village, afin de
contenir les alliés pendant que l'armée opérerait
sa retraite sur Brienne. Déjà le prince de la Moskowa et la cavalerie de la garde avaient repris
la route de Lesmont. Cette opération eut lieu de
la gauche à la droite avec un ordre qu'on n'osait
attendre de troupes neuves, exténuées de fatigue
et de faim. Le duc de Raguse traversa le bois
d'Ajou et alla se former à l'embranchement des
deux chemins, ayant à sa gauche la cavalerie
Doumerc. Le duc de Bellune bivouaqua en arrière de la ferme de Beugné. Le duc de Reggio ne
se retira de devant la Rothière qu'après l'avoir
vu en flammes, et retourna dans les bivouacs
qu'il avait occupés la nuit précédente; quant au
comte Gérard, il ne céda le pont de Dienville
qu'à minuit. La cavalerie du comte Milhaud couvrit la plaine.

Ces retours offensifs, l'ordre et le calme avec lesquels la retraite s'effectua, firent douter longtemps au feld-maréchal Blucher que Napoléon se tînt pour battu; en effet les gardes russe et prussienne vinrent prendre vers six heures la position de Trannes, que les grenadiers et les cuirassiers quittèrent pour renforcer l'attaque de la Rothière et de la Giberie. Satisfait d'avoir gagné le champ de bataille, il ne poursuivit pas les vaincus, et bivouaqua un peu en avant de la ligne qu'ils avaient défendue.

La perte des Français fut énorme : elle s'éleva à 54 bouches à feu et près de 6 mille hommes, dont 2,400 prisonniers; le général Marguet y fut tué, et le général Forestier y reçut des blessures graves. La perte des alliés ne fut guère moindre; s'ils eurent peu ou point de prisonniers, le nombre de leurs blessés fut beaucoup plus considérable; mais c'est en vain qu'on chercherait à nier qu'ils remportèrent une victoire signalée, et qui eut des suites incalculables sur le reste de la campagne. Elle acheva de détruire le prestige d'invincibilité attaché à la réputation de Napoléon, redoubla l'ardeur des troupes alliées, et affecta d'une manière grave le moral de l'armée française : le découragement s'empara de la plupart des généraux et des officiers, et la désertion exerça ses ravages dans les corps déjà si affaiblis par les maladies et les fatigues.

Cette bataille qui aurait dû devenir décisive
fut dénaturée par les bulletins des deux partis.
Napoléon la représenta comme une simple affaire
d'arrière-garde, et les alliés comme une action
générale dont ils rapportèrent toute la gloire au
génie du feld-maréchal Blucher. Mais aux yeux
des militaires éclairés, elle honora plus la bravoure des deux armées, qu'elle ne prouva l'habileté du vainqueur ; en effet, suivant leur opinion, ce n'est qu'un choc en ordre parallèle, ou
à valeur égale, les masses les plus fortes ont
écrasé les plus faibles ; on n'y aperçoit aucune
manœuvre réellement savante. Si le feld-maréchal prussien mérite des éloges pour avoir su,
après le combat de Brienne, ménager sa jonction
avec la grande armée, attirer et tenir son ennemi
en échec toute la journée du 31 ; il est bien loin
le jour de la bataille d'avoir tiré de ses immenses
ressources tout le parti possible. Dans la position
où se trouvait l'armée française, la droite appuyée à l'Aube, sur une ligne visiblement trop
étendue pour sa force, ils prétendent que le
point faible était à sa gauche, et que le maréchal
aurait dû y diriger sa principale attaque. Ce vice
ne l'ayant pas d'abord frappé, rien ne l'empêchait,
lorsque le comte de Wrède eut chassé le duc de
Raguse de Morvilliers, de porter rapidement les
réserves sur ce point et d'attaquer simultanément la Giberie, Petit-Mesgnil et Chaumenil,

afin de percer entre ce dernier village et le bois
d'Ajou. Il est hors de doute que la gauche des
Français déjà entamée, n'aurait pu soutenir ce
choc, et que l'armée pour éviter d'être tournée
eût été obligée d'exécuter un changement de
front en arrière sur Brienne, dont vraisembla-
blement sa ruine devenait la conséquence immédiate.

Au lieu de cette manœuvre si simple, si certaine, le feld-maréchal, ajoutent les censeurs,
s'opiniâtra devant la Rothière, où il envoya successivement ses réserves; et pour toute diversion, se contenta, bien tard encore, de faire attaquer le pont de Dienville par la rive gauche de
l'Aube : manœuvre fausse à tous égards, car supposé qu'on l'eût emporté, qu'auraient fait 2 brigades obligées de déboucher d'un étroit défilé?
D'ailleurs forcer l'aile d'une armée appuyée à une
rivière, est une opération dangereuse, puisqu'un
retour offensif accule les assaillans à l'obstacle.
Enfin on reproche encore au feld-maréchal de
n'avoir pas su tirer parti de la victoire. Il ne restait à l'armée française enfermée entre l'Aube, la
Voire et les marais de Valentigny, d'autre retraite
que sur la route de Troyes par Lesmont et sur
celle de Vitry par Ronay, pourquoi ne pas lui
couper cette dernière de suite, et ne la pas poursuivre avec chaleur sur l'autre, afin d'atteindre
du moins son arrière-garde au pont de Lesmont,

où il l'eût immanquablement entamée, et pris une
partie de son artillerie? Au surplus si le feld-
maréchal répugnait à engager un combat de nuit,
il y avait encore une manœuvre plus décisive;
c'était de faire filer sans perdre de temps un
corps considérable de Dienville ou d'Unienville
sur Piney. Ce mouvement qui eût coupé à l'Empereur la route de Troyes , et isolé tout-à-fait le
duc de Trévise , était hardi , mais non pas téméraire, car les alliés avaient une énorme supériorité numérique sur l'armée battue.

Si le maréchal prussien ne sut pas profiter de
ses ressources ni de ses succès, Napoléon , à son
tour, paraît inexcusable, d'avoir donné dans le
piége que lui tendait son adversaire. Voyant qu'il
ne se retirait pas avec précipitation devant toutes
ses forces déployées, il devait penser qu'il cherchait à gagner du temps; et la position qu'il prit à
Trannes aurait dû achever de l'éclairer. Dès-lors
il devenait prudent de cesser la poursuite le 31 ,
et de se porter à Troyes. Là, renforcé par le corps
du duc de Trévise, il eût été à même de s'opposer
aux armées ennemies, soit qu'elles débouchas-
sent par Vandœuvres , soit qu'elles cherchassent
à se jeter sur la route de Sens. Son impatience et
le besoin de remporter une victoire pour relever
la confiance de la nation et celle de l'armée,
l'emportèrent sur toute autre considération, et
il livra bataille sans pouvoir raisonnablement

se flatter d'un grand résultat en cas de succès.

On a vu au commencement du chapitre, que l'Empereur avait lui-même jugé sa position trop étendue, et cela aurait dû le décider à éviter le combat; mais il crut obvier à cet inconvénient en ordonnant au duc de Raguse de se retrancher à la Chaise et Morvilliers; triste palliatif que des retranchemens construits à la hâte, et qu'il était fort incertain d'avoir le temps d'achever ! Le pont d'Unienville qui ouvrait la rive gauche de l'Aube aux alliés, ne fut pas détruit, autre imprudence, qu'on ne peut cependant lui imputer, attendu qu'il en avait ordonné la destruction le 31 janvier.

Retraite de l'armée française sur Troyes.

Quoique heureuse de n'être pas poursuivie, l'armée française était dans une situation trop inquiétante pour que Napoléon lui accordât sur la rive droite de l'Aube un repos dont elle avait si grand besoin. Après une courte halte à Brienne, elle se mit en marche le 2 février de grand matin sur Lesmont, à l'exception du duc de Raguse et du 1er corps de cavalerie qui eurent ordre de se porter sur Ronay. La plupart des blessés furent abandonnés dans les décombres encore fumans de Brienne, faute de moyens de transport.

Au point du jour la cavalerie formant l'arrière-garde dans cette vaste plaine, était en bataille en arrière du chemin de Doulevent, soutenue par plusieurs batteries d'artillerie légère.

Vers huit heures, l'ennemi fit avancer sa droite et entra dans Brienne après une courte canonnade. Mais il était trop tard pour inquiéter la retraite de l'armée française; elle avait déjà passé l'Aube en partie, et continuait avec ordre son mouvement rétrograde; le prince de la Moskowa fermait la marche sur la chaussée de Troyes, et derrière lui la cavalerie du comte Milhaud couvrait la plaine : l'ennemi n'avançant qu'avec circonspection, s'arrêta tout court devant Lesmont, dont les approches étaient défendues par des batteries de gros calibre. Après une halte de quatre heures de l'autre côté du pont, l'armée continua sa marche jusqu'à Piney où elle prit position. Le prince de la Moskowa chargé de défendre le pont pour lui donner le temps de filer, prit poste sur la rive droite avec ses 2 divisions.

Dès que Brienne fut occupé, les Souverains se rendirent au château pour régler ensemble l'ordre dans lequel on poursuivrait les Français. Il fut convenu que l'armée de Silésie marcherait sur Châlons, et qu'après y avoir été jointe par les corps d'Yorck, Kleist et Langeron, elle longerait la Marne pour se porter sur Paris. La grande armée dut au contraire gagner Troyes et s'avancer vers la capitale par les deux rives de la Seine. Comme cette double direction séparait entièrement les deux masses, on arrêta que leur liaison serait assurée par le général Seslavin qui oc-

Conférence des Souverains alliés au château de Brienne.

cuperait Sézanne avec 2 mille cosaques que
2,500 chevaux aux ordres du comte de Pahlen,
qui battraient le pays entre cette ville et l'Aube,
enfin que le comte de Wittgenstein cotoyerait
sa rive gauche.

Cette détermination paraîtra sans doute peu
conforme aux principes ordinaires, mais elle
peut se justifier par l'immense supériorité que
le prince de Schwarzenberg se sentait sur son
adversaire. En effet, le concours des deux armées n'était pas nécessaire pour achever de détruire celle de Napoléon : 20 mille hommes lancés vigoureusement à sa poursuite, eussent suffi
pour l'anéantir.

Le corps de Colloredo continua sa route sur
Troyes, le prince royal de Wurtemberg et le
comte Giulay suivirent le gros de l'armée française sur Lesmont; le comte de Wrède se dirigea
sur Ronay; les gardes et réserves se dirigèrent
en 2 colonnes, l'une par Dienville et Piney sur
Troyes, l'autre rétrograda par Doulevent sur
Vandœuvres.

Sur le soir le gros des corps de Giulay et du
prince de Wurtemberg arrivèrent devant Lesmont, et voyant que le prince de la Moskowa ne
se disposait pas à l'évacuer, firent leurs dispositions pour l'en chasser. C'était le signal qu'il
attendait pour repasser la rivière, cette opération terminée, il rompit le pont derrière le-

lequel il laissa, pour s'opposer à sa reconstruction, une brigade qui ne se retira qu'à onze
heures du soir.

De son côté, le duc de Raguse s'étant mis en
marche sur Ronay, le matin par la petite route,
aurait exécuté son mouvement sans trouble, si le
comte de Wrède, qui se dirigeait au même moment sur Lesmont, n'eût cru son flanc droit menacé, et quitté cette direction pour se porter sur
Ronay par la grande route, dans l'espoir de couper ce corps du reste de l'armée française. Malgré
la diligence qu'il mit à cette manœuvre, il ne le
devança pas au pont de la Voire; mais il arriva
assez tôt pour le canonner si vivement, que le
maréchal se pressa de passer le premier pont
et de le détruire. Les officiers du génie chargés
de cette opération, n'en ayant fait enlever que
les poutrelles, 4 à 500 Bavarois parurent presque
aussitôt sur la rive droite, où, chargés par la
brigade de cavalerie du général Curto, tout ce
qui ne fut pas sabré demeura prisonnier.

Plusieurs autres tentatives furent aussi infructueuses que la première : la glace se brisait sous
le pied de ceux qui quittaient la chaussée et
cherchaient à s'approcher des bords de la rivière
par la prairie ; ils enfonçaient dans l'eau jusqu'aux
flancs, et se trouvaient exposés entre les glaçons
au feu de l'artillerie. Le duc de Raguse s'était
établi, avec une partie de son infanterie et 4

Combat de
Ronay.

pièces, sur la hauteur en face du pont qu'elles enfilaient.

Dans cet état de choses le comte de Wrède forma ses masses hors de portée, et se détermina à forcer le passage. Le bataillon de Cronegg, soutenu par le 1er régiment de ligne, s'avança l'arme au bras, jusqu'au premier pont qu'il franchit avec beaucoup d'intrépidité et d'adresse sous un feu de mousqueterie très-meurtrier, entretenu par des pelotons placés dans les maisons adjacentes. Le général Lagrange ordonna alors aux troupes qui étaient aux prises de se retirer derrière le second pont, où il avait préparé de meilleurs moyens de défense. Ce mouvement s'exécuta à la vue de la tête de colonne ennemie qui voulut le suivre; mais à peine eut-elle fait quelques pas qu'elle fut arrêtée par une fusillade qui partit, comme la foudre, de l'église et des maisons voisines; placée entre deux ponts dont un à moitié détruit, fusillée à coup sûr, et incessamment menacée d'être chargée par 2 bataillons en réserve sur la rive droite du ruisseau, elle n'osait avancer ni reculer, et sa position était critique. Enfin, après deux heures d'un combat trop inégal, elle allait lâcher prise, lorsqu'un parti de uhlans ayant passé la Voire à gué, au-dessus de Rancé, se montra sur la gauche de Ronay. Cet incident ranima l'ardeur des Bavarois, et le duc de Raguse qui d'ailleurs avait à peu près rempli son but, se voyant menacé sur son flanc, profita d'un brouillard épais pour se retirer sur Rameru, où il s'établit.

Le 3 février l'armée française arriva sous Troyes, où elle trouva le pont de la Guillotière occupé par la division Michel. Le maréchal duc de Trévise, qui tenait cette ville depuis le 27 janvier, en partit le 30 pour se porter sur Arcis; mais informé que l'ennemi occupait Bar-sur-Seine, il y était retourné le 31, ignorant que l'intention de l'Empereur fût de l'attirer à lui. L'armée prit le 5 les positions suivantes: la vieille garde à pied et à cheval à Troyes, la jeune garde à Pont-Hubert, le duc de Bellune à Pont-Sainte-Marie, la réserve de Paris renforcée de sa 2e division à Saint-Parre-aux-Tertres; les dragons du comte Milhaud à Bouranton, Laubressel, Saint-Maur et Pont-Sainte-Marie; sa cavalerie légère à Creney; la division de gardes d'honneur du comte Defrance à Tennelière, couvrant la route de Bar-sur-Aube.

Le duc de Raguse arriva le même jour à Arcis, où il rallia la division provisoire de 1,500 cuirassiers, dragons, chasseurs et lanciers, organisée à Meaux par le général Bordesoulle, laquelle y était depuis trois jours; la division Ricard fut placée en intermédiaire à Aubeterre.

L'armée ne fut poursuivie dans aucune direction. Le comte de Wrède au lieu de harceler le

13*

duc de Raguse retourna sur Brienne, et de là à Lesmont où il fut arrêté vingt-quatre heures, ainsi que le comte Giulay et le prince de Wurtemberg pour rétablir le pont. Le généralissime incertain si l'Empereur opérerait sa retraite sur Troyes ou Châlons, envoya la division de cavalerie légère de la garde russe battre la campagne, et d'après ses rapports ordonna le 3 vers midi, que le comte Colloredo prendrait position devant Troyes; que les gardes et réserves l'échelonneraient à Lusigny; que le comte Giulay et le prince royal de Wurtemberg suivraient l'ennemi pied à pied jusqu'à Troyes; que les comtes de Wrède et de Wittgenstein se porteraient sur Arcis; mais que le dernier pousserait son avant-garde jusqu'à Plancy. En même temps il fut enjoint au comte Colloredo et au prince Maurice de Liechtenstein de s'avancer de Bar-sur-Seine sur Troyes, et enfin aux corps volans de l'hetman Platow et du général Kaïsarow de se porter sur Sens; celui de Seslavin fut rappelé à Piney.

Dès ce moment l'armée de Silésie commença à agir pour elle-même et sans communication avec la grande armée; puisque les corps désignés d'abord pour l'entretenir; reçurent une autre destination. Le feld-maréchal Blucher se mit en route par Braux-le-Comte et Fère-Champenoise, pour gagner la rive gauche de la Marne.

Lorsque l'armée française entra à Troyes, elle
en trouva les habitans consternés. Un morne silence régnait dans les rues que traversa l'Empereur. Tous les regards semblaient l'accuser des
calamités dont la ville était menacée. Les habitans, craignant une longue défense, cachaient
leurs ressources, et les magasins se trouvant
presque vides, à peine les soldats reçurent-ils
une ration de pain.

Un tel délaissement fut très-funeste à l'armée,
composée en grande partie de soldats de nouvelle levée qui n'avaient pas encore acquis assez
de force morale pour résister à la fois à la faim
et aux fatigues. Ces jeunes gens, se voyant
traités avec tant de dureté par leurs compatriotes, à si peu de distance de leurs foyers,
abandonnèrent les rangs où, quelques jours
auparavant, ils avaient valeureusement combattu : en moins de huit jours plus de 6 mille
disparurent, et ce vide fut à peine rempli par
l'entrée en ligne de la division Hamelinaye. Pour
comble de maux, on apprit la défection du roi
de Naples, et cette fâcheuse nouvelle aurait
plongé tous les esprits dans le plus grand découragement, si elle n'avait eu le même jour pour
correctif, l'ouverture du congrès de Châtillon
auquel vinrent se rattacher quelques espérances.

L'armée gagna Troyes sans obstacle; mais
les troupes étaient à peine en position, que

l'avant-garde du prince Maurice Liechtenstein parut sur la route de Bar - sur - Seine, et chassa des Maisons blanches le faible poste qui le gardait. La division Michel y fut envoyée, en repoussa à son tour les Autrichiens et y passa la nuit.

L'intention de l'Empereur était de tenir devant Troyes jusqu'à ce que l'ennemi prononçât son mouvement offensif. Cette ville située un peu au-dessus du confluent de la Barce et de la Seine, dans une vaste plaine, a dans ses environs sur-tout sur la rive droite du fleuve, des positions où une armée peut se maintenir pendant quelques jours en manœuvrant habilement. D'ailleurs une population de 22 mille ames, des fabriques et des magasins de toute espèce, rendaient cette ville trop intéressante pour la céder sans combat.

Combat de
Saint-Thié-
bault et du
pont de Cle-
rey.

Le 4 février, vers neuf heures du matin, le général Michel avec sa division soutenue des dra-gons du général Briche, s'avança sur la route de Bar-sur-Seine à la rencontre du comte Colloredo et du prince de Liechtenstein, qu'il trouva à la hau-teur de Saint-Thiébault. Les Autrichiens surpris de ce retour offensif, n'eurent pas le temps de prendre de dispositions pour contenir le faible corps qu'ils auraient dû écraser, et furent repous-sés jusqu'à Saint-Parre-les-Vaudes où la nuit ar-rêta la poursuite. Le général Michel ne présumant pas qu'ils revinssent sur leurs pas pendant la nuit, s'établit à Saint-Thiébault, laissant un poste de grenadiers-flanqueurs au pont de Clerey; mais à dix heures, ce poste fut attaqué et tint ferme. Les dragons du général Briche montèrent à cheval et tombant à l'improviste sur les Autrichiens en tuèrent une centaine et en prirent 150.

Cependant le gros de l'armée du généralissime s'avança jusqu'à Lusigny, et poussa des reconnaissances sur le pont de la Guillotière, occupé par l'avant-garde du comte Gérard. Le prince royal de Wurtemberg et le comte Giulay s'établirent à Piney. La cavalerie de l'armée de Silésie courut dans les environs d'Arcis. Cette ville avait été évacuée par le duc de Raguse qui, après en avoir détruit les ponts, était allé prendre position à Droup-Sainte-Marie, chemin d'Arcis à Méry où il fut rejoint par la division Ricard, venant d'Aubeterre.

Malgré que ce mouvement eût l'inconvénient de découvrir Troyes du côté d'Arcis, il pouvait néanmoins s'effectuer sans danger, parce que cette partie se trouvait peu menacée, et que d'ailleurs il importait à l'Empereur de faire observer la Seine du côté de Méry.

Le 5 février se passa sans mouvement général dans l'armée française; mais il s'en fit un considérable dans celle des alliés. Le généralissime, convaincu que l'Empereur était déterminé à défendre la position de Troyes, et n'osant l'aborder de front, résolut de la tourner par la route de

Bar-sur-Seine, espérant que cette manœuvre qui menaçait sa ligne de retraite le déciderait à se replayer. A cet effet, le corps du comte de Colloredo, et la division légère du prince Maurice Liechtenstein reçurent ordre de s'avancer sur la route de Bar-sur-Seine; le prince royal de Wurtemberg devait appuyer à gauche sur Moutier-Amey pour gagner celle de Bar-sur-Aube; au même moment le comte Giulay aurait marché entre les routes de Vandœuvres et de Piney à Troyes, et le comte de Wrède quitté celle d'Arcis pour se porter sur Vandœuvres, au soutien des deux derniers corps; enfin il avait été ordonné aux gardes, aux grenadiers et aux cuirassiers russes de laisser la route de Vandœuvres pour aller prendre des cantonnemens resserrés entre Chaource, Bar-sur-Seine et Ricey; les cuirassiers autrichiens du comte Nostitz durent s'établir à Pargues, Praslain et Lanteuze; la division Salins du corps de Giulay occuper Bar-sur-Seine.

Comme ces mouvemens ne portaient pas en avant, et s'effectuaient d'ailleurs avec lenteur, l'Empereur, impatient de connaître les projets des alliés, ordonna une fausse attaque dans l'espoir de les faire mieux prononcer. L'armée reçut l'ordre de se tenir prête à marcher; le duc de Trévise se porta même en avant avec la division Friant, et rejoignit celle du général Michel, qui de Saint-Thiébault s'était retirée aux Maisons blanches. Les Autrichiens se reployèrent en toute hâte, et le maréchal occupa Etroy et son pont. On ignore jusqu'où l'ennemi se serait laissé pousser, si Napoléon n'eût envoyé au duc l'ordre de s'arrêter où il se trouvait. Des écrivains mal informés ont prétendu que ce contre-ordre fut motivé par une dépêche du duc de Tarente qui lui mandait l'évacuation de Châlons; mais il n'en est rien, et si la garde rentra dans Troyes vers quatre heures du soir, c'est que Napoléon avait remis l'attaque au lendemain.

A la chute du jour, l'ennemi enhardi par cette retraite, attaqua le pont de la Guillotière. Le comte Gérard qui le défendait fit bonne contenance : le combat fut vif et opiniâtre; le comte Colloredo, commandant le 1er corps autrichien y fut blessé et ses troupes furent repoussées avec perte de 3 à 400 hommes.

Dans la soirée seulement, des dépêches du duc de Tarente apprirent à Napoléon les événemens qui avaient eu lieu sur la Marne, et l'occupation de Châlons par le général Yorck. Cette circonstance changea entièrement ses projets, et le fit renoncer à celui de tenir devant Troyes et d'y recevoir une seconde bataille. Voyant l'armée de Silésie s'avancer isolément sur la Marne, il jugea pouvoir tirer un grand parti de sa marche décousue, en battant en retraite jusqu'à Nogent, d'où il serait à même d'attendre en sécurité l'arrivée des renforts venant de Paris et de l'armée d'Espagne, et de se jeter sur le flanc gauche du maréchal Blucher, s'il continuait à pousser avec imprudence le duc de Tarente sur la Marne.

Retraite des
Français sur
Nogent.
Le 6 février toute l'armée française se mit en mouvement. Le duc de Raguse avec la cavalerie Doumerc et Bordesoulle qui avait passé la Seine le 5, et occupé Romilly et Méry, se rendit à Nogent, et fut suivi par le reste de l'armée.

Il ne resta à Troyes, pour couvrir la retraite, que le duc de Trévise avec la division Michel, la réserve de Paris aux ordres du général Gérard, et les dragons du général Briche.

Cependant le généralissime décidé à attaquer le 7, à deux heures après-midi, avait fait marcher toute la nuit le corps du comte Wittgenstein, pour le faire arriver à Piney : le comte Pahlen après avoir laissé un détachement à Arcis pour observer l'Aube, s'était porté par Chaumont sur Méry qu'il trouva occupé par le prince de la Moskowa, et devant lequel il prit position. Toute l'armée alliée était en mouvement sur Troyes, et le prince de Wurtemberg chargé de pousser une forte reconnaissance s'avança jusqu'à Laubressel, sans rien découvrir.

Stratagème
du duc de
Trévise pour
couvrir la
retraite,
Pendant que les deux armées opéraient ces divers mouvemens, le duc de Trévise fit courir des patrouilles de cavalerie légère vers Luzigny, et

attaquer les avant-postes ennemis par la division
Michel et les dragons du général Briche sur la
route de Bar-sur-Seine près Courgerenne. Les
patrouilles françaises furent repoussées ; mais les
Autrichiens furent menés battant jusqu'à Au-
mont-en-Ile. Ce stratagème eut un plein succès ,
l'ennemi s'attendant à être attaqué perdit à se
déployer un temps considérable , pendant lequel
l'armée française atteignit Nogent sans inquiétude. Le général Michel revint pendant la nuit
prendre position aux Maisons blanches.

Le 7 avant le jour, le duc de Trévise leva ses
bivouacs et opéra sa retraite en silence sur Troyes
et de là sur Nogent. Il ne fut suivi que par un
faible détachement de cavalerie et d'infanterie
du prince royal de Wurtemberg, et s'établit
paisiblement le soir à Châtres. Tout le matériel
avait été évacué. Il n'y resta que les blessés non
transportables.

L'armée alliée fit son entrée dans cette ville Entrée des al-
vers deux heures après-midi , et s'empara des liés à Troyes,
ressources et des subsistances que nos soldats y
avaient respectées. Le prince de Hohenlohe-Bar-
tenstein, en fut nommé gouverneur. On n'y mit
que 4 bataillons de grenadiers russes et autrichiens en garnison. Toute l'armée fut cantonnée
aux environs. Le général Seslavin qui avait jusque là entretenu la communication de la grande
armée avec celle de Silésie, fut envoyé à l'ex-

trême gauche de la grande armée rejoindre
l'hetman Platow., dont les cosaques couraient
sur les routes de Sens et d'Auxerre. L'empereur
de Russie , le roi de Prusse et le généralissime
ne portèrent leur quartier-général à Troyes que
le lendemain.

La prise de Dijon , celle de Nancy , où résidaient
les plus illustres familles de l'ancienne noblesse de
Bourgogne et de Lorraine., n'ayant fait éclore aucun mouvement en faveur des Princes de la Maison de Bourbon , les Souverains alliés furent très-
surpris de voir jaillir les premières étincelles de
royalisme d'une ville toute manufacturière. Tel
fut cependant l'effet que produisit leur présence à
Troyes sur quatre à cinq royalistes , qui laissèrent éclater leur joie , avant de connaître les intentions des alliés à l'égard des Princes de la Maison de Bourbon. D'après les communications
feintes ou hasardées de deux Français , officiers
supérieurs au service de Russie , ils n'hésitèrent
pas à quitter la cocarde nationale , et à reprendre la croix de St.-Louis. Cédant aux in-
sinuations du prince royal de Wurtemberg, le
marquis de Widrange et le chevalier Gouault se
proposent d'émettre leurs vœux dans une adresse
à l'empereur de Russie, et vont demander les signatures de tous ceux de leur parti; mais la plupart des royalistes craignent de se prononcer ;
plusieurs chevaliers de St.-Louis , étonnés que

M. Gouault soit le provocateur de cet acte (1),
refusent de le signer. Enfin, à force de sollicita-
tions, ils parviennent à le revêtir d'une vingtaine
de signatures. Cette pièce à la main, le marquis
de Widrange, à la tête d'une députation, se présente à l'empereur Alexandre, qui répondit à
cette démarche prématurée (2) : « Nous ne ve-
» nons pas pour donner nous-même un roi à la
» France; nous voulons connaître seulement ses
» intentions, et c'est à elle à se prononcer, mais
» hors de notre ligne militaire; car il importe
» qu'on ne croie pas que l'opinion a pu être
» influencée par la présence des armées. »

Cette réponse, dont les royalistes n'appré-
cièrent pas toute la valeur, ne fit qu'enflammer
leur zèle. Informés que le comte d'Artois était en

---

(1) D'après ce que nous avons appris au retour de l'armée à
Troyes, le chevalier Gouault s'était montré très-chaud partisan du
gouvernement impérial, avant l'invasion. Lorsque le décret du 17
décembre 1813, rétablit les gardes nationales, il brigua et obtint
du préfet de l'Aube le commandement de la cohorte de Troyes ;
mais l'Empereur jugeant plus convenable de placer à sa tête M. de
Mesgrigny, son chambellan, le nouveau chef après avoir reçu les
félicitations du corps d'officiers, se vit réduit au grade de simple
grenadier. Ce désappointement ne refroidit pas, du moins en apparence, son zèle pour la défense de la ville ; tant qu'elle fut couverte
par l'armée française, et voilà ce qui inspira sans doute de la mé-
fiance à plusieurs royalistes.

(2) Histoire des campagnes de 1814 et 1815, par Alphonse de
Beauchamp; tome Ier, livre VII, page 145.

Suisse, ils députèrent le marquis de Widrange à sa rencontre, pour l'assurer de leur dévouement et de leurs espérances.

Mais tandis que cet épisode attire par sa singularité les regards des Souverains, Napoléon, préparant une manœuvre contre l'armée de Silésie, dirigeait dès le 7 le duc de Raguse, de Romilly avec le 6ᵉ corps et sa cavalerie dans la direction de Sézanne. Les chemins étaient affreux, et le temps si mauvais, que les colonnes furent obligées de s'arrêter entre Villenoxe et Fontaine-Denys. Il n'y eut que la cavalerie légère, et environ deux cents hommes d'infanterie qui arrivèrent à Barbonne, où ils prirent position à deux heures du matin. En même temps le prince de la Moskowa passa la Seine à Nogent, alla s'établir en avant de Villenoxe, pour être à même de soutenir le duc de Raguse.

Malgré le caractère d'opiniâtreté que prenait la guerre, les puissances belligérantes affectèrent de part et d'autre l'intention de se rapprocher, et l'on apprit à l'armée, avec une sorte d'emphase, que le duc de Vicence avait eu la veille à Châtillon une première conférence avec les principaux ministres des Souverains coalisés. Mais au même instant tout ce qui se passait à Nogent et dans l'armée française, indiquait assez qu'on se disposait à défendre à outrance le passage de la Seine. On ébauchait des redoutes, on préparait des barricades:

l'on commençait dans la ville la construction de six fours; et les ordres avaient été donnés pour y former un vaste hôpital et de grands magasins.

Mais toutes ces mesures prises avec affectation n'en cachaient que mieux les projets de l'Empereur aux yeux des habitans. Le duc de Raguse, après avoir désembourbé son artillerie, continuait son mouvement sur Sézanne, d'où son avant-garde, après avoir chassé un pulk de cosaques, alla prendre position d'attente à Lachy et Chapeton. De son côté, le prince de la Moskowa s'étendit sur le chemin de Villenoxe à Sézanne, de manière à pouvoir, en cas de besoin, secourir promptement son collègue ou en être soutenu, s'il était lui-même pressé. Le départ de ces deux corps fut masqué à Nogent par l'arrivée des troupes qui avaient formé l'arrière-garde sous les ordres du duc de Trévise.

Grace à cette heureuse retraite que l'incurie des alliés laissa effectuer au gré de ses désirs, Napoléon se trouvait enfin hors du danger où la perte de la bataille de la Rothière l'avait jeté. Il avait, il est vrai, perdu beaucoup de terrain; mais sa position devenait rassurante. Maître de quatre ponts sur la Seine, pouvant à son choix manœuvrer sur l'une ou l'autre rive, couvert sur son flanc gauche par un pays impraticable, et dont lui seul connaissait les issues, il n'avait presque plus rien à craindre de la grande armée

ennemie, à laquelle le passage du fleuve pouvait
être long-temps disputé, malgré l'infériorité numérique de l'armée française. Toutes ses sollicitudes se tournaient donc vers la Marne où l'armée de Silésie semblait menacer la capitale. ˙

Avant de songer à manœuvrer contre elle,
l'Empereur avait besoin de mettre la dernière
main à l'organisation de la sienne. Avant l'ouverture de la campagne, la cavalerie formait
six corps ; mais elle avait éprouvé tant de pertes, que malgré les remontes successives des dépôts généraux et celles envoyées de Versailles et
de Melun, il ne put en former que quatre corps
dont 2 à 3 divisions. Il confia le commandement
du 1ᵉʳ au comte Bordesoulle, le 2ᵉ au comte de
Saint-Germain, le 5ᵉ au comte Milhaud, et le
6ᵉ au comte de Valmy. Le colonel-général comte
Grouchy fut investi du commandement en chef
de l'arme, qui s'éleva bientôt à 12 mille chevaux,
non compris la garde. (*Voyez le Tableau, n° X*).

Décidé à marcher incessamment sur la Marne,
il laissa en observation sur la Seine le 2ᵉ et le 7ᵉ
corps d'infanterie en formation à Provins et Nangis ; la réserve de Paris, le 5ᵉ corps de cavalerie, auquel devait se joindre le 6ᵉ en marche de
Bayonne sur Orléans. Outre ces troupes, la division Alix postée à Sens, les dépôts de cavalerie
commandés par le général Pajol et plusieurs bataillons de gardes nationaux de l'Ouest, organi-

sés à Montereau par le général Pacthod, furent destinés à défendre les lignes de l'Yonne et du Loing.

Toutes ces forces n'auraient pas excédé 30 mille combattans; mais elles ne s'élevèrent jamais à 24 mille, attendu qu'une division du 7e corps fut bientôt détachée sur la Marne, et que le 6e corps de cavalerie n'entra en ligne que longtemps après.

Le bien du service exigeait que ces divers corps de troupes reçussent l'impulsion d'une même main; mais Napoléon ne se départit point du système de ménagement qu'il gardait envers les maréchaux, en ne nommant pas de général en chef. Il autorisa les ducs de Bellune et de Reggio à déterminer l'étendue de leur commandement sur la Seine; laissant même apercevoir au dernier la confiance qu'il avait dans le général Pajol : tout en le mettant sous ses ordres; il lui recommanda de déranger le moins possible les dispositions déjà prises par ce général pour la défense des ponts de l'Yonne et du Loing. Ainsi trois chefs indépendans allaient se trouver devant la grande armée sans autres guides que leur zèle et leur patriotisme.

Napoléon, persuadé que les alliés ne déboucheraient de Sens sur Fontainebleau qu'après avoir forcé le pont de Nogent, se contenta de prescrire au duc de Bellune de le défendre jusqu'à l'extrémité, laissant son collègue *libre de lui porter des secours s'il était nécessaire.*

Si, au contraire, le prince de Schwarzenberg eût dirigé ses masses sur Sens et Fontainebleau sans attaquer Nogent, le duc de Reggio devait aller s'établir à Montereau, au confluent de l'Yonne et de la Seine, appeler à lui le duc de Bellune qui aurait alors repassé le fleuve, brûlé tous les bateaux, conservé le pont de Nogent et gardé soigneusement la rive droite,

Dans cette hypothèse comme dans tout autre cas pressant, les maréchaux devaient donner de leurs nouvelles au ministre de la guerre qui eût fait occuper les ponts de Melun, Corbeil et Choisy.

Ils furent prévenus que l'intention de l'Empereur était de revenir à Nogent aussitôt après avoir terminé son opération contre l'armée de Silésie, d'y concentrer tous ses moyens, et de déboucher ensuite sur la grande armée alliée.

CHAPITRE VIII.

Marche de l'armée de Silésie sur Château-Thierry
et Meaux. — Prise de Châlons et de Vitry. —
Combat de la Ferté-sous-Jouarre.

(Consultez pour les marches, la carte des ponts et chaussées,
de l'Empire, et pour les positions, les feuilles de Cassini, n° 79, 80 et 45).

En exécution des dispositions arrêtées au châ- Topographie
teau de Brienne, dans la conférence du 2 février, Seine et Mar-
l'armée de Silésie quittant la vallée de la Seine, ne.
va tourner ses pas sur le contrefort qui sépare
cette rivière du bassin de la Marne. Il importe
donc pour l'intelligence des opérations qui vont
s'y passer, de présenter un court aperçu de cette
contrée.

Le contrefort qui sépare ces deux rivières entre
Epernay et Méry, et se prolonge jusqu'à leur
confluent, n'est qu'une chaîne de collines dont
Villenoxe, Sézanne, Pont-Saint-Prix et Etoges
occupent les principaux débouchés en première
ligne. Le sol nu, plat et uni à l'est de cette ligne,
est une terre grasse, froide et rebelle à la culture
qui nourrit à peine une population rare et pau-

14*

vre : à l'ouest, au contraire, les terres fortes, argilleuses et fertiles entretiennent une population riche et nombreuse. Elles peuvent fournir abondamment aux besoins d'une armée stationnaire, tandis que dans la plaine, un petit corps de troupes éprouverait toutes les angoisses de la disette dès le premier séjour.

La contrée montueuse est arrosée par plusieurs cours d'eaux dont les principaux sont le petit et le grand Morin, affluens de la Marne, et l'Yères, affluent de la Seine. Aucun d'eux ne forme par lui-même d'obstacles aux opérations d'une armée; mais leurs vallées présentent sur plusieurs points des positions défensives trèsavantageuses.

Ce triangle de terrain est coupé longitudinalement par trois grandes routes et quatre communications transversales. Les premières sont :

1° Celle de Paris à Strasbourg par Meaux, La Ferté, Château-Thierry, Epernay et Châlons, qui est superbe;

2° Celle de Paris à Châlons par La Ferté, Montmirail et Etoges, terminée à un myriamètre près;

3° Celle de Paris à Vitry par Lagny, Coulommiers, La Ferté-Gaucher et Sézanne, non achevée et impraticable en hiver de Sommesous à Vitry.

Les routes transversales sont les suivantes :

1° La communication de Châlons à Troyes par Arcis, assez mal entretenue;

2° Celle d'Epernay à Troyes par Vertus, Fère-Champenoise, et Plancy, très-mauvaise et impraticable en hiver;

3° Celle d'Epernay à Nogent par Montmirail, Sézanne et Villenoxe, ferrée et pavée en quelques endroits, mais partout très-mauvaise;

4° Celle de Meaux à Provins par Coulommiers et La Ferté-Gaucher, route mal entretenue de La Ferté à Provins.

Mais cette contrée pour être percée de sept routes n'est pas aussi praticable qu'elle le paraît sur la carte, attendu qu'elle est couverte de marais et de bois. D'abord à 8 kilomètres sud, environ de Sézanne, existe un vaste marais impraticable en tout temps, qui dégorge ses eaux dans l'Aube entre Anglure et Baudémont; à 2 myriamètres de là, en remontant vers le nord, se trouve celui de Saint-Gond, traversé de l'est à l'ouest par le petit Morin; enfin en se rapprochant de la Marne, commence à Chaintrix, à 15 kilomètres plus loin, un troisième marais beaucoup plus considérable que les deux premiers, qui s'étend entre Bierge, Vouzy et Pocancy.

En arrière de la première trouée formée par ces marais, s'élève la forêt de la Traconne, marécageuse et impraticable; celle d'Etoges masque la seconde. Plus loin vers Paris, sont d'autres bois, et de nouveaux obstacles; mais à mesure

qu'on s'en approche, ils disparaissent, et toutes
les armes peuvent manœuvrer dans le pays.

Telle était la contrée dans laquelle l'armée de
Silésie allait s'engager, et où elle devait redoubler
de vigilance et de précaution pour éviter les
embuches qu'un ennemi adroit et au fait des
localités ne manquerait pas de lui tendre.

Marche de
l'armée de
Silésie sur
la Marne.
Immédiatement après la conférence, le feld-
maréchal Blucher se mit en marche du champ
de bataille de la Rothière. Sa cavalerie passa la
Voire au gué de Lassicourt, son infanterie à Ronay, et toutes deux réunies s'établirent le soir à
Braux-le-Comte. Le lendemain, l'armée de Silésie se porta à Saint-Ouen, l'avant-garde à Hum-
beauville, les avant-postes à Cosle.

Mais avant de suivre plus loin le feld-maréchal,
dans ce mouvement divergent, qui avait pour
but d'amener sa réunion avec les autres corps de
l'armée de Silésie, il est nécessaire d'indiquer
ceux de ces derniers, et de montrer leur emplacement.

Marche des
corps de Kleist
et de Kapze-
witsch,
Après la capitulation de la place d'Erfurt, le
général Kleist, laissant le soin de suivre le siége
des deux citadelles au général Yagow, se mit en
marche le 6 janvier, avec environ 14 mille hommes. Il passa le Rhin à Coblentz, le 18 janvier et
jours suivans, remonta la Moselle, et le 2 février
se trouva près de Metz avec 17 bataillons et 12
escadrons.

D'un autre côté, le corps d'infanterie russe du général Kapzewitsch, l'un de ceux du comte de Langeron, fort d'environ 9 mille hommes, ayant été relevé au blocus de Mayence, par des Allemands, s'était avancé jusqu'à Sarguemines, d'où il avait gagné la route de Nancy, aux portes duquel il se trouvait le 2 février.

La jonction du maréchal avec ces deux corps ne pouvait donc s'effectuer avant quelques jours; mais elle était plus prochaine avec celui de Yorck. Ce général parti des bords de la Moselle le 25 janvier, avait passé la Meuse sans obstacle à Saint-Mihiel et Commercy, et s'était porté par Bar-sur-Ornain sur Saint-Dizier, où il entra le 30 janvier après un léger combat, le général Lagrange ayant l'ordre de l'évacuer pour rejoindre le gros de l'armée sur Brienne.

La marche de ce dernier corps pouvait avoir de fâcheuses conséquences pour les Français. Depuis le mouvement de l'Empereur sur l'Aube, la Marne moyenne était dégarnie, et Châlons, où se trouvait le grand parc, à découvert. On devait craindre que le général Yorck, emportant ou tournant Vitry, ne se rendît par une marche forcée maître de cette ville importante qui, outre la prise du parc stationnaire faute de chevaux, lui eût ouvert une des grandes communications de la capitale.

Le seul corps qui pût s'opposer à ses progrès,

Marche du corps d'Yorck

Manœuvre

était celui du duc de Tarente qui , pressé par les
ordres de Napoléon , marchait sur trois colonnes à un jour de distance par Sedan , Chêne-
le-Populeux, Vouziers et Autry ; encore ne devait-il arriver à Sainte-Menehould que le 1er
février. Pour surcroît de malheur, la division
Brayer qui formait tête de colonne , ayant été
inquiétée à la sortie de Sedan, par les coureurs
du comte de Saint-Priest, qui rôdaient déjà dans
les environs de Mouzon, se replia le 26 janvier
à Lannoy., et de là sur Rethel , d'où elle reprit
la route d'Autry , pour n'y arriver que le 29 , ce
qui retarda l'armée de trois jours.

Sans discuter ici les raisons qui déterminèrent
le général Brayer à rebrousser chemin devant
des troupes légères, peut-être se croirait-on
en droit de conclure que le duc de Tarente n'a
pas calculé cette marche avec son habileté ordinaire. En effet, il semble que ce fut une précaution inutile, de diviser une si faible armée en
3 sections ; et dans la supposition que le peu de
ressources du pays y forçât, pourquoi ne pas
marcher à hauteur sur deux routes différentes ?
Pourquoi lors que la 1re colonne s'arrêta, la 2^e
ne força-t-elle pas de marche pour lui aider à se
frayer le passage ? Pourquoi surtout faire d'aussi
courtes journées ? à toutes ces observations, on
répond que le temps manqua au maréchal pour
faire les dispositions qu'il eût désirées : son ma-

tériel avait éprouvé de grandes difficultés dans le passage du défilé de Dinant à Rocroy; les chevaux du pays, déjà requis pour d'autres services, n'avaient pu lui être donnés, et les 5ᵉ corps d'infanterie et 2ᵉ de cavalerie, chargés de couvrir les parcs, se trouvaient encore à Rocroy, lorsqu'il fallut commencer le mouvement qui, par conséquent, ne put s'opérer en masse.

Il ne restait qu'un seul moyen d'éviter les funestes conséquences de ces contre-temps : c'était de rabattre toutes les colonnes sur Châlons; le maréchal en ayant reçu l'ordre de l'Empereur, changea sur-le-champ leur direction, et elles arrivèrent dans cette ville du 30 janvier au 1ᵉʳ février. Leur mouvement rétrograde laissant les défilés de l'Argonne sans défense, la garde en fut confiée aux habitans de cette contrée, dont le major Duplessis forma 5 compagnies franches. Sur la demande du Sous-Préfet de Sainte-Menehould, il leur fut accordé 2 pièces de campagne. L'arrivée de cette artillerie augmenta la confiance de ces généreux citoyens : nouveaux Spartiates, ils jurent que l'ennemi ne franchira ces passages que sur leurs cadavres; mais ce sacrifice ne sera point consommé : instruit par la défaite de l'armée prussienne en 1792, le feld-maréchal Blucher fera tourner, par le gros de l'armée de Silésie, la gauche de la forêt d'Argonne par Saint-Mihiel et Bar, et le comte de Saint-Priest filera

Arrivée de l'armée du duc de Tarente à Châlons.

sur la droite par Bouillon entre Mézières et Rocroy.

Lorsque le duc de Tarente arriva le 31 janvier
à Châlons, l'avant-garde du corps d'Yorck se
portait déjà sur Vitry. Cette place de l'intérieur,
pouvait alors être considérée comme une des
clefs des vastes plaines de la Champagne. Située
sur la grande route de Paris à Strasbourg, à 3
myriamètres ½ de Châlons, et 3¹ de Saint-Dizier,
elle couvrait une des principales communications de la capitale, et forçait l'ennemi à se jeter à
droite, dans des chemins de traverse presqu'impraticables.

La ville, bâtie par François I, est un parallé-
logramme défendu par 6 bastions, dont un des
petits côtés est appuyé à la Marne; à l'ouverture de la campagne, il ne restait de ses anciennes fortifications que l'enceinte terrassée et
le fossé qu'on remplit d'eau sans beaucoup de
peine. L'Empereur y avait laissé le général Montmarie avec 5 à 600 hommes, et cette petite garnison aidée même de la garde urbaine, n'était
guères capable de la défendre contre un coup
de main.

Par un hasard assez heureux, le duc de Dantzig
aux bruits de l'approche de l'ennemi, croyant
sa présence plus utile à l'armée qu'à Paris, avait
dépouillé la toge de sénateur pour ceindre de
nouveau l'épée de maréchal. Arrivé à Châlons,

dans la journée du 30 janvier, et n'y trouvant que le 9ᵉ régiment de voltigeurs, et un détachement de 80 chevaux, il n'hésita pas à en prendre le commandement pour rejoindre l'Empereur dans la direction de Brienne. Déjà sa petite colonne avait passé la Marne à Vitry, et s'en trouvait à un myriamètre, lorsqu'elle vit paraître sur son flanc droit l'avant-garde du corps d'Yorck, qui s'avançait sur cette place, et fut inquiétée en front par les coureurs du feld-maréchal Blücher. Le duc s'apercevant alors que la route de Bar était interceptée, n'eut d'autre parti que de se replier dans Vitry, dont son infanterie renforça la garnison.

Ce secours inespéré réchauffa l'énergie des habitans. Quelques heures après, le général Katzler ayant tâté la place, en fut chaudement accueilli et jugea prudent de se retirer. Cette circonstance donna au duc de Tarente le temps de prendre des mesures pour défendre les approches de Châlons. Il avait trouvé dans cette ville, à-peu-près 300 voitures du parc général, gardées par environ 600 douaniers, et autant de gendarmes des compagnies reployées des départemens envahis, et quelques détachemens d'infanterie aux ordres du général Simmer; il fallait à tout prix, gagner le temps de faire évacuer ce parc qui manquait de chevaux. A cet effet, le 31 janvier, une division d'infanterie fut poussée à la Chaussée, pour ouvrir la communication avec Vitry, et la cavalerie du général Excelmans jetée sur les routes de Vitry, Bar-sur-Ornain et Sainte-Menehould jusqu'à Notre-Dame-de-l'Epine, Marson et Saint-Germain, afin d'éclairer la rive droite de la Marne. Le lendemain la cavalerie du duc de Padoue s'établit à Nuisement et Méry sur la rive gauche.

De son côté, le général Yorck, ayant vu repousser son avant-garde devant Vitry, craignit de se compromettre en tentant une attaque de vive force, et suspendit son mouvement offensif; mais frappé de l'heureuse situation de Saint-Dizier au débouché des montagnes, il commença à le retrancher voulant en faire un poste capable d'assurer la communication de Joinville, Liguy et Bar. Ce retard donna au duc de Tarente le temps d'établir la cavalerie légère du général Excelmans à Aulnay, Ablancourt et en tête de la Chaussée; sa grosse cavalerie à Montigny et Omey; la division Molitor à Aulnay et la Chaussée; celle du général Brayer (1) en arrière d'Aulnay; la division Albert à Pogny et Omey; la cavalerie du duc de Padoue échelonnée de Dam-

___

(1) Il avait remplacé le général Charpentier, blessé à Arnheim.

pierre et Francheville à Sary ; le général Simmer
avec la gendarmerie couvrant Châlons sur la rive
gauche de la Marne.

Le 3 février au point du jour, le général Yorck
reprenant son mouvement, tourna Vitry et déboucha sur Aulnay. La brigade Dommanget et
la division Molitor se retirèrent en combattant
sur la Chaussée, où il y eut un engagement vi- Combat de la
goureux dans lequel elles perdirent quelques cen- Chaussée.
taines d'hommes, 3 pièces et 7 caissons. L'avant-
garde prussienne s'établit en avant du village,
échelonnée par le reste du corps d'armée jusqu'à Vitry, qu'une brigade observait.

Le duc de Tarente, ne se jugeant pas en état de Défense de
soutenir l'attaque dont il était menacé le lende- Châlons.
main, ordonna la retraite sur Châlons ; on se
mit en mouvement de quatre à six heures du
matin dans le plus profond silence. La cavalerie
du duc de Padoue se trouvait déjà sur la rive
gauche où elle avait été envoyée la veille soutenir le général Simmer, sur le compte duquel l'on
n'était pas sans inquiétude ; attendu que des coureurs ennemis s'étaient montrés sur la route
d'Arcis. L'infanterie entra dans Châlons, la cavalerie du général Excelmans repassa la rivière, à
l'exception de quelques escadrons qui formèrent
rideau à 5 kilomètres en avant de la ville. Au
point du jour l'ennemi s'ébranla : son avant-garde
poursuivit en front avec vigueur ; et la cavalerie

du général Jurgasz chercha un gué au ruisseau de Francheville, afin de tourner le flanc gauche de l'arrière-garde.

Le duc de Tarente était décidé à défendre Châlons, bien que cette ville, fût peu susceptible de résister à une attaque vigoureuse, car elle n'a pour enceinte qu'une chemise en maçonnerie écroulée en plusieurs endroits, bâtie sur les décombres de l'escarpe d'un fossé presque effacé.

Le général Molitor fut chargé de défendre la porte Sainte-Croix et la fausse porte du Jard; il était protégé par deux batteries de 12, placées sur les hauteurs de la rive gauche et croisant le feu de toute l'étendue de son front. La porte Saint-Jean fut confiée au général Brayer qui plaça, dans le bastion attenant, 2 obusiers et une pièce pour enfiler la route de Vitry. Le général Sebastiani avec la division Albert défendait la porte de Reims, et condamna celle des mariniers. Outre ces dispositions principales, chaque général tira parti de tous les moyens de résistance que présentaient les localités : de fortes batteries furent établies sur la rive gauche au-delà du pont pour en défendre les approches. Le duc de Valmy se retira avec le parc sur Epernay, et l'on prit la précaution de détruire les ponts, bacs et bateaux de la Marne jusqu'à cette dernière ville.

La cavalerie légère laissée en avant de Châlons tirailla jusqu'à neuf heures, que menacée d'être enveloppée par les nombreux escadrons qui s'avançaient, elle repassa sur la rive gauche de la Marne; pendant ce temps, l'ennemi qui avait reconnu la place, ayant découvert une forte brèche au mur d'enceinte entre les portes de Reims et de Verdun, fixa l'attaque sur ce point. Une brigade d'infanterie se forma sur la route de Sainte-Menehould près du moulin, à l'angle des deux avenues du Jard, une batterie d'obusiers y fut placée, et la ligne vint successivement s'y déployer.

La cannonade commença de part et d'autre avec beaucoup de chaleur. Le général Katzler engagea avec l'infanterie française un combat très-vif dans le faubourg de Sainte-Memmie, la ligne prussienne acheva de s'étendre sur la droite vers la porte Saint-Jacques, et à onze heures l'action devint générale. Le général Yorck faisant jouer plus de 40 bouches à feu, incendia bientôt plusieurs maisons, et cependant le combat se soutint avec assez d'égalité jusqu'à la chute du jour; mais alors le général Katzler étant parvenu à chasser les Français du faubourg embrasé de Sainte-Memmie, sa cavalerie s'avança dans la plaine à droite de Compertrix, et de fortes masses d'infanterie, protégées par 2 batteries, menacèrent la porte Saint-Jean. Les magistrats éplo-

rés , voyant que la valeur des troupes ne pouvait
garantir leur malheureuse cité de l'occupation
étrangère , conjurèrent le duc de Tarente de ne
pas l'exposer à une ruine certaine , par une plus
longue résistance. Emu par leurs prières et leurs
larmes , le maréchal, qui d'ailleurs avait épuisé
tous ses moyens de défense , leur permit d'envoyer une députation au général Yorck pour
l'engager à suspendre les hostilités et traiter de
l'évacuation de la place. La proposition des députés fut accueillie , une suspension d'armes eut
lieu sur-le-champ , et l'on convint que la ville
serait rendue le lendemain à six heures du matin
avec les magasins dans l'état où ils se trouvaient.

Evacuation de
Châlons par
les Français.
Le 5 février , aux termes de la convention , les
troupes du duc de Tarente évacuèrent Châlons
à six heures du matin , firent sauter le pont et
se retirèrent sur la route d'Epernai : l'arrière-
garde, faite par le général Sebastiani , prit position à Fagnières et Saint-Gibrien. Le corps du
général Yorck entra dans la place à midi , et
s'occupa aussitôt de la reconstruction du pont.
Par une fatalité inconcevable , en se retirant
par la grande route on oublia de faire des tranchées et des abattis sur la petite qui conduit
à La Ferté par Montmirail , et on laissa ainsi
le chemin le plus court à la disposition de l'ennemi. Cette négligence devint d'autant plus funeste, que pendant que le général Yorck s'empa-

rait de Châlons, le feld-maréchal Blucher continua son mouvement de Saint-Ouen, portant le même jour son avant-garde à Fère-Champenoise, et son quartier-général à Sommepuis; il se trouva ainsi n'avoir plus qu'un pas à faire pour lui donner la main, et opérer sur le flanc droit du maréchal français, peut-être le prévenir à la Ferté. L'évacuation de Châlons entraînait celle de Vitry, qui ne présentait pas assez de consis- Evacuation de tance pour y abandonner une garnison consi- Vitry. dérable à ses propres forces. Le maréchal ordonna donc au général Montmarie de le rejoindre par la rive gauche de la Marne, et afin de protéger sa marche, il dirigea sur Bussy-l'Estrée la cavalerie du général Excelmans.

Cette opération n'était pas sans danger : obligé de filer entre la Marne et le maréchal Blucher, le général Montmarie courait risque, sinon d'être attaqué par le gros de ses forces, puisqu'il ne se trouvait pas assez près de lui, du moins de donner sur ses flanqueurs de droite. Vitry étant encombré d'équipages et de munitions, le général Montmarie les fit filer le 5 de bonne heure, et après avoir fait sauter le pont, prit la route de Vatry. Son avant-garde délogea de Vésigneux quelques centaines de chevaux ennemis, et il aurait rejoint le maréchal sans accident, s'il ne se fût arrêté à Bussy-l'Estrée pour rafraîchir les chevaux du convoi. Ce retard donna le temps à la

cavalerie du général Yorck qui poursuivait le
général Excelmans, de l'atteindre au moment
où il venait de rejoindre l'infanterie de la garnison. En vain les deux généraux français essayèrent de couvrir le convoi : l'ennemi débouchant
de Vatry, le canonna et jeta la confusion dans
les voitures qui prirent la fuite ; mais l'infanterie et la cavalerie tinrent ferme, et gagnèrent
en bon ordre durant la nuit le bourg de Bergères
d'où elles rejoignirent l'armée, dont le gros campait à Bierge et Saint-Pierre-aux-Oies.

Le lendemain le général Yorck ayant passé
la Marne au-dessus du pont de Châlons, le duc
de Tarente continua sa retraite sur Epernay où
il établit son quartier-général : le général Albert
formant arrière-garde, prit poste à Jalons.

Cependant le feld-maréchal Blucher qui sé-
journa le 5 à Sommepuis, sentit l'avantage d'o-
pérer sur les deux routes qui de Châlons mènent
à la Ferté-sous-Jouarre, et songea à couper la retraite au duc de Tarente, ou tout au moins à
lui enlever une partie du parc général dont il présumait que la marche serait d'autant plus lente,
qu'il était attelé de chevaux de réquisition. Il résolut en conséquence de faire poursuivre les Français sur la grande route par le corps d'Yorck, de
pousser celui de Sacken sur la petite par Bergères
et Montmirail, et de suivre ce dernier, à un jour
de distance, avec celui d'Alsusiew. Il s'arrêta

L'armée de Si-
lésie marche
sur Paris par
les deux rou-
tes qui y con-
duisent de
Châlons.

d'autant plus facilement à ce parti, que l'arrivée des corps de Kleist et Kapzewitsch à Châlons, lui était annoncée pour le 8.

Les ordres furent donc expédiés au général Yorck, de marcher sur Château-Thierry, et s'il rencontrait trop de difficultés, d'y passer la Marne, d'appuyer à gauche sur le corps du baron Sacken, qui reçut l'instruction de se porter sur Montmirail. La cavalerie fut envoyée sur Sézanne pour battre la campagne entre l'Aube et la Seine; et il fut enjoint aux généraux Kleist et Kapzewitsch de forcer de marche pour être le 10 à Montmirail. En conséquence de ces dispositions, le général Yorck coucha le 6 au soir entre Châlons et Epernay, le baron Sacken à Vertus, le maréchal avec le corps d'Alsusiew à Soudron.

Le raisonnement d'après lequel le feld-maréchal prussien agissait, était juste en principe, et certes s'il eût pressé sa marche avec les corps de Sacken et d'Alsusiew pour prévenir le duc de Tarente à Château-Thierry ou la Ferté, tandis que le général Yorck le poussait en queue, la poignée d'hommes qui osait disputer le terrain eût été dans une position désespérée. Mais si cette opération devait être avantageuse, exécutée avec célérité et par masses, elle devenait dangereuse faite par des mouvemens lents et décousus; et

15*

ç'est pour avoir été effectuée de cette manière, qu'elle attira tant de désastres sur l'armée de Silésie.

Le 7 février, le duc de Tarente continuant sa retraite, occupa Dormans et Crézancy. Pénétrant en partie les projets de son adversaire sur sa ligne de retraite, il fit partir pendant la nuit la division Molitor, la brigade Simmer et la cavalerie du général Excelmans, ordonnant à ce dernier de laisser une brigade à Château-Thierry, et de prendre position avec le reste à la Ferté-sous-Jouarre à l'embranchement de la route de Montmirail.

Le 8, le maréchal se replia sur Château-Thierry. Le général Brayer formant l'arrière-garde, s'établit pendant la nuit sur les hauteurs en arrière de Dormans. L'avant-garde du général Yorck l'attaqua de bonne heure, mais il tint ferme et se cramponna de position en position jusqu'à Crézancy où il fut relevé par la brigade Montmarie (1) soutenue de la cavalerie du duc de Padoue. Ces troupes soutinrent la retraite avec la même fermeté, jusqu'à Château-Thierry, où elles s'établirent militairement après en avoir

_____

(1) Cette brigade n'était autre que la garnison de Vitry ; elle se composait de 5 bataillons ; savoir : 2 du 9ᵉ de voltigeurs, un du 46ᵉ, un du 50ᵉ et un du 139ᵉ de ligne, formant à peine 2,400 hommes.

fait sauter le pont. Les Prussiens prirent possession du faubourg sur la rive droite de la Marne.

Le 9 au point du jour, on se fusilla des deux
rives. L'ennemi jeta un pont de bateaux au-dessus de celui qui avait été détruit, et passa la
rivière sous le feu de l'arrière-garde française
qui se retira en combattant sur La Ferté. L'armée
renforcée d'environ 2 mille conscrits, jetés dans
les cadres de 3 bataillons aux ordres du général
Minot, y était déjà en position, lorsque l'avant-
garde du baron Sacken, qui croyait l'y prévenir, Combat de
La Ferté-sous-
déboucha par la route de Montmirail, et assaillit Jouarre.
avec une telle impétuosité les divisions Brayer
et Molitor, postées à 4 kilomètres en avant de
la ville, qu'elle les y ramena en désordre; mais
bientôt la division Albert étant accourue de ses
bivouacs, sur la route de Meaux, à leur secours,
le combat se rétablit; et après plusieurs charges,
où les brigades Bigarré, Schœfer et Beauvais ri-
valisèrent d'ardeur, les Russes furent repoussés
avec perte d'environ 400 prisonniers.

Cependant le maréchal Blucher continua son
mouvement avec tant de lenteur, qu'il semblait
avoir perdu de vue ses projets contre le duc de
Tarente. Le baron Sacken laissant battre son
avant-garde, séjournait le 9 à Montmirail. Le général Alsusiew posté le même jour à Champ-
Aubert, ne communiquait avec lui que par
quelques pulks de cosaques. Le maréchal atten-

dait seul à Vertus les corps de Kleist et Kapzewitsch, qui avaient couché la nuit du 8 à Châlons.

Le duc de
Tarente se re-
plie à Meaux. Le 10 février le duc de Tarente fit voler les
ponts de La Ferté et de Trilport, et se retira sur
Meaux où il trouva un camp de 8 mille gardes
nationaux ; mais déjà sa retraite si sage, si régu-
lière, si peu inquiétante pour la capitale, n'était
plus troublée par l'ennemi, et le feld-maréchal
prussien touchait au moment de recueillir les
fruits amers de ses mauvaises combinaisons.

Le comte de Pahlen qui battait la campagne
entre les deux armées alliées, l'informa dans la
nuit du 9 au 10, et lui confirma le 10 au matin,
que Napoléon, avec le gros de ses forces, s'était
tourné de la Seine sur la Marne. A cette nouvelle inattendue, il porta avec inquiétude ses
regards sur la position de son armée. Cinq corps
éparpillés sur un rayon de 5 myriamètres, exposés à être battus en détail, n'avaient d'espoir de
salut que dans une concentration impossible
peut-être devant un ennemi actif. Il fallait pourtant la tenter, et les ordres furent expédiés le 10
au matin, au baron Sacken qui était en marche
sur La Ferté, de se replier sur Montmirail ; au général Yorck de venir à lui par Viffort en s'as-
surant du pont de Château-Thierry ; enfin à la
cavalerie de se porter sur Sézanne qu'avait abandonné le général Seslavin à l'insu du feld-ma-

réchal, afin de se procurer des nouvelles de l'empereur Napoléon.

Chacun se mit en mouvement ; le baron Sacken rappela son avant-garde qui était entre La Ferté et Trilport ; à peine prononçait-elle sa marche rétrograde, que l'arrière-garde française lui tomba sur les bras ; mais elle fut contenue et on lui enleva même quelques pièces. De son côté le général Yorck vint passer la Marne à Château-Thierry.

On voit du premier coup-d'œil l'insuffisance de ces dispositions : les généraux Yorck et Sacken pouvaient à la vérité en marchant rapidement opérer leur réunion à Montmirail ; mais dans tous les cas, leur communication avec les corps de Kleist et Kapzewitsch n'était assurée que par le faible corps d'Alsusiew, isolé à Champ-Aubert, et que le moindre échec séparait d'eux à jamais. Pour sauver l'armée de Silésie, il fallait prendre un parti plus décisif ; et le moment n'était pas éloigné où le maréchal allait payer par une sanglante défaite la timidité qui l'avait empêché de brusquer un dénouement avec le duc de Tarente, la témérité de sa marche sur Paris, et l'incurie avec laquelle il l'avait dirigée.

CHAPITRE IX.

Mouvement de Napoléon sur le flanc gauche de l'armée de Silésie. — Combats de Champ-Aubert, Montmirail, Château-Thierry et Vauxchamps.

(Consultez pour les marches la carte des ponts et chaussées de l'Empire, et pour les positions les feuilles de Cassini, n° 45 et 80).

L'EMPEREUR après avoir organisé la défense de la Seine ainsi qu'il a été expliqué au chapitre VII, et laissé sur ce fleuve environ 20 mille hommes sous les ducs de Bellune et de Reggio, prévint le maréchal de Tarente qu'il allait voler à son secours, et commença en effet le mouvement médité depuis trois jours contre le flanc gauche de l'armée de Silésie.

Convaincu par les reconnaissances des divers ingénieurs-géographes, que le mauvais état des chemins de Nogent par Villenoxe et Barbonne sur Sézanne, n'était pas une difficulté insurmontable pour qui connaissait les localités et devait être aidé des habitans, Napoléon choisit cette ligne pour déboucher sur l'armée de Silésie. Il ordonna au duc de Raguse et au prince de la Moskowa de se réunir à Sézanne, tandis que lui-même, avec les troupes à pied et à cheval de la garde, s'ébranlerait de Nogent le 9 février.

L'Empereur arriva fort avant dans la nuit à Sé-zanne, et y trouva les deux maréchaux dont les troupes cantonnaient aux environs de la ville. La marche de la garde fut extrêmement péni-ble; elle eut lieu sur des levées étroites et bour-beuses, que la neige et la gelée rendaient en-core plus difficiles. On traversa pendant une nuit épaisse la forêt marécageuse de la Traconne, où l'artillerie serait infailliblement restée embour-bée, si tous les chevaux du pays, requis par le maire de Barbonne, n'eussent aidé à l'en tirer. Elle y perdit néanmoins quelques chevaux aussi bien que la grosse cavalerie. Plusieurs détache-mens s'étant trop écartés de la route, s'égarèrent dans les ténèbres et n'arrivèrent qu'au jour.

Réunion de l'armée fran-çaise à Sé-zanne.

Enfin, l'ardeur des vétérans de l'armée triom-phant des obstacles du terrain, ils se réunirent tous le 10 février à Pont-Saint-Prix, à l'exception de la division Michel et des grenadiers à cheval, qui furent obligés de rester à Sézanne, à cause de l'encombrement qui régnait sur la route.

Pendant que Napoléon se préparait ainsi à écraser les corps épars de l'armée de Silésie, son adversaire immobile dans son quartier-général

Dispositions du feld-maré-chal Blucher.

de Vertus, attendait l'effet des ordres de concentration dont il a été fait mention plus haut. Vainement le comte de Pahlen lui donna dès le matin confirmation de l'arrivée de Napoléon sur son flanc gauche, il ne prit aucune mesure pour échapper au désastre qui le menaçait. Toutefois il était temps encore, car il suffisait de porter rapidement sur Montmirail les corps de Kleist et de Kapzewitsch, et de rallier en passant celui d'Alsusiew. Ce mouvement n'eût pas à la vérité empêché Napoléon de déboucher de Pont-Saint-Prix, mais il aurait bien changé la face des choses, puisqu'au lieu d'un seul corps, il en eût rencontré trois, et qu'au pis aller, le feld-maréchal, en se repliant sur Montmirail, y pouvait toujours effectuer sa jonction avec les deux autres.

Au lieu d'en agir ainsi, par une imprévoyance inexplicable, le feld-maréchal laissa Alsusiew en l'air, et dirigea les corps de Kleist et de Kapzewitsch sur Fère-Champenoise, dans l'intention vague de se lier avec la grande armée et de tenir en échec l'Empereur, s'il n'avait pas encore dépassé Sézanne. D'aussi mauvaises dispositions, une ignorance si complète de la position de son ennemi et de ce qui se passait pour ainsi dire sous ses yeux, ne pouvaient manquer d'amener une catastrophe.

Combat de   En effet le duc de Raguse, ayant la cavalerie

Doumerc en tête de colonne, arriva vers neuf Champ-Au-bert. heures, sur la hauteur qui domine la vallée du Petit-Morin, et découvrit le corps d'Alsusiew, composé des divisions d'infanterie Udom et Kar-nielow, formant environ 5 mille hommes de pied et 24 pièces de canon.

La cavalerie française poussa ses coureurs jus-qu'au milieu de l'avenue de Baye où ils s'arrê-tèrent, ne pouvant être soutenus ni par l'artil-lerie ni par l'infanterie, qui avaient beaucoup de peine à s'arracher des boues.

L'ennemi ne profita pas de ce retard qui lui laissait une voie de salut. Au lieu de commencer de suite sa retraite et de faire sauter le pont de Saint-Prix sur le Petit-Morin, il se disposa à le défendre avec deux pièces de canon. L'Empereur arriva sur les entrefaites et ordonna l'attaque : il était neuf heures du matin. Le général Lagrange, suivi de la division Ricard, traversa les marais de Saint-Gond, s'empara du pont de Saint-Prix et poussa les Russes jusque sous Baye, où leurs masses se déployèrent sous la protection de l'ar-tillerie dont le 1er corps de cavalerie essuya d'a-bord tout le feu ; mais bientôt la division La-grange gravissant le plateau qui s'étend entre Baye et Bannay, arriva à son soutien, pendant qu'un bataillon de marine, appuyé par le 2e ré-giment d'infanterie légère, se dirigeait sur la

droite du bois par où les Russes pouvaient déboucher. Attaqué en front et en flanc, le général
Alsusiew se retira insensiblement de Baye, s'é-
tendant dans la plaine vers Bannay qu'il occupait
fortement. Le duc de Raguse fit attaquer sur-le-
champ ces deux villages. Le 4ᵉ régiment léger
s'empara de Baye; mais la brigade Pelleport fut
repoussée devant Bannay. Le moment était décisif : l'Empereur fit monter toutes les troupes
du 6ᵉ corps sur le plateau ; ordonna à l'infanterie
du prince de la Moskowa de les suivre et de se
déployer dans la plaine en même temps qu'il dirigea toute son artillerie contre Bannay.

Le général Alsusiew, effrayé de la supériorité
des forces contre lesquelles il se voyait engagé,
se disposa enfin à battre en retraite. L'Empereur ordonna au comte Girardin, aide-de-camp
du prince de Neufchâtel, de prendre avec deux
des escadrons de service, la tête de la cavalerie
Doumerc, et de gagner la route de Paris pour
y attendre l'ennemi. Jusqu'alors, les Russes
avaient combattu avec un aplomb et un sang-
froid admirables ; mais cette manœuvre, contre
laquelle leur général n'était pas en mesure, les
ébranla, bien que le détachement du général
Girardin, porté vers Paris, ne menaçât nullement
leur flanc droit ; il y eut du flottement et de l'incertitude dans la marche des masses, qui pour-

tant opposaient encore un feu assez nourri à celui dont elles étaient accablées. Elles parvinrent ainsi jusqu'à Champ-Aubert, où un escadron de lanciers, aux ordres du général Bordesoulle, chargea leur gauche et la rejeta dans le village. Presque au même moment la division Ricard, qui avait longé la lisière du bois à droite, rabattit par la route de Châlons, et entrant au pas de charge dans le village, ôta au général Alsusiew tout espoir de retraite sur Epernay ou Etoges. Voyant qu'il ne lui restait pour s'échapper que la route de Montmirail, il changea de direction afin de chercher à la gagner. Ce mouvement occasionna un moment d'hésitation dont les cuirassiers du général Bordesoulle profitèrent. Ils chargent avec impétuosité les carrés qui devenaient tête de colonne, les acculent aux bois et aux étangs du Désert, les enfoncent et réduisent le corps entier à chercher son salut dans la fuite.

Le combat se changea alors en un véritable carnage : l'armée française se répandit en tirailleurs dans les bois, et dans la chaleur de l'action l'on fit peu de prisonniers. La cavalerie fit un butin immense. 21 bouches à feu et leurs caissons, le général en chef Alsusiew, deux autres généraux, 47 officiers et 1,837 prisonniers furent les trophées de cette journée. Près de 1,200 hommes restèrent sur le champ de bataille; les étangs du Désert en engloutirent plus de 200,

et à peine 1,500 parvinrent à s'échapper à la faveur de la nuit, et à gagner le lendemain Fère-
Champenoise par Pont-à-Binson. L'armée française perdit environ 600 tués ou blessés ; au
nombre des derniers, se trouva le général Lagrange atteint d'un coup de feu à la tête.

Le combat n'était pas décidé que des officiers
d'état-major furent expédiés par La Ferté-Gaucher
et Coulommiers, au duc de Tarente à Meaux,
pour l'informer de ce retour de fortune et l'engager à presser vivement les corps ennemis qui
l'avaient poursuivi jusque-là, attendu qu'ils allaient être aux prises incessamment avec l'armée
impériale.

Après cette belle journée, l'Empereur établit
son quartier-général à Champ-Aubert ; l'infanterie de la garde bivouaqua sur le champ de bataille, la division Ricard à la Grange-aux-veaux,
la division Lagrange et toute la cavalerie, réunie
sous les ordres du comte Grouchy, à Ferbriange
et sous Etoges. Le général Nansouty, avec les
dragons et les lanciers de la garde, suivi à minuit
d'une brigade de la division Ricard, se porta sur
Montmirail dont il chassa 5 à 600 cosaques.

La garde se
porte sur
Montmirail.
Le 11 février vers cinq heures du matin, Napoléon, laissa le duc de Raguse avec la cavalerie
du comte Grouchy et la division Lagrange à
Etoges, pour observer les corps ennemis qui tenteraient de déboucher de Vertus, et mit son ar-

mée en mouvement sur Montmirail. La division de grenadiers à cheval, qui avait été retardée par la difficulté des chemins, se joignit au général Nansouty déjà en position sur les hauteurs de Montcoupeau. L'infanterie de la garde et la 2ᵉ brigade de la division Ricard s'ébranlèrent une heure avant le jour, précédées de la division de chasseurs aux ordres du général Lefebvre-Desnoëttes. L'Empereur arriva de sa personne à dix heures à Montmirail. Il trouva le général Nansouty manœuvrant pour retarder la marche du baron Sacken qui, parti la veille à neuf heures du soir de La Ferté, montrait déjà ses têtes de colonne en avant de La Renauderie.

Les généraux Sacken et Yorck manœuvrent pour s'y réunir.

De son côté le général Yorck s'approchait également de Montmirail. Son avant-garde ainsi que sa réserve de cavalerie étaient en pleine marche sur Sézanne où elles comptaient arriver le lendemain matin. Lui-même, avec le corps de bataille, avait quitté la veille Château-Thierry, pris des cantonnemens resserrés sur la rive gauche de la Marne, et seulement laissé le prince Guillaume de Prusse avec la réserve d'infanterie et deux escadrons pour garder le pont et pousser des partis sur Epernay et La Ferté.

En jetant un regard sur le terrain, l'Empereur saisit l'ensemble du champ de bataille. C'est un beau plateau couvert de bouquets de bois, de fermes et de buissons, limité au sud par un vallon

étroit où coule le Petit-Morin : le hameau de
l'Epine-au-bois , situé à égale distance de Fontenelle et de Vieux-Maisons , à gauche de la route
de Paris , dans un léger pli de terrain , en occupe
à-peu-près le milieu.

Dispositions
de Napoléon.

Le premier soin de Napoléon après sa récon-
naissance, fut d'envoyer le général Ricard garder
le village de Pomessone situé dans le fond du vallon par où les Russes semblaient vouloir déboucher, et d'ordonner au prince de la Moskowa de porter ses deux divisions dans celui de
Marchaix : la cavalerie vint se placer sur deux
lignes à droite , entre les routes de Château-
Thierry et de La Ferté. Les 2e et 4e légers , détachés de la division Ricard , prirent position , pour
les soutenir , à la lisière du petit bois de Bailly
sur la droite de la ferme de la Haute-Epine. La
division Friant occupa la route de Châlons , en
colonne serrée par pelotons , chaque bataillon
à 100 pas de distance,

Dispositions
des ennemis.

Arrivé à Vieux-Maisons , le baron Sacken, se
voyant prévenu à Montmirail , avait à opter entre
deux partis : continuer sa marche, ou se jeter à
gauche, pour joindre le corps prussien. Le dernier paraissait plus prudent: le général Yorck le
lui conseillait, et c'était aussi l'avis du général
Wassiltschikow ; mais il préféra employer la force
pour exécuter littéralement les ordres de son général en chef. Il se jeta donc à droite , dans la vue

de forcer le passage par le vallon du Petit-Morin;
forma sa droite, aux ordres du comte Liéven,
près de la ferme de Haute-Epine, située sur le
bord de la route de Châlons à La Ferté, et appuya sa gauche, sous le prince Scherbatow, au
village de Blessine, dont il chassa les avant-postes
français. Son front se trouva couvert, sur une
étendue de mille mètres, par un ravin tapissé
de buissons, qui conduit de la ferme au village
de l'Epine-au-Bois. Quarante pièces de canon en
battirent les approches; des essaims de tirailleurs garnissaient les buissons, derrière lesquels
s'étendaient ses lignes d'infanterie en colonne
par bataillon ; la cavalerie se prolongeait à
l'extrême gauche, sur deux lignes.

Le combat s'engagea dans cette position, et Combat de la
jusqu'à midi, sans succès marqués du côté des Haute-Epine.
Russes. L'Empereur le remarquait avec plaisir; il
attendait le duc de Trévise, qui amenait la division Michel. Aussitôt qu'elle déboucha de Montmirail, le signal de l'attaque fut donné : il était
deux heures. Elle devait nécessairement avoir lieu
sur la ferme de Haute-Epine, point décisif du
champ de bataille; mais l'ennemi y avait accumulé
tant de moyens, que pour réussir il fallait en
détourner son attention. Le comte de Nansouty
reçut ordre de se prolonger vers la droite afin de
lui donner de l'inquiétude sur sa gauche, et
l'on prescrivit au général Ricard de céder avec

mesure le village de Pomessone, afin de l'enhar-
dir par l'apparence d'un succès sur le Morin. En
même temps, le général Friant, avec 2 bataillons
de chasseurs et 2 de gendarmes, s'avança à trois
cents pas de la tête de colonne de la vieille garde,
prêt à fondre sur la ferme.

Le général Sacken, comme on l'avait prévu, donnant tête baissée dans le piége, dégarnit le point
important pour renforcer à-la-fois sa gauche
menacée et sa droite victorieuse. Tout-à-coup
le prince de la Moskowa, à la tête des quatre bataillons conduits par le général Friant, se jette
comme un lion dans la ferme de Haute-Epine.
Les tirailleurs épouvantés, s'enfuient sur leurs
masses, l'artillerie se tait, la fusillade elle-même
est bientôt éteinte, et la baïonnette la remplace.
Le baron Sacken reconnaissant sa méprise, et
appréciant, mais trop tard, l'avis qu'il avait rejeté le matin, forme sa droite en colonne, et veut
traverser la route de La Ferté, pour s'appuyer
au général Yorck dont les coureurs se montraient
sur la route de Fontenelle. L'Empereur pénétrant son dessein, et voyant que la cavalerie russe
ne manœuvrait que pour son propre salut, en
cherchant à se lier aux Prussiens, laissa devant elle le général Nansouty avec les divisions
Laferrière, Colbert et Desnoëttes, et ordonna
au général Guyot de pousser rapidement avec les
escadrons de service de grenadiers, dragons,

chasseurs et lanciers de l'extrême droite sur la grande route, pour y charger l'infanterie. Cette manœuvre s'exécute avec ensemble et précision : les brigades Dietrich et Blagowensko tombent sous le sabre de ces escadrons d'élite, qui les foulent aux pieds des chevaux, et en font une horrible boucherie. Aucun homme n'eût échappé, si le comte Nansouty en s'étendant beaucoup trop sur la droite, n'eût facilité à la tête de la colonne, le moyen de se lier aux Prussiens vers Fontenelle.

Les premières troupes du corps d'Yorck débouchaient alors de ce village. La brigade Pirch prit sur-le-champ position sur les hauteurs en avant de la ferme des Tourneux, jeta un millier d'hommes en tirailleurs dans le petit bois, et les fit soutenir par six pièces qui commencèrent aussitôt leur feu.

Le général Yorck crut faire tourner les chances du combat, en ordonnant à quatre bataillons, soutenus par une brigade, de s'avancer sur le flanc droit des Français, tandis que les Russes renouvelleraient leurs attaques de front; mais cette disposition n'eut pas le temps d'être exécutée. Le duc de Trévise, qui n'avait pas encore pris part au combat, s'avança au moment même avec six bataillons de la division Michel, nettoya le bois, balaya tout ce qui se trouvait devant lui, et entra de vive force dans Fontenelle, où il enleva partie

16*

d'un parc. Il ne manqua à ce beau mouvement,
pour obtenir un succès complet, que d'avoir
été exécuté une demi-heure plutôt, car alors
il eût détruit tout espoir de jonction entre les
deux corps alliés.

Cependant le combat se soutenait avec opiniâtreté à la gauche des Français. La division Bernodossow, sans s'inquiéter de ce qui se passait autour d'elle, prit et perdit plusieurs fois en moins
d'une heure, les villages de Pomessone et de Marchais, et dans ce moment même, le dernier était
au pouvoir de l'ennemi, qui en avait chassé la division Meunier; les efforts des Russes sur ce point
ne servirent qu'à mieux assurer leur perte. L'Empereur, tournant ses regards de ce côté, pressait alternativement le général Meunier et le général Ricard d'enlever le village; mais les deux divisions aux ordres du premier, considérablement
réduites depuis le combat de Brienne, et composées de conscrits qui commençaient à connaître et à craindre le danger, n'étaient plus capables d'un effort vigoureux; de son côté le comte
Ricard ayant déjà perdu beaucoup de monde,
demandait des renforts. Deux bataillons de la
vieille garde lui furent successivement envoyés;
néanmoins jugeant que l'attaque en exigeait quatre, et qu'il compromettrait inutilement cette
belle troupe, il la tenait en réserve et différait
son attaque.

Napoléon, désirant terminer la journée par un coup semblable à celui qui l'avait commencée, ordonna alors au comte Defrance de se porter avec les gardes d'honneur sur la route de La Ferté, jusqu'à hauteur de l'Epine-au-Bois, et là, de faire un à gauche pour couper la retraite aux Russes qui tenaient Marchais. Au même instant, deux bataillons de chasseurs, conduits, l'un par le maréchal duc de Dantzig, l'autre par le grand-maréchal du palais comte Bertrand, marchent baïonnettes croisées sur le village. A la vue de cette double attaque, le général Ricard se précipite de Pomessone dans le vallon, pour le mettre entre deux feux. Les trois colonnes y pénétrant en même temps, les Russes se défendent pendant quelques minutes avec le courage du désespoir; mais chassés du village, et trouvant la cavalerie sur leur passage, ils se débandent et cherchent un refuge dans les bois. On courut à leur poursuite jusqu'à la lisière de la forêt de Nogent, dans laquelle la division Ricard tua ou prit tout ce qui fut rencontré les armes à la main.

La nuit vint enfin arrêter la poursuite des vainqueurs, entre les mains desquels restèrent six drapeaux, 26 bouches à feu, tant russes que prussiennes, 200 voitures de bagages ou de munitions, et 708 prisonniers seulement; mais plus de 3,000 tués ou blessés ensanglantèrent le champ de bataille. Cette victoire coûta aux Français environ 2,000 hommes; parmi les blessés, on comptait les généraux Michel et Boudin, et presque tous les officiers supérieurs de la division Ricard; du côté des alliés, le général Pirch.

A huit heures, l'armée établit ses bivouacs sur le champ de bataille; l'Empereur coucha dans la ferme de Haute-Epine; le duc de Trévise à Fontenelle.

Dispositions
du feld-maré-
chal Blucher.

La veille du jour où deux de ses lieutenans essuyaient cet échec, le feld-maréchal Blucher s'était rendu de Vertus à Fère-Champenoise, où il apprit, à son arrivée, la défaite du corps d'Alsusiew. Ne se dissimulant pas qu'il venait de faire une école, il voulut la réparer; mais au lieu de voler avec ceux de Kleist et Kapzewitsch au secours d'Yorck et de Sacken, à ses yeux mêmes visiblement compromis, il les ramena à Bergères, dans la vue de couvrir Châlons : s'avouant toutefois l'insuffisance de cette manœuvre dans une circonstance aussi grave, il dépêcha le comte de Witte au prince de Schwarzenberg, et l'engagea à faire une diversion en sa faveur contre le flanc droit de Napoléon.

Les généraux Kleist et Kapzewitsch marchèrent toute la nuit du 10, et, le lendemain matin, prirent position à Bergères et Vertus, où le maréchal après avoir placé son quartier-général, attendit le 11 et le jour suivant des nouvelles de ses lieutenans ou de Napoléon, dont il ignorait toujours la force et les projets. Sa sécurité fut telle, qu'il ne chercha pas même à s'assurer par une forte reconnaissance, quel pouvait être le corps établi devant lui à Etoges.

Napoléon employa mieux son temps : les généraux Yorck et Sacken s'étant dirigés sur Château-Thierry, avant d'accabler le feld-maréchal Blucher, il lui parut possible en faisant diligence, de les atteindre et d'entamer leur arrière-garde au passage de la Marne, dont il supposait que les habitans auraient détruit le pont. L'armée se mit donc en mouvement le 12 au matin : le duc de Trévise, avec la division Colbert, et la division Michel, dont le général de brigade Christiani prit le commandement, s'ébranla à neuf heures de Fontenelle, sur la route directe de Château-Thierry ; l'Empereur avec le reste de la garde, prit à dix heures celle de La Ferté.

L'Empereur marche sur Château-Thierry.

La division Ricard, fort affaiblie, fut laissée à Montmirail, pour y prendre un peu de repos et garder les prisonniers.

Les généraux ennemis profitèrent de la nuit pour rétablir l'ordre dans leurs troupes. Le corps du baron Sacken, qui avait le plus souffert, se rallia à Viffort ; les Prussiens gardèrent les hauteurs à droite et à gauche de la route, qui couvrent ce village et celui de Montfaucon. Leur mouvement de retraite se continua au point du jour sur Château-Thierry, et ils laissèrent la brigade Horn et la cavalerie du général Katzler dans leurs positions pour la protéger.

L'Empereur rallia à Vieux-Maisons le général Saint-Germain, commandant une colonne de 2,400 hommes des 1er, 2e et 5e corps de cavalerie, récemment remontés, que le duc de Tarente, conformément à ses instructions, avait lancés à la poursuite de l'arrière-garde du baron Sacken ; et le laissa avec la division Friant dans ce village, à l'exception de 4 bataillons de grenadiers, pour observer le débouché de Sézanne ; puis il remonta par le chemin de Rozoy, dans la direction de Château-Thierry, en vue de refouler sur Essise et Montfaucon, ce qui se trouvait à droite de la chaussée de Paris. Les éclaireurs qui précédaient les colonnes ramassèrent une infinité de voitures de bagages et quelques caissons abandonnés dans ces chemins de traverse. Arrivés devant le défilé des Cacquerets, on vit les Prussiens en bataille sur le plateau qui s'élève en arrière du ruisseau, et disposés à interdire la route de Montmirail à Château-Thierry.

Combat des Cacquerets et de Château-Thierry.

La position n'était pas mauvaise en elle-même, et le général Katzler espérait encore en défendre les approches boisées, par des tirailleurs ; mais son calcul fut mis en défaut : pendant qu'on le canonnait en front et que les colonnes, conduites par Napoléon, se massaient au bord du ravin, à hauteur de la ferme Gilloche, comme pour pré-

parer une attaque de vive force , 200 grenadiers
remontent le ruisseau jusqu'au village de la Petite-
Noue , en chassent les tirailleurs , et s'emparent
ainsi du seul débouché facile, qui ne fût pas battu
par l'artillerie. Tout aussitôt l'infanterie du duc
de Trévise monte par la grande route sur le plateau. Six bataillons de la division Christiani se
déploient dans la plaine, à cheval sur la chaussée , et sont soutenus par le reste de l'infanterie,
qui se masse derrière eux; en même temps la cavalerie se presse de passer le défilé.

Dès que les divisions Laferrière , Desnoëttes ,
Colbert et Defrance eurent débouché, le prince
de la Moskowa en prit le commandement , et manœuvra pour déborder la gauche de la cavalerie
ennemie et lui couper la retraite sur Château-
Thierry. A la vue de ce mouvement , le général
Yorck qui avait encore sur le plateau de Nesle
la division Bernodossow du corps de Sacken , et
sa réserve de cavalerie intacte, leur ordonna à
toutes deux de s'avancer pour dégager le général
Katzler. Le général Jurgasz forme sa cavalerie sur
deux lignes , et s'avance fièrement à la rencontre des Français. La partie était égale : de part et
d'autre on comptait 3,000 chevaux; mais du
côté des Français c'était des escadrons d'élite,
des généraux consommés ; les Prussiens avaient
de la cavalerie de milice et un général peu expé-
rimenté ; la charge ne pouvait être douteuse. Le

prince de la Moskowa déploie les dragons aux ordres du général Letort, masque avec eux les autres régimens qui restent en colonnes par escadrons, et dans cet ordre il redouble de vitesse. Le choc a lieu entre les fermes du Petit-Bulloy et de la Motte, à droite de la route de Montmirail à Château-Thierry. La première ligne des Prussiens est enfoncée et culbutée sur la seconde qu'elle entraîne dans sa déroute; l'une et l'autre sont dissipées en un clin-d'œil.

Pendant que cette charge s'exécutait, l'infanterie de la garde, soutenue des escadrons de service, continuait à pousser à gauche de la route celle de l'ennemi qui se repliait en hâte, par les vignes dans le vallon de Château-Thierry; mais découverte par le peu d'ensemble de ce mouvement et la défaite de la cavalerie, la brigade de Freudenreich, formant l'extrême droite des alliés, reste seule en face des Français. Napoléon ordonne alors au général Belliard de la tourner avec les escadrons de service; cette manœuvre s'exécute avec la rapidité de l'éclair. Le général russe qui s'aperçoit du danger qui le menace, forme les régimens de Tambow et de Kostroma en carrés et cherche à opérer sa retraite en cet ordre, sous la protection de quelques centaines de tirailleurs; mais bientôt ceux-ci, chargés par la cavalerie, se réfugient dans un taillis qui se trouve à leur portée, et laissent les deux

carrés, tout-à-fait découverts. Chargés en flanc et
en front , ils ne peuvent résister au choc et sont
entamés. Tout ce qui ne fut pas sabré ou pris
se jeta dans le bois qui avait sauvé les tirailleurs ,
et , à sa faveur , alla se rallier aux autres troupes
amoncelées plutôt que formées au pied de la
côte de Nesle dans le vallon de Château-Thierry ,
en attendant· qu'elles pussent s'écouler par les
ponts de cette ville.

L'armée impériale continua dès-lors sans obstacle sa marche sur Château-Thierry. Le prince
de la Moskowa se dirigea à droite par les vignes
pour rabattre sur Etampes et Chierry ; mais son
mouvement que la nature du terrain retarda et
força d'élargir , n'atteignit qu'imparfaitement
son but. Le duc de Trévise , avec toute l'infanterie , suivit la grande route. Arrivés sur la côte
de Nesle , les Français eurent alors comme dans
un panorama , le spectacle du désordre et de la
confusion de cette armée à laquelle il ne restait
plus d'espérance de salut que de l'autre côté de
la Marne ; car la route d'Epernay lui était coupée
par la cavalerie du général Letort qui menaçait
de l'acculer au pont.

Toutefois il devenait pour ainsi dire impossible
de tirer profit de ces premiers avantages. La hauteur et l'escarpement de la côte mettaient les
alliés à l'abri, attendu qu'il n'y avait d'autre moyen

pour arriver à eux, qu'une levée tracée en zigzag sur sa croupe, où la cavalerie pouvait à peine déboucher par quatre. Néanmoins quelques petites charges en fourrageurs, les refoulèrent dans le vallon; et c'est alors qu'une plus sérieuse exécutée par le général Guyot avec l'escadron de grenadiers de service ayant été repoussée, l'Empereur ordonna au général Petit de marcher avec 2 bataillons de grenadiers à pied, contre les 2 que le prince Guillaume de Prusse avait fait sortir de la ville au secours des fuyards. Les Français se précipitent sur cette nouvelle ligne et la rompent comme une faible digue. Le prince poursuivi sur les ponts, n'échappe qu'en y faisant mettre le feu. Quatre cents hommes de cette réserve et tout ce qui se trouvait encore dispersé sur la rive gauche de la Marne, tomba au pouvoir du vainqueur.

La chute du jour ne termina pas entièrement le combat. L'ennemi rejeté dans Château-Thierry, démasqua une batterie de 12 pièces de gros calibre placée sur la rive droite en-deçà de la chaussée de Paris, qui fit un feu terrible sur les troupes chargées de ramasser les fuyards. Des tirailleurs se postèrent dans les maisons du faubourg entre les ponts, et n'en furent délogés que vers sept heures.

L'Empereur coucha au petit château de Nesle

au milieu des bivouacs de la garde qui s'étendirent dans la plaine en avant de Château-Thierry. Les éclaireurs du général Letort poussèrent jusqu'à Dormans, et firent une soixantaine de prisonniers. Les corps d'Yorck et de Sacken continuèrent leur retraite sur la route de Soissons, le premier prit poste à minuit à Châtel, l'autre à Oulchy-la-ville; les Cosaques du général Karpow restèrent seuls sur les bords de la Marne.

Cette journée qui ne coûta pas 400 hommes aux Français, causa aux alliés une perte de 3 pièces de canon et de plus de 3,000 hommes, dont au moins 1,800 prisonniers, au nombre desquels se trouvait le général Freudenreich.

Pendant la nuit, l'arrière-garde laissée à Château-Thierry, exaspérée par sa défaite, s'en vengea sur les malheureux habitans. La ville fut livrée au pillage. Jetons un voile sur les horreurs qui s'y commirent, et rendons justice aux chefs qui firent tous leurs efforts pour arrêter les désordres de cette soldatesque effrénée. *L'ennemi évacue Château-Thierry.*

Le combat de Château-Thierry, complément de la victoire de la veille, donnait à l'Empereur un juste espoir de se débarrasser entièrement des corps d'Yorck et de Sacken; car il s'attendait, ou à recevoir un renfort qui le mettrait à même de reprendre le lendemain sa poursuite avec une nouvelle activité, ou à voir un de ses lieutenans tomber sur les vaincus de l'autre côté de la Marne ; mais il n'en fut point ainsi : le duc de Tarente qui depuis Vitry avait tenu tête à l'ennemi avec les cadres de 29 bataillons écrasés de fatigue et réduits à moins de 3,000 hommes, voulut les renforcer de quelques troupes du camp de Meaux, et perdit un temps précieux sans pouvoir y parvenir. Il n'envoya à la poursuite des alliés, le 10, que la cavalerie disponible du comte Saint-Germain ; encore la rupture du pont de Trilport retarda-t-elle sa marche. Forcée de remonter jusqu'à Nanteuil pour y passer la Marne, elle atteignit cependant à Saint-Fiacre l'extrême arrière-garde du corps de Sacken, et lui fit une cinquantaine de prisonniers. Le lendemain le comte Saint-Germain se porta sur Saint-Jean-les-deux-Jumeaux, d'où les Russes s'étaient retirés pour se concentrer à La Ferté. La matinée du 12 se passa en manœuvres avec leur arrière-garde qui le contint d'autant plus facilement qu'il n'avait pas d'artillerie.

Reprise de Château-Thierry par les Français.

Le 13 février au point du jour, l'armée impériale commença à rétablir le pont de Château-Thierry. Ce travail présentait des difficultés : les Cosaques fusillaient tout ce qui s'approchait de la rive gauche. On aperçoit une barque de leur côté ; un nageur cherche à s'en approcher malgré les glaçons que la rivière charie, et parvient à la démarrer à l'aide d'un citoyen assez

courageux pour braver la grêle de balles qui
tombe sur le rivage; ramenée heureusement à
l'autre bord, une douzaine de soldats s'y jettent,
débarquent, et bientôt suivis par d'autres, sont
assez nombreux pour nettoyer la partie de la
ville à portée du grand pont.

Une scène d'un nouveau genre vient ici reposer les regards fatigués de tant de carnage, et
pénétrer le cœur des soldats des plus douces
émotions. A peine échappée aux horreurs du
pillage, la population entière de Château-Thierry se précipite sur leur passage en poussant des
cris de joie et les nommant ses libérateurs : flatteuse récompense qui, en leur montrant le vrai
but de leurs nobles efforts, les enflamma d'un
nouveau zèle pour la délivrance de la patrie.
Le second pont s'élève comme par enchante-
ment : hommes, femmes et enfans, riches et
pauvres, tout travaille avec une ardeur vrai-
ment française. Dès qu'il fut praticable, la jeune
garde le franchit au pas de course et alla prendre position en face de la montagne blanche, la
cavalerie la suivit de près; on détela les chevaux et on ôta l'avant-train des pièces pour les
faire passer. A six heures toute l'armée était à
la poursuite de l'ennemi qui déjà se trouvait hors
d'atteinte. Le général Yorck avait gagné Fismes
par Saponet et le mont Saint-Martin. Le baron
Sacken se retira à Reims par la traverse de

Fère en Tardenois. Le duc de Trévise , avec les divisions Christiani , Colbert et Defrance , les poursuivit jusqu'à Rocourt où il plaça son quartier-général. Les coureurs français poussèrent si vivement la cavalerie de l'arrière-garde , qu'ils lui firent 3 à 400 prisonniers et la forcèrent à mettre le feu à un grand nombre de caissons.

Les fuyards qui s'étaient jetés dans les bois pour échapper aux baïonnettes des soldats , tombèrent entre les mains des habitans qui, exaspérés par le pillage et la dévastation de leurs propriétés , les immolaient sans pitié à la lueur de leurs habitations en flammes. Il périt ainsi plus de 2,000 hommes. La capture d'un grand nombre d'armes et de munitions , de voitures de vivres et de bagages , servit de stimulant à l'ardeur dont les paysans étaient animés.

Le feld-maréchal Blucher reprend l'offensive cont e le duc de Raguse.

Pendant que ces événemens se passaient sur la Marne , le feld-maréchal Blucher , immobile à Vertus , attendait avec une imperturbable patience des nouvelles de ses lieutenans. Loin d'appréhender pour eux le sort qui les accablait , il se flattait, dit-on, qu'ayant opposé une vigoureuse résistance à l'Empereur , celui-ci, arrêté par eux et menacé par les mouvemens de la grande armée, s'était retiré sur Sézanne. Tablant sur cette flatteuse hypothèse, il jugea que le corps du duc de Raguse , placé à Etoges, n'avait d'autre but que de couvrir sa marche rétrograde, et il résolut de l'attaquer pour arriver à Montmirail.

En conséquence le 13 février, l'avant-garde, forte de 3,000 hommes, se mit en marche sur la route de La Ferté, suivie des corps de Kleist et Kapzewitsch.

Le duc de Raguse était en position à Etoges avec la division Lagrange, sa droite appuyée à ce bourg, et sa gauche à un plateau qu'occupait la cavalerie du comte Grouchy.

La tête de l'avant-garde prussienne aux ordres du colonel Blucher, marcha droit sur Etoges, tandis que le gros, sous le général Ziethen, s'emparait à droite des hauteurs qui dominent le bourg, et mettait de-là ses colonnes en mouvement sous la protection de son artillerie. Alors la cavalerie française manœuvra pour couvrir la retraite de l'infanterie sur Montmirail. Le colonel Blucher entra dans Etoges, poussa vivement l'arrière-garde jusqu'au-delà de Champ-Aubert, et se plaça ainsi que le général Ziethen entre ce village et Fromentières. Les deux corps d'armée s'établirent en arrière de Champ-Aubert, éclairant leurs flancs, dans les directions de Sézanne et Corrobert, par des partis.

Le duc de Raguse prit position près de Vauxchamps couvert par sa cavalerie.

L'Empereur, informé le 13 au soir du mou- Napoléon vole

1. 17.

au secours du
duc de Raguse

vement du feld-maréchal Blucher, ne balança
pas à faire volte-face pour marcher à lui. Laissant
le duc de Trévise avec les divisions Christiani,
Colbert et Defrance en observation devant les
corps battus, il donna l'ordre à la division Friant
et à la cavalerie du général Saint-Germain
de se porter sur-le-champ de Vieux-Maisons à
Montmirail où il se rendit de Château-Thierry
le 14 février à quatre heures du matin, avec le
corps du prince de la Moskowa et le reste de la
cavalerie de la garde. Toutes ces troupes arrivèrent à Montmirail vers huit heures du matin,
au moment même où le duc de Raguse, poussé
par l'avant-garde prussienne, s'y retirait par la
route de Châlons. Son mouvement rétrograde
fut arrêté sur-le-champ, et l'on expédia l'ordre de
reprendre l'offensive.

Combat de
Vauxchamps.

Les Prussiens occupaient déjà Vauxchamps :
le duc de Raguse eut ordre d'attaquer ce village
en front, et le général Grouchy, sous les ordres
duquel passa le comte Saint-Germain, celui de
tourner la position par la droite en passant dans
les bois par l'Echelle, Hautefeuille et Serre-
champ ; la garde à pied et à cheval forma réserve sur la grande route. Le feld-maréchal fut
bientôt informé par ses flanqueurs, que de fortes
masses de cavalerie parvenues à la hauteur de
sa droite, manœuvraient pour la tourner, et
qu'enfin un gros d'infanterie avait été vu sur sa

gauche , se dirigeant de Sézanne sur Montmirail.
Inquiet à ces nouvelles , particulièrement pour
sa gauche, seul point par où il supposait que
l'Empereur pût arriver , il la renforça à tout
événement des deux régimens de cavalerie de sa
réserve.

Mais le plus grand danger ne le menaçait
point de ce côté : la colonne française découverte par les éclaireurs prussiens , était la division Leval , qui détachée sur Sézanne par le duc
de Reggio , se trouvait encore trop loin de Montmirail pour prendre part à l'action.

Vauxchamps était défendu par de l'infanterie Ce village est
qui avait jeté du monde dans le petit bois en enlevé.
avant. A dix heures la division Ricard fut chargée de l'enlever. La première brigade s'approcha
sur la droite à la faveur du bois de Beaumont;
la seconde attaqua de front , en colonne serrée à
gauche de la route. Cette dernière fut repoussée ; et l'ennemi enhardi par ce succès , sortit
maladroitement de Vauxchamps pour la poursuivre : le duc de Raguse , n'ayant pas d'autre
cavalerie sous la main , lança sur lui son escadron d'escorte qui le ramena jusqu'à l'entrée du
village. Une si faible attaque n'avait encore rien
d'alarmant ; mais l'Empereur s'étant aperçu de
l'isolement de cette infanterie , profita du désordre que l'escorte du duc de Raguse avait
causé pour la faire charger par le général Lion

17*

avec ses 4 escadrons de service : un bataillon se
jeta dans la ferme à gauche du village , le reste
fut sabré sous les yeux du gros de l'armée ennemie, formé à 6 ou 700 mètres en arrière; déjà
ils avaient enlevé une batterie qui se sauvait,
lorsque chargés à leur tour par un régiment
prussien, ils furent obligés de l'abandonner. Deux
compagnies de chasseurs à pied de la vieille
garde abordèrent la ferme où s'était refugié le
bataillon, en démolirent les murs et le firent prisonnier.

Pendant que ceci se passait sur la route,
un autre combat s'engageait sur la droite entre
la cavalerie de la garde et les cuirassiers et hussards prussiens. Après plusieurs charges, ces
derniers furent ramenés en désordre par les divisions Lefebvre-Desnoëttes et Laferrière-Lévêque sur l'extrémité gauche de la ligne d'infanterie
qui, de peur d'être entamée, se forma aussitôt
en carrés.

Toute l'armée française était en mouvement:
la division Lagrange en colonne par régiment
s'avançait sur la droite de la route ; un peu plus
loin sur la gauche et dans le même ordre, suivait
la division Ricard. Ensuite arrivait l'infanterie de
la jeune garde aux ordres du prince de la Moskowa, à droite de laquelle marchait celle de la
vieille ; à trois kilomètres en arrière, se hâtait
la division Leval qui, n'ayant pas encore vu

l'ennemi depuis son départ de l'armée d'Espagne, brûlait d'en venir aux mains. Enfin le comte Grouchy, avec toute la cavalerie de la ligne, achevait son mouvement sur le flanc droit des alliés.

À la vue de forces aussi imposantes, le feld-maréchal prussien perdit l'envie de se mesurer, et ordonna la retraite : comme il n'avait pas assez de cavalerie pour la couvrir, il forma son infanterie en carrés, plaçant entre eux quelques batteries ; ses ailes furent couvertes par les cinq régimens de cavalerie et le reste de l'artillerie renvoyé sur les derrières. *L'ennemi bat en retraite.*

Le terrain par lequel il devait se retirer, est découvert jusqu'à Champ-Aubert, sauf quelques petits bouquets de bois où il jeta des tirailleurs en vue de se garantir des attaques de la cavalerie. Le mouvement rétrograde s'effectua en bon ordre jusqu'à Janvilliers ; mais à peine les carrés eurent-ils dépassé ce village, que dans un vaste champ à gauche de la route, le général Grouchy, avec le premier corps de cavalerie, tombe sur leurs derrières et en accule plusieurs aux bois entre Saint-Martin d'Ablois et Etoges. Environ 1000 hommes, coupés par cette charge, mettent bas les armes à la première sommation ; deux bataillons qui se retirent dans le village sont cernés et pris ; 4 pièces et 5 caissons enlevés. Profitant du désordre que cause cet *1re grande charge sur les derrières des alliés.*

événement, les escadrons de service de l'Empereur et la division Laferrière, chargent à leur
tour d'autres carrés; plusieurs tinrent ferme;
les jeunes grenadiers à cheval, mal accueillis
de l'un d'eux, furent plus heureux contre un
second qu'ils enfoncèrent et où ils firent 500 prisonniers : l'infanterie entra au pas de charge
dans Fromentières.

Après cet échec, le feld-maréchal prussien
continua sa retraite en échiquier, se couvrant habilement de sa cavalerie et s'aidant des accidens
de terrain qui facilitaient les chicanes. Dès que
l'Empereur s'aperçut de cette nouvelle disposition, il ordonna au général Drouot de faire
avancer toute l'artillerie de la garde ; ce qui fut
exécuté avec un tel succès que, pendant deux
heures, les masses alliées furent mitraillées par
30 bouches à feu, sans pouvoir en mettre plus
de 6 en action.

Quelque meurtrière que fut cette poursuite,
elle n'était qu'une diversion faite à dessein de
retarder la marche de l'armée de Silésie : le général Grouchy lui préparait une plus terrible
catastrophe. Dès qu'il eut exécuté sa première
charge, prévoyant que l'ennemi allait continuer
sa route sur Etoges, il partit en diligence et vint,
à travers bois, se placer à cheval sur la grande
route en avant de Champ-Aubert. Il avait donné
l'ordre au général Coin, commandant l'artillerie,

de suivre avec deux batteries légères ; malheureusement la difficulté des chemins les retarda ;
si elles fussent arrivées à temps, c'en était fait
de l'armée de Silésie.

Le jour tombait, et le feld-maréchal continuait sa retraite avec peine, quand, au commandement du comte Grouchy, les généraux Doumerc, Bordesoulle et Saint-Germain se précipitent comme la foudre et simultanément sur ses
derrières. Cette charge poussée à fond, rompt
les lignes, enfonce les carrés et les met dans le
plus affreux désordre. Les cris des vainqueurs,
ceux des vaincus redoublent l'ardeur des soldats
qui marchent sous les yeux de l'Empereur : la
canonnade cesse ; la cavalerie de la garde arrive
au trot et achève de porter la terreur et la mort
dans les rangs ennemis. Le prince Auguste de
Prusse, le feld-maréchal Blucher, les généraux
Kleist et Kapzewitsch entraînés par les fuyards,
confondus avec eux, sont foulés aux pieds des
chevaux. Les cuirassiers sabrant sans résistance,
au milieu des ennemis dispersés, eussent sans
doute passé au fil de l'épée ou pris jusqu'au dernier homme de l'infanterie, si le prince de la Moskowa, craignant de les voir s'égarer dans les bois,
n'eût fait sonner le ralliement.

Cette circonstance donna au feld-maréchal
l'espoir de réunir son armée en arrière d'Étoges.
Un régiment de cuirassiers, la brigade Ziethen

2ᵉ grande charge sur les derrières.

et quelques bataillons russes de la gauche ayant
réussi à se faire jour, continuèrent leur marche
sur Bergères. Le prince Urusow formant l'arrière-
garde, ordonna au général Udom de tenir, pendant quelques heures, le débouché de la forêt
d'Etoges avec 1800 hommes et 15 pièces de canon.

Prise d'Eto-
ges. Cependant après une courte halte à Champ-
Aubert, le duc de Raguse, avec le 6ᵉ corps
d'infanterie et la cavalerie du général Doumerc,
se remit à la poursuite, et surprit la division
Udom à l'extrémité du parc d'Etoges à l'entrée
du bourg. Une seule charge des cuirassiers français suffit pour la mettre en déroute. Le maréchal,
profitant de l'effroi produit par cette attaque de
nuit, poussa la division Lagrange dans Etoges. Le
premier régiment de la marine y entra baïonnettes croisées, et prit le prince Urusow, 600
hommes et 8 pièces.

Tel fut le combat de Vauxchamps dans lequel,
sans avoir perdu plus de 600 hommes, l'armée
française prit 15 pièces de canon et 10 drapeaux.
Les Prussiens avouèrent une perte de 3,500 hommes hors de combat et 2,000 prisonniers ; celle
des Russes fut à-peu-près égale en tués et blessés;
mais on ne leur prit presque personne. Cette
journée fit honneur à la cavalerie française, et
couvrit de gloire le colonel-général Grouchy,
dont les manœuvres serrées pour tourner deux
fois la ligne ennemie, décidèrent la victoire.

L'Empereur et le prince de la Moskowa retournèrent avec la garde coucher à Montmirail; le duc de Raguse avec le 6ᵉ corps et la cavalerie Doumerc, passa la nuit près d'Etoges; le colonel-général Grouchy, avec celle des comtes Saint-Germain et Bordesoulle écrasée de fatigue, bivouaqua en intermédiaire à Champ-Aubert, ainsi que la division Leval arrivée trop tard, bien qu'elle eût forcé de marche, pour prendre part au combat.

Les tristes débris de l'armée de Silésie continuèrent pendant la nuit leur fuite sur Châlons, arrosant la route de sang et la jalonnant de blessés. La cavalerie, sous le général Ziethen, forma l'arrière-garde qui ne fut suivie que par des coureurs français. Le lendemain les corps de Kleist et de Kapzewitsch passèrent la Marne et allèrent prendre des cantonnemens en arrière de Châlons, où tous les corps se réunirent enfin le 16, affaiblis d'une perte de 18 à 20 mille hommes.

Ainsi, dans le court espace de six jours, Napo- Observations critiques. léon avait écrasé successivement les cinq corps de l'armée de Silésie qui marchaient sur Paris comme à une conquête assurée.

Cependant que leur manquait-il pour atteindre ce but, lorsque menaçans et victorieux, ils poursuivaient le faible corps du duc de Tarente? Comment ce maréchal échappa-t-il aux dangers

qui l'environnaient ? L'examen fait dans l'armée
française de la conduite du feld-maréchal prussien, suffira peut-être pour l'expliquer.

Lorsqu'après l'évacuation de Châlons et de
Vitry, le général Yorck déboucha sur la grande
route, à la poursuite du 11ᵉ corps, le maréchal Blucher se trouvant sur la petite avec
ceux de Sacken et d'Alsusiew , était vis-à-
vis de son adversaire dans la position la plus
heureuse. En accélérant sa marche ; il pouvait
le prévenir à Château-Thierry ; alors le duc ,
pressé en queue par le général Yorck , et refoulé
contre la Marne , n'aurait eu que l'alternative
de se rendre ou de se frayer un passage de vive
force. Mais, loin de s'arrêter à ce parti si simple
et si décisif, il se contente de diriger à pas comptés le baron Sacken sur La Ferté , retenant sans
motif à Fère-Champenoise le corps d'Alsusiew.
Par cette étrange disposition , l'avant-garde du
duc de Tarente eut le temps de gagner La Ferté ,
et de sauver les cadres de son armée. Quand bien
même il y eût été prévenu , il se serait encore
échappé par Château-Thierry , en détruisant
derrière lui le pont de la Marne.

Après avoir manqué cette occasion d'un important succès, le feld-maréchal commit encore ,
à ce qu'il paraît , de plus grandes fautes : il
laissa son armée morcelée en quatre sections
continuer sa marche processionnelle, et s'endor-

mit sur les lauriers de la Rothière, bercé par l'espérance de conquérir Paris, et de mettre fin à la
guerre. Napoléon marche à lui avec l'élite de
son armée, avec ces vétérans que rien ne décourage, que la bonne et la mauvaise fortune trouve
toujours l'épée à la main dans le sentier de la
gloire. Le feld-maréchal se réveille : quelles dispositions va-t-il prendre ?

Deux partis se présentaient à lui : le premier,
le plus prudent sans doute, était une prompte
retraite sur Châlons ; le second plus digne d'une
vaillante armée, de se concentrer rapidement
pour tenir tête à l'orage ; le feld-maréchal l'adopta. Mais oubliant qu'un plan bien combiné n'est
couronné de succès qu'autant que les mesures
d'exécution sont empreintes de force, animées
de vitesse, il perd du temps en irrésolutions, se
laisse atteindre, renonce à son but, et va implo-
rer l'appui du généralissime. Enfin, après avoir
été, par sa faute, témoin passif des désastres
de trois de ses lieutenans, il couronne son œuvre en venant, par une attaque intempestive,
se faire écraser lui-même.

En censurant ainsi les fautes du général ennemi, les militaires français donnent des éloges à
la fermeté avec laquelle il dirigea sa retraite à
la journée de Vauxchamps. Poursuivi avec acharnement, pris à revers et mis en désordre deux

fois, sa constance n'en fut pas ébranlée; il rallia
son infanterie au milieu des charges de la cavalerie, chose si difficile qu'elle honore également
le capitaine et les soldats.

Par un contraste frappant, Napoléon retrouve
dans cette période ce génie qui étonna l'Europe
en 1796. Calculant de Nogent les chances que
lui offre la marche décousue des deux grandes
armées sur Paris, et traçant une ligne entre le
difficile et l'impossible, il s'ouvre une route nouvelle par une contrée regardée comme impraticable, juge les champs de bataille avec ce regard
perçant qui fixe la victoire, punit toutes les
fautes de son adversaire, et dissipe en quatre
combats une armée presque triple de la sienne.

C'est une vérité reconnue aujourd'hui par les
officiers étrangers mêmes, que si le duc de Tarente eût pu suivre le mouvement du corps de
Sacken, et qu'il fût arrivé à La Ferté avec 8 à
10 mille hommes d'infanterie et 12 à 15 cents
chevaux, il aurait, en une marche forcée, consommé l'anéantissement des deux corps ennemis,
soit en les prévenant à Château-Thierry par la
rive gauche de la Marne, soit en la passant à
La Ferté ou à Luzancy pour leur couper la retraite sur la rive droite.

Funeste effet
de cette série
d'avantages. Mais l'armée, en contemplant les trophées,
fruits des heureuses conceptions de son chef,

était loin de penser qu'ils lui feraient commettre une faute dont dépendraient les destinées de l'empire

A son arrivée à Troyes , Napoléon envisageant avec effroi les conséquences de la bataille de la Rothière, et récapitulant ses ressources présentes et éventuelles , jugea avec raison que l'Italie serait perdue sans retour si la France n'était sauvée. Il prescrivit en conséquence au prince Vice-Roi de jeter des garnisons dans les grandes places , de repasser les Alpes avec son armée et d'entrer de suite en action sur la base d'opérations des alliés.

Cette mesure aurait eu d'importans résultats ; mais, après le combat de Champ-Aubert , entrevoyant une série de victoires , il se hâta de révoquer ses ordres. Etrange présomption de juger comme entièrement décisif un simple retour de fortune , et de croire son génie assez puissant pour vaincre ses innombrables ennemis , sans user même de toutes ses ressources.

CHAPITRE X.

Prise de Soissons par le général Winzingerode.
— Marche de la grande armée austro-russe sur
Fontainebleau et Nangis. — Combats de Sens ,
Nogent et Cuterelles. — Concentration des
maréchaux ducs de Reggio , Bellune et Tarente
sur l'Yères.

(Consultez pour les marches, la carte des ponts et chaussées de l'Empire, et pour les positions les feuilles de
Cassini, n° 77 , 78; 43 , 44 , 45 , 46 , 47; 81 , 82 ; 1 et 7).

L'EMPEREUR se hâta de transmettre le bulletin
de ses victoires à la capitale , justement alar-
mée de la retraite du faible corps du duc de
Tarente , et de la marche offensive de l'armée de
Silésie. Le maréchal , réduit à disputer Meaux et
Lagny , annonçait que Paris même pouvait avoir
à se défendre. Les tambours des barrières , seule
fortification que Napoléon eût jugé nécessaire ,
n'étaient point encore terminés.

A mesure que les cadres se remplissaient par
les levées , on les passait en revue au Carrousel ,
et ils étaient dirigés par détachemens sur les divers corps de l'armée.

La garde parisienne qui commençait à s'organiser avait pris les postes des barrières, et dans
un ordre du jour du 9 février, le maréchal de
Conegliano venait de lui rappeler son importante
et honorable destination : « Soit qu'il faille dé-
» fendre l'enceinte contre les partis, ou mainte-
» nir la tranquillité intérieure, et préserver la
» capitale des désordres de la guerre. »

La nouvelle du combat de Champ-Aubert
parvint le 11 février, au moment où le roi Joseph
passait la première revue de la garde parisienne.
Des ordres du jour répandirent successivement
dans les légions, le détail de cette journée et des
combats non moins glorieux de Montmirail,
Château-Thierry et Vauxchamps. A l'effet produit par la victoire, se joignait encore le suf-
frage des militaires qui, avec la même franchise qu'ils blâmaient la bataille de la Rothière,
louaient hautement, dans cette suite de combats, l'habileté de Napoléon à saisir les fautes
de l'ennemi, la résolution, la promptitude, et
surtout un genre d'action conforme à la nature
de la guerre défensive contre un ennemi supérieur.

Leur opinion rendit quelque confiance au roi
Joseph qui craignait d'abord que le combat de
Champ-Aubert fût comme celui de Brienne,
le brillant prélude d'une bataille perdue. En
même temps, le duc de Conegliano profita de

ces victoires pour hâter l'organisation de la garde
nationale, que le départ des troupes rendait indispensable à la sûreté de Paris et du gouvernement. Il obtint du roi, malgré la défiance que
manifestaient les instructions de l'Empereur,
qu'on livrât enfin aux grenadiers de cette garde,
le poste d'honneur qui leur avait été assigné dans
l'intérieur du château des Tuileries, et, dans
l'ordre du jour du 11 février, les mots de *négociations* et de *paix* mêlés à l'expression des vœux
de la garde parisienne, lui annoncèrent que ses
chefs pensaient comme elle sur le but de la victoire (1).

Ordre à la garde parisienne d'escorter les prisonniers de Meaux à Versailles.

Mais presqu'en même temps un ordre de l'Empereur vint jeter le maréchal dans un cruel embarras ; il voulait que des détachemens de la
garde parisienne allassent recevoir à Meaux
les prisonniers de guerre qu'il envoyait sur la
Loire, et les escortassent, à travers Paris, jusqu'à Versailles. Ce déplacement pouvait réveiller
des défiances qu'on avait affaiblies, en affectant
de donner à cette garde, la dénomination de *sé-
dentaire*. C'était accréditer l'opinion de tous ceux
qui s'obstinaient à ne voir dans cette institution,
qu'un moyen d'attirer indirectement, et par une
suite de transitions, une partie des Parisiens hors

---

(1) Voyez le Moniteur du 13 février, page 174.

de leurs murs pour les jeter dans l'armée. Mais comment ne point exécuter un ordre de l'Empereur? Comment aussi s'exposer à ce que la garde parisienne refuse d'y obtempérer? Peut-on l'y contraindre ou la dissoudre? N'est-ce pas la dissoudre que de l'y contraindre, ou du moins n'est-ce pas arrêter les progrès déjà si lents de son organisation? Dans cette perplexité, le maréchal consentit que son chef d'état-major, exposât au roi Joseph et au ministre de la guerre, la situation des esprits. Le Roi, responsable envers son frère de l'inexécution de cet ordre, céda au conseil, d'éviter dans l'intérêt même de l'Empereur, et au risque de lui déplaire, le scandale et le danger de la désobéissance; il permit au chef d'état-major de demander au ministre de la guerre, qui l'avait transmis, une lettre de révocation que le duc de Feltre signa, après avoir couvert sa responsabilité en déposant au bureau des opérations militaires, l'autorisation certifiée de Joseph. Le maréchal ne tarda pas à se convaincre que ses craintes étaient fondées. Ce ne fut qu'avec peine qu'on persuada aux détachemens de se mettre en bataille, hors de la barrière, pour y recevoir les prisonniers.

Leur marche à travers Paris, au milieu d'une nombreuse escorte, précédée de la musique militaire du conservatoire, avait quelque chose de

Passage des prisonniers de guerre à Paris.

triomphal. C'était la volonté de l'Empereur. Mais
au souvenir des combats où ils avaient été pris,
se mêlait un sentiment pénible causé par l'air
sauvage d'une partie des prisonniers, et par la
pitié qu'inspirait leur misère. On leur prodiguait
secours et alimens, seule vengeance qu'un peuple généreux et hospitalier tirât du sac de Château-Thierry. Une charité plus vive encore se
manifestait dans les dons de toute espèce faits
aux hospices, pour les blessés français ou ennemis. Mais au milieu même de ces soins que la
victoire rendait plus doux, la prise de Soissons,
et la marche rétrograde des ducs de Reggio et de
Bellune vinrent alarmer de nouveau la capitale.

Marche du gé-
néral Winzin-
gerode.

Le général Winzingerode, après avoir occupé
Namur, au lieu de suivre dans sa retraite le maréchal duc de Tarente, avait laissé reposer son
corps d'armée jusqu'au 6 février. A cette époque,
il se remit en marche par Sombref sur Binche,
et de ce point, il se dirigea par Beaumont et Soire
sur Avesnes.

C'était en vain qu'au conseil de défense, on
avait appelé l'attention sur cette place, qui est
en seconde ligne par rapport à Maubeuge, mais
qu'on peut aborder directement par Bavay, et
Beaumont, en éludant le Quesnoy, Maubeuge et
Philippeville. Ces lignes d'opérations n'étaient
pas celles que l'ennemi semblait avoir intérêt de

suivre, et la volonté de tout garder avait fait épar-
piller au loin les moyens de défense. Une faible
compagnie de vétérans composait la garnison
d'Avesnes. La population effrayée à l'apparition
des Russes, et exposée par le manque de troupes
et le mauvais état des ouvrages aux suites d'un
assaut, ne fit aucune résistance; et le 9 février,
l'avant-garde du général Winzingerode prit, sans
coup férir, la seule de nos anciennes places qui,
dans cette direction, lui fermait la route de Paris.

Prise d'A-
vesnes.

Toutefois Soissons venait d'être converti en un
poste de campagne, et tenait sur l'Aisne, le
nœud des routes de Compiègne et de Château-
Thierry. Ce nouveau poste se trouvait à la vérité,
par un concours singulier de circonstances, entre
les corps d'Yorck et de Sacken, battus à Château-Thierry, et celui de Winzingerode qui, le
12, avait occupé sans résistance, la belle position
de Laon. Mais les deux premiers venaient d'être
rappelés par le feld-maréchal Blucher, et le général Winzingerode recevait lui-même l'ordre
de se rallier aux débris de l'armée de Silésie.

L'orage qui menaçait Soissons semblait ainsi
se détourner, quand le baron Winzingerode
apprit que son général d'avant-garde y avait
rejeté sans peine les partis de la garnison qui
tenaient la campagne, et que cette place antique
et non restaurée ne lui paraissait pas être à l'abri
d'un coup de main.

18*

Soissons conservait encore les masses de l'enceinte qui protégeait autrefois la ville située à la gauche de l'Aisne, et le faubourg Saint-Waast qui, en occupe la rive droite, et s'unit à la ville par un pont en pierres. Mais cette enceinte fort dégradée, offrait en beaucoup de points, des brèches plus ou moins accessibles. Les portes surtout étaient sans défense, ou du moins on n'avait pu les couvrir qu'à la hâte, et par des ouvrages peu capables de résister. On pouvait aussi se glisser par la gorge sur le port, et de là dans les rues de la ville. Enfin bien que l'Empereur eût, comme en 1792, désigné Soissons pour un camp de rassemblement de gardes nationales, il ne s'y trouvait que les cadres de 6 bataillons, un dépôt de 200 Italiens, et une centaine de gendarmes. Les généraux seuls ne manquaient point; car le général de division Rusca, commandant supérieur, avait sous ses ordres les généraux de brigade Berruyer, Dauloup-Verdun et Longchamps.

Prise de Soissons. Cette situation de la place en rendait la conquête facile, et le baron Winzingerode crut pouvoir la tenter sans trop retarder sa jonction avec l'armée de Silésie, dont il ignorait tous les désastres. En conséquence, il partit de Laon le 14, se réunit sous Soissóns au général Czernischew, et se dirigeant par la route de Laon sur le faubourg de Saint-Waast, fit reconnaître dans une première attaque, les moyens de l'escalader.

Le général Rusca fait à la hâte un premier dispositif de ses troupes, dirige 2 batteries sur la porte de Laon, s'y porte lui-même, et tombe frappé d'un coup mortel. Sa mort prive d'un chef et décourage des gardes nationaux mal aguerris. Les généraux de brigade étaient occupés sur d'autres points : aucun d'eux ne prend le commandement. Leurs mesures manquent d'ensemble et d'unité ; le faubourg Saint-Waast reste exposé aux insultes de l'ennemi. Le général Winzingerode fait escalader l'enceinte du faubourg. Le bataillon qui gardait la porte de Laon est pris à revers. La porte est ouverte aux colonnes russes qui se précipitent, à travers le faubourg, sur le pont de l'Aisne, que le général Longchamps cherche à défendre. Il les arrête vingt minutes ; mais bientôt le pont est forcé : la ville même est envahie : l'ennemi s'y répand : les bataillons épars se défendent dans les rues, moins pour garder la place que pour échapper au sort qui menace la garnison d'une ville prise d'assaut. Huit cents hommes restent sur la place, morts ou blessés. Les généraux Dauloup-Verdun et Berruyer se font jour avec quelques gendarmes, et s'échappent par la route de Compiègne. Le général Longchamps qui se retire avec les cadres de 3 bataillons, est enveloppé par la cavalerie du général Czernischew, et forcé de mettre bas

les armes. Son artillerie et celle de la place restent au pouvoir des Russes.

Cette ville prise, et Compiègne menacé,
montraient à Paris l'ennemi s'avançant sur les
routes de Soissons et de Senlis, lorsqu'on apprit
que le général Winzingerode, forcé de rejoindre
l'armée de Silésie, avait abandonné sa conquête,
et que le duc de Trévise libre par la retraite précipitée des corps d'Yorck et de Sacken, venait
de rentrer à Soissons, et couvrait la capitale dans
cette direction.

Mais, comme si le destin eût voulu aguerrir
Paris, ou le préparer au malheur de l'occupation
étrangère : menacé déjà sur les routes du Nord
et de l'Allemagne, il le fut de nouveau sur d'autres points très-rapprochés de ceux où la victoire
venait de le rassurer.

En effet, on se rappelle que l'Empereur quittant
le bassin de la Seine, pour opérer dans celui de la
Marne, chargea les maréchaux ducs de Reggio et de
Bellune de garder la Seine entre Nogent et Montereau, tandis que les généraux Pajol et Alix dé-
fendraient l'Yonne, de Montereau jusqu'à Auxerre, et couvriraient Paris sur la route de Fontainebleau.

Pour donner une idée exacte des mouvemens et
des circonstances qui forcèrent les maréchaux et
les généraux détachés sous leurs ordres, à céder
ces deux lignes aux forces supérieures de l'en-

nemi, et à se replier sur les positions qui défendaient presqu'immédiatement la capitale ,
il est nécessaire de décrire en peu de mots le
théâtre des opérations ; de rappeler succincte-
ment la situation de l'ennemi, ses projets et ses
premières mesures. Nous réunirons ensuite ,
comme en deux tableaux qui se tiennent, mais
que le terrain divise, les événemens relatifs à la
défense de l'Yonne, et ceux qui concernent
celle de la Seine. Ces derniers nous conduiront
naturellement à l'époque et sur le terrain où les
corps des ducs de Reggio et de Bellune, renforcés
d'abord par celui du duc de Tarente, furent re-
joints par l'armée victorieuse de l'Empereur.

De Troyes, la grande armée avait le choix de *Topographie*
plusieurs routes pour arriver à Paris. Sur la rive *du pays entre*
la Loire et la
gauche de la Seine, elle pouvait s'y porter par *Seine.*
Sens, Montargis, Nemours et Fontainebleau, ou
par Auxerre, Briare et Orléans. Mais pour s'a-
vancer simultanément par sa rive droite, il fallait
franchir le fleuve à Nogent, Bray ou Montereau.

Les obstacles naturels qui se présentent sur
ces directions sont : l'Yonne, depuis Auxerre
jusqu'à son embouchure dans la Seine ; le canal
de Briare qui, de la Loire, descend jusqu'à Montargis ; celui du Loing, qui court entre cette
ville et Saint-Mamert, et enfin la Seine, depuis
Troyes jusqu'au confluent du Loing.

Quoique l'Yonne ait des ponts entre Monte-

reau et Auxerre, à Joigny, Villeneuve, Sens et
Pont, elle forme une ligne d'autant plus sûre
qu'il n'y a que les routes de Troyes à Auxerre et à
Sens, praticables pour des corps d'armée; et qu'il
suffit d'occuper ces deux points en force, de
rompre les autres ponts et de surveiller les gués,
pour en rendre le passage difficile.

Quoique le canal de Briare ait des biefs d'environ 16 mètres de largeur, et des berges fort
élevées, ce n'est pourtant pas un obstacle insurmontable, attendu que la majeure partie des
ponts qui le traversent, sont placés sur des éclu-
ses de 7 à 9 mètres de largeur, dont la reconstruction souffrirait peu de difficultés.

Le canal du Loing, construit sur de plus fortes
dimensions, a peu de ponts, et se trouve couvert
en quelques endroits par l'ancien lit de la rivière
où coule le superflu des eaux nécessaires à la navigation.

La nature du pays rehausse considérablement
la valeur d'inertie de ces obstacles: entre la Seine
et l'Yonne, vers l'Est, le terroir argilleux n'est
guères planté que de vignes; à la gauche de
l'Yonne, et jusqu'aux canaux entre la Loire et
la Seine, c'est une contrée entrecoupée de collines arides, de bois et d'étangs, dépourvue de
communications, où une terre forte et ingrate
semble n'accorder qu'à regret la subsistance du
laboureur; de l'autre côté des canaux, s'étend la

forêt d'Orléans, depuis Châtenoy jusqu'aux portes de cette ville, que le pays le plus impraticable de France en hiver, sépare de la forêt de Fontainebleau, laquelle s'appuie à la Seine à quelque
distance de Moret, et se prolonge jusqu'à Ubis
et Chailly, dans la direction de Paris.

Entre l'Yonne et les canaux, les mouvemens
d'armée ne sont exécutables que par les routes
d'Auxerre à Briare sur Orléans, de Sens à Montargis et de Montereau à Fontainebleau, encore
les deux premières sont-elles très-mauvaises; à la
gauche des canaux, on peut marcher sur la capitale par la route, qui, de Noyers sur Vernisson,
descend par Montargis et Nemours à Fontainebleau, et par celle qui y conduit d'Orléans par
Pithiviers.

Il suit de là, que Briare, Montargis, Nemours
et Moret, sont les principaux postes de la ligne
des canaux.

La Seine, depuis Saint-Mamert jusqu'à Troyes,
n'est guéable nulle part en hiver : entre cette
dernière ville et Nogent, il y a plusieurs ponts
de bois, mais qui ne sont traversés que par des
communications peu importantes. Depuis l'embouchure de l'Aube jusqu'à celle du Loing, il y
a des ponts de pierre à Montereau, à Bray et à
Nogent. C'est par-là que débouchent la route de
Paris à Auxerre par Montereau et Sens; les communications de Nangis et de Provins par Bray à

Sens; les routes de Paris à Troyes par Nogent, ou à Langres par Nogent, Méry et Arcis.

Ainsi Nogent et Montereau sont les pivots de la ligne de la Seine : Bray n'a qu'une importance secondaire. On a eu l'intention de lier ces deux points par une route qui côtoyerait la rive gauche du fleuve; mais elle n'est achevée que jusqu'à Bray. De cette ville à Montereau, il n'y a qu'une méchante traverse.

Immédiatement après le départ de l'Empereur pour Sézanne, l'armée de la Seine aux ordres des deux maréchaux, occupa les positions suivantes :

Positions des corps français

Le duc de Bellune, avec le 2ᵉ corps d'infanterie, la réserve de Paris et la cavalerie du comte Milhaud, tenait sur la rive gauche de la Seine, Romilly, Gelanne, St.-Martin-Le-Bosnay et Pont, observant les trois routes de Troyes à Nogent; le duc de Reggio occupait Provins, avec la division Rothembourg, renforcée de 1200 hommes venus de Paris; deux compagnies de gardes nationaux gardaient le pont de Bray, dont une arche avait été rompue, et 4 à 500 chevaux aux ordres du général Pajol, bordaient la rive droite de la Seine, depuis cette ville jusqu'à Montereau. Ici le général Pacthod achevait l'organisation de sa division de gardes nationales; mais quoique son effectif s'élevât à plus de 6,000 hommes, le défaut d'armes et d'objets d'équipement, la rendaient plus embarrassante qu'utile. Enfin le général Delort

couvrait Montereau avec 6 à 800 chevaux can-
tonnés au Fossard. Tels étaient les moyens
réunis sur la Seine. Quelle que fût leur faiblesse,
ils surpassaient de beaucoup ceux destinés à la
défense de l'Yonne, qui déjà ne formait plus
une ligne intacte, l'hetman Platow s'étant emparé des ponts de Joigny et de Villeneuve-le-Roi,
le 1ᵉʳ février, avant qu'on eût eu le temps de les
rompre ou de les retrancher. Le général Alix gardait Sens avec 2,400 hommes, et se trouvait échelonné à Pont par un millier de gardes nationaux
aux ordres du général Montbrun, et environ
600 chevaux commandés par le général Ducoëtlosquet. A l'extrême droite, le général Moreau,
chargé du commandement d'Auxerre, cherchait
à y réunir quelques troupes, mais jusqu'alors
tous ses moyens se réduisaient à la compagnie départementale et à une vingtaine de gendarmes.

Quatre jours s'écoulèrent avant que la grande
armée prononçât de Troyes un mouvement offensif. Délivrés par la victoire de la Rothière de
toutes les craintes qui les escortaient en entrant
en France, les Souverains avaient pris une telle
opinion de leur supériorité sur Napoléon, une
telle confiance dans leurs dispositions, qu'ils
semblaient attendre à Troyes l'effet du mouvement du feld-maréchal Blucher, plutôt que résolus à le favoriser, en s'avançant vers la Seine avec
la grande armée.

Ce ne fut que le 10 février, au moment où Napoléon écrasait le corps d'Alsusiew à Champ-Aubert, que le généralissime mit en mouvement toutes ses masses sur Nogent, Sens et Auxerre, dans la vue d'arriver à Paris par les deux rives de la Seine.

Plan d'opérations de la grande armée. D'après le dispositif arrêté dans le conseil, les corps de Wittgenstein et de Wrède qui, dès la veille, avaient fait repasser l'Ardusson aux troupes du duc de Bellune, reçurent l'ordre de resserrer Nogent autant qu'ils le pourraient. Le prince royal de Wurtemberg, marchant sur la route de Sens, devait concentrer son corps au plus tard le 12, dans les environs de cette place, et être soutenu par les réserves autrichiennes. Il fut prescrit au général Bianchi, qui avait succédé au comte Colloredo dans le commandement du 1er corps autrichien, de se lier par Arce et Cerisiers aux Wurtembergeois. Ces deux corps devaient être appuyés par celui du comte Giulay, les réserves autrichiennes et la division légère du prince Maurice de Liechtenstein.

En conséquence, l'avant-garde wurtembergeoise parut le 10 devant Sens, investi depuis plusieurs jours par 3 à 4 pulks de cosaques. La ville a 8 à 9 mille ames; elle est ceinte d'un mur haut et épais, construit, dit-on, par les Romains, en avant duquel règne un large fossé. Les tambours récemment faits à ses portes l'avaient mise à l'abri d'incursion, et le général Alix était résolu à la défendre jusqu'à la dernière extrémité.

Le lendemain, le prince royal de Wurtem- berg réunit son corps d'armée en avant du faubourg de Fontvannes, et tenta d'entrer à Sens en enfonçant les portes à coups de canon. On les avait murées; son entreprise échoua. Il essaya d'incendier la ville avec des grenades; mais le feu fut éteint à l'instant. Il allait renoncer à son projet, lorsqu'on lui donna avis qu'il était possible de s'introduire dans la place par une petite porte du collége, attenant au mur d'enceinte; aussitôt elle est enfoncée; mais un mur élevé par la prévoyance, barre le passage découvert par la trahison; on cherche une autre issue, d'autant moins facile à trouver, que le collége était garni d'infanterie, qui fusillait à bout portant. Cependant les assaillans pénètrent dans la cour de l'édifice à la faveur d'une brèche et croient pouvoir déboucher, lorsqu'ils s'aperçoivent que la communication du collége avec la ville est fermée par une porte derrière laquelle se trouve encore une grille. Sous la protection de cette double barrière, la garnison les attend de pied ferme. Avant de l'aborder, il fallut se rendre maître du bâtiment, ce dont les Wurtembergeois ne vinrent à bout qu'après un combat opiniâtre; alors ils s'avancèrent pour forcer le passage. Les Français, postés dans les mai-

sons adjacentes, font pleuvoir sur eux une grêle
de balles qui arrête les plus intrépides; encoura-
gés néanmoins par le succès des attaquans qui
avaient escaladé l'enceinte en-deçà de l'Yonne,
ils se pressent en colonne serrée dans la rue,
et en repoussent la garnison. Assaillie de toutes
parts, elle se retira alors en combattant sur le
pont, où elle défila en ordre sous les yeux de
son général. Le prince royal de Wurtemberg
n'osa la poursuivre au-delà de l'Yonne, dont elle
était en mesure de faire sauter le pont.

Les Wurtembergeois ont accusé une perte
de 180 hommes, et il serait difficile de croire
qu'elle n'ait pas été plus forte, car celle des Français s'éleva à 300, malgré l'avantage de combattre
à couvert toute la journée.

Le général Alix, après avoir rallié les brigades
Montbrun et Ducoëtlosquet, prit position le
12 en arrière de Pont, gardant cette ville comme
avant-poste; mais bientôt l'avant-garde wurtembergeoise le força, à la suite d'un engagement
vigoureux, à se replier sur Montereau, où la cavalerie du général Delort venait d'être rejetée par
les cosaques de l'hetman Platow.

Ici le comte Pajol prit de nouvelles dispositions
pour arrêter l'ennemi. Le général Pacthod entra en ligne avec environ 4000 gardes nationaux
entre l'Yonne et la Seine; le général Alix fut placé en avant de Montereau, gardant le Fossard avec

Évacuation
de Pont-sur-
Yonne.

un bataillon et deux pièces de 4; la cavalerie, réunie sous les ordres du baron Delort, cantonna sur la rive droite de la Seine, entre la ville et Egligny. Tous les gardes nationaux non armés furent renvoyés à Melun, et la défense de Moret fut confiée au général Montbrun.

Le 14, le corps du prince royal de Wurtemberg se porta sur Bray, et celui de Bianchi qui le suivait, tourna à gauche et se présenta devant Montereau. Le général Hardegg étant parvenu à déloger l'avant-poste de Fossard, le comte Pajol, à la vue des masses qui se développaient devant ses deux petites divisions, informé d'ailleurs que les ponts à sa gauche étaient forcés, et que les ducs de Reggio et de Bellune battaient en retraite sur Nangis, jugea inutile de faire une plus longue résistance, évacua Montereau, en fit voler le pont, Évacuation de et alla prendre position au Châtelet. Montereau.

Les progrès des alliés auraient dû s'arrêter là, car telle était la volonté du généralissime; mais le général Ignace Hardegg, ayant jugé convenable de pousser de Montereau une reconnaissance sur Moret, les Autrichiens y entrèrent sans obstacle par la précipitation avec laquelle il fut évacué (1). La prise de ce poste entraîna celle

---

(1) Le comte de Pot... racontait un jour en ma présence une anecdote assez piquante, au sujet de l'enlèvement de ce poste : le colonel

de Fontainebleau, où l'avant-garde autrichienne eut d'autant moins de peine à s'établir, que l'école d'instruction de la garde en était partie la veille pour défendre Nemours, menacé par les cosaques.

Mais c'est en vain que ces jeunes gens, soutenus par une centaine de cavaliers et un détachement de 300 hommes de la ligne, envoyés de Melun, avaient volé à la défense de Grez, et de ce poste important, le bataillon entier fut enlevé le lendemain à Nemours par l'hetman Platow. Plus loin, le général Seslavin, maître de Montargis, poussait ses partis jusqu'aux portes d'Orléans. D'un autre côté, le général Moreau, ayant renvoyé d'Auxerre une sommation que le prince Maurice de Liechtenstein lui avait adressée de Joigny, cette ville avait subi le sort d'une place prise d'assaut, et sa petite garnison cherchant à se faire jour sur le chemin de Toucy, avait été passée au fil de l'épée.

Rad.... chargé par le général Hardegg d'en faire la reconnaissance, le trouva d'un accès très-difficile, et jugea ne pouvoir l'enlever que par une surprise ; mais afin d'en rendre l'effet plus certain, il résolut de la faire précéder d'une fausse attaque. La retraite prématurée du général Montbrun ayant permis au bataillon de Bannat allemand, qui en était chargé, d'entrer dans Moret sans coup férir ; l'inquiétude que le colonel Rad.... en conçut, égala son étonnement, et il dépêcha plusieurs ordonnances à son frère, pour en réclamer du renfort, craignant que son bataillon n'eût donné dans un piége du général Montbrun.

Ainsi les lignes de l'Yonne et du Loing, sur les-quelles Napoléon avait beaucoup compté, n'ar-rêtèrent pas plus de vingt-quatre heures la marche des colonnes ennemies. Il en fut de même de celle de la Seine.

Le duc de Bellune, informé le 10 février, du mouvement offensif des comtes de Wrède et de Wittgenstein, fit prendre position à la réserve de Paris en arrière de la Chapelle-Godefroy, la droite appuyée à Tournebride et la gauche à Ber-nières. A peine était-elle établie, qu'on vit débou-cher de St.-Martin, les têtes de colonnes de la division autrichienne Hardegg. Le maréchal fit opérer un changement de front, qui porta sa droite à Mâcon, et prolongea sa gauche en ar-rière de St.-Aubin. La cavalerie du comte Milhaud se forma en première ligne; le 2e corps d'infan-terie à Nogent. Cette manœuvre était bonne; mais il aurait convenu peut-être de lui imprimer plus de vigueur, en portant tout aussitôt la division Hamelinaye, qui formait la droite, à St.-Aubin, et garnissant le front de bandière de toute l'ar-tillerie disponible.

Le général Hardegg, n'éprouvant aucun obsta-cle, descendit par sa gauche le ravin où coule l'Ardusson, en colonnes serrées par bataillon, sous la protection de son artillerie et de sa cava-lerie. Au même moment, le comte Pahlen, commandant l'avant-garde de Wittgenstein, attaqua les troupes placées à la droite de cette petite rivière, pour couvrir le pont de la Chapelle, et s'empara du château de ce village, d'où il canonna sans succès jusqu'à la chute du jour. Les généraux Hardegg et Pahlen s'établirent sur le champ de bataille même.

Le 11 février au matin, le duc de Bellune, assuré que les corps ennemis s'avançaient à la suite des avant-gardes qu'il avait combattues la veille, jugea prudent de porter ses troupes sur la rive droite de la Seine, laissant pour défendre Nogent le général Bourmont avec les cadres des 11e et 29e légers et ceux du 18e de ligne.

Prise de Nogent. Nogent est une ville de 3,000 ames, accessible de toutes parts et sans défense contre une incursion; le général Bourmont prit néanmoins des mesures pour s'y maintenir. Comme on ne pouvait se servir des ouvrages commencés par ordre de l'Empereur, attendu qu'ils n'étaient qu'ébauchés, et eussent exigé pour leur défense quatre fois plus d'hommes qu'on n'en avait, on crénela des maisons, on barricada toutes les rues tenant à la principale, qui conduit au pont, et l'on transforma une maison de plaisance nommée le Belveder, en avant du faubourg de Troyes, en un excellent poste avancé, où une centaine d'hommes attendit l'ennemi de pied ferme.

Le 2ᵉ corps d'infanterie, la réserve de Paris, et le 5ᵉ corps de cavalerie allèrent prendre position à Melz, Mériot et Plessis-Mériot.

Le comte de Pahlen, voyant que les Français passaient la Seine, se présenta avec son infanterie pour entrer à Nogent; mais il fut accueilli par une fusillade si vive, qu'il rebroussa chemin : il reparut bientôt, soutenu de la division Hardegg et d'artillerie, avec laquelle il ricocha le pont. Trois tentatives pour s'emparer du Belveder échouèrent complètement, et les feux croisés, dirigés de la ville et du faubourg, firent un ravage effroyable dans ses colonnes d'attaque.

Le général Bourmont, encourageant sa troupe, fut blessé au genou vers minuit; mais remplacé par le colonel Voirol, du 18ᵉ de ligne, l'ennemi n'aperçut pas son absence, et la fusillade continua le reste de la nuit avec la même activité.

Le prince de Schwarzenberg attendait de moment en moment qu'on lui annonçât la prise de cette ville, pour jeter les corps des comtes de Wrède et de Wittgenstein sur la rive droite de la Seine, lorsque le comte de Witte, dépêché la veille, à dix heures du soir, de Fère-Champenoise, par le maréchal Blucher, arriva à Troyes, et l'informa de la défaite d'Aleusiew et de la situation critique de l'armée de Silésie. Supputant la force de l'armée française, d'après la terreur qu'inspirait sa dernière opération, il annonça au

19*

généralissime, que Napoléon s'était établi, avec
50 mille hommes, entre les corps de Kleist et de
Kapzewitsch, et ceux d'Yorck et de Sacken. Cette
nouvelle inattendue fit crouler l'échafaudage des
projets du prince : il résolut de concentrer à
Méry les gardes et les réserves russes, que par
un hasard heureux, il avait dirigées le matin
même sur ce point, afin de pouvoir les porter sur
Plancy ou Nogent; à cet effet, il ordonna au général Diebitsch, envoyé sur Plancy par le comte
Barclay de Tolly avec la division de cavalerie
légère de la garde et une brigade de grenadiers, de se porter en avant pour rétablir, le
plus promptement possible, la communication
entre les deux armées. Il prescrivit en outre au
comte de Wittgenstein, dans le cas où Nogent ne
serait pas encore pris, de se préparer à passer la
Seine plus haut, pour donner la main au général
Diebitsch, et s'il était maître de la ville, de marcher aussitôt sur Villenoxe; enfin le comte de
Wrède dut appuyer son mouvement en poussant
vivement sur Provins.

Lorsque les ordres du généralissime parvinrent
aux généraux comtes de Wrède et Wittgenstein,
désespérant d'emporter Nogent, ils venaient d'arrêter, dans une entrevue, que le comte de Pahlen
en continuerait l'attaque, pendant qu'ils effectue-
raient eux-mêmes leur passage au-dessus et au-
dessous, l'un à Pont, l'autre à Bray. Déjà même la

division Hardegg avait été relevée par le comte Rechberg, qui prit les ordres du comte Pahlen ; et le gros du corps austro-bavarois était en pleine marche sur Bray. Les gardes nationaux qui occu- Prise de Bray. paient les maisons crénelées pour la défense du pont, s'enfuirent à son approche, en sorte qu'il ne lui coûta pas un coup de fusil.

Le comte de Pahlen continua son attaque sur Nogent, et le 12 un peu avant le jour, parvint enfin à enlever les maisons avancées ; mais les mêmes obstacles l'attendaient à la ville. Impatienté de tant de résistance, il jeta des obus qui mirent le feu en plusieurs endroits, et malgré l'incendie, il n'avança que pied à pied.

On se battait depuis 40 heures pour la possession de cette ville, lorsque le duc de Bellune, instruit que Bray venait d'être enlevé, donna l'ordre d'évacuer. Le colonel Voirol mit le complément à sa défense en faisant sauter le pont, qui engloutit sous ses décombres un officier et une cinquantaine de Russes, qui poursuivaient l'arrière-garde avec plus d'ardeur que de prudence. La garnison se retira sur la route de Provins. La conquête de cette ville coûta aux alliés plus de 1800 hommes, tandis que les Français en perdirent à peine 400 dans la défense. Son opiniâtreté prouve qu'il eût été possible d'en opposer une semblable à Bray, et que la perte de ce passage fut en grande partie causée par l'imprévoyance. En effet, si la

fuite des gardes nationaux dépose contre l'officier qui les commandait, n'était-il pas imprudent
de confier un point de cette importance à des
troupes si peu sûres? C'était un bon bataillon,
sous les ordres d'un général, ou du moins d'un
officier supérieur bien connu, qu'on aurait dû y
envoyer. Quoi qu'il en soit, la perte de cette
ville allait déranger les mesures prises pour la
défense de la Seine. Le comte de Wrède donnant
tous ses soins au rétablissement du pont, ce travail ne pouvait être long. D'ailleurs la division
Rechberg s'étant mise en route pour le joindre
aussitôt après l'occupation de Nogent, il devait se
trouver en mesure d'opérer le lendemain le passage de la Seine avec son corps entier.

Au moment où le comte de Wrède se portait
sur Bray, le comte de Wittgenstein avait dirigé le
général Rudinger, avec 8 escadrons; 2 bataillons
et 4 pièces légères sur Pont, lui ordonnant d'y jeter un pont et de rabattre sur Nogent par la rive
droite; mais la prise de cette ville rendit cette diversion inutile. Le général Rudinger ayant passé
la Seine sans obstacle, reçut ordre de se porter
sur Villenoxe, où il s'établit après une escarmouche avec un parti de cavalerie dépendant du
comte Milhaud. Le gros du corps bivouaqua sous
Nogent, occupant la ville comme avant-poste.

Le comte de   Le 13 février au matin, le comte de Witt-
Wittgenstein genstein alla passer la Seine à Pont, et se rendit

à Villenoxe. Son avant - garde poussa jusqu'à ^{passe la Seine à Pont.}
Saint - Martin - de - Chennetron et L'Echelle; le
général Rudinger s'avança jusqu'à Mont-le-Potier,
Mériot et Sordun, où il donna sur l'arrière-garde
française, qui évacua entièrement Provins, et se
retira sur la route de Nangis. Un pont de bateaux
fut construit à Nogent.

La nuit du 12 suffit au comte de Wrède pour ^{Passage de la Seine à Bray. Combat de Cuterelles.}
rétablir le pont de Bray, sur lequel ses troupes
commencèrent à défiler à cinq heures du matin :
la division Lamotte, formant tête de colonne,
avait seule passé la Seine, lorsque le général en
chef fut prévenu qu'une colonne française occupait St.-Sauveur. C'était le duc de Reggio qui, à
la nouvelle de la prise de Bray, se porta le 12
sur Donnemarie avec la division Rothembourg,
et qui, renforcé le 13 au matin par la brigade
Gauthier, arrivée en poste de l'armée des Pyrénées, s'avançait dans l'intention de disputer le
passage de la Seine, s'il en était temps encore,
ou du moins de combattre ce qui pourrait déjà
être passé.

A cette nouvelle, le comte de Wrède ordonne
à la division Lamotte de se porter sur la route
de Donnemarie, et aux deux régimens de cavalerie de marcher sur Everly, pour couvrir la route
de Provins. Le général Frimont, avec les divisions
Hardegg et Rechberg, ne pouvant arriver avant
midi, eut ordre de placer la dernière sur la route

de Donnemarie, l'autre près des Ormes, et la cavalerie du comte Spleny à Everly.

L'avant-garde de la division Lamotte attaqua
le village de St.-Sauveur et en chassa les Français, auxquels la cavalerie fit quelques prisonniers.

Cependant le duc de Reggio avait placé ses trois
brigades d'infanterie sur les hauteurs de Cuterelles, dans une très-bonne position. Le comte
de Wrède, ayant formé son avant-garde sur celles
de Vimpelles, et poussé des tirailleurs jusque
sous le village de Cuterelles, occupé fortement
par les Français, reconnut que la position du
maréchal, inattaquable de front, pouvait être
tournée par sa gauche. Il ordonna à son chef
d'état-major d'occuper le village de Luisetaines
avec 800 hommes et 700 chevaux, et résolut
d'enlever le plateau qui, de Cuterelles, s'étend
vers ce village, et par où il pensait arriver derrière la gauche de son adversaire.

Aussitôt que le maréchal s'aperçut de ce mouvement, il envoya trois bataillons et trois pièces sur
Luisetaines qu'il avait d'abord évacué. Un combat
très-chaud s'y engagea, et les Français s'établirent dans la majeure partie du village ; mais les
Bavarois ayant été renforcés de 800 hommes et
4 pièces de canon, les en chassèrent et les poursuivirent jusque sur les hauteurs de Donnemarie.

Le maréchal se maintenait cependant à Cute-

relles,·lorsque vers quatre·heures du soir, la division bavaroise Rechberg entra en ligne ; en
même temps le général Frimont, avec la division
Hardegg et la cavalerie Spleny, parut sur la
route de Provins : dès-lors le comte de Wrède se
crut en mesure d'attaquer avec succès, peut-être
même de pousser le maréchal au-delà de Donnemarie. Déjà la division Rechberg se trouvait à
hauteur du général Lamotte, et plusieurs batteries chauffaient vivement Cuterelles qu'il se disposait à faire attaquer par le 11° régiment de ligne, lorsqu'il apprit, non sans étonnement, qu'une
forte colonne française engageait un vigoureux
combat avec la division Hardegg sur les hauteurs
de Paroy. Ces nouveaux ennemis étaient une partie du corps du duc de Bellune qui, se retirant
de Provins, avait marché en deux colonnes, l'une
sur la route de Nangis, l'autre sur celle de Donnemarie, pour appuyer le mouvement du duc de
Reggio. La nuit tombait, et le comte de Wrède,
n'osant rien entreprendre sur sa gauche, quand
sa droite se trouvait menacée, renonça à ses projets sur Cuterelles, et après avoir renforcé de 2
bataillons, quelques escadrons et 3 pièces de canon le point important de Luisetaines, il fit bivouaquer son armée : la division Lamotte, de
Vimpelles à Luisetaines; celle de Rechberg, en
2° ligne, derrière le ruisseau de la Vieille-Seine;
le corps de Frimont à Everly; toute l'artillerie

resta attelée sur les hauteurs entre les deux lignes.

Le duc de Reggio, qui avait eu le général Gauthier et au-delà de 600 hommes hors de combat, ne se croyant pas en mesure de soutenir le choc le lendemain, malgré qu'il eût été rejoint par le duc de Bellune, opéra sa retraite pendant la nuit sur Nangis. Les troupes de ce dernier se mirent les premières en mouvement, suivies, à peu de distance, par celles du duc de Reggio ; et le 14, à trois heures du matin, les deux corps furent en position devant Nangis, sans avoir été inquiétés.

Le maréchal, en rendant compte à l'Empereur et au roi Joseph du passage de la Seine par l'ennemi, ayant fait sentir la nécessité de renforts, Napoléon regretta alors d'avoir appelé la division Leval, qui lui avait été inutile, et qui eût rendu à Cuterelles de si grands services. Dans l'impossibilité de la lui renvoyer, il donna l'ordre au duc de Tarente, dont la réorganisation du corps n'était point encore terminée, de partir sur-le-champ de Meaux avec toutes les troupes de ligne et gardes nationales disponibles, pour rejoindre ses collègues. Ce corps d'environ 12 mille hommes arriva encore le même jour à Guignes.

Telle était donc, au 15 février, la position respective des deux armées :

A la gauche de la Seine, l'ennemi, maître de Moret et de Fontainebleau, avait dépassé la ligne du Loing; mais d'un côté la division de dragons du général Treillard, qui arrivait de l'armée des Pyrénées, et de l'autre une brigade de jeune garde commandée par le général Lagrange, partie de Melun, marchaient au secours de ce dernier poste, tandis que le général Charpentier en réunissait une autre à Essonne, pour former réserve et se lier, par Corbeil, au mouvement des maréchaux. Le gros du corps du baron Bianchi occupait Montereau; le comte de Giulay n'était encore qu'entre Pont-sur-Yonne et Villeneuve-la-Guyard; mais à la droite de la Seine, la grande armée alliée avait, sinon concentré, du moins rapproché ses masses principales.

Le comte Barclay de Tolly s'était avancé de Méry à Pont-sur-Seine, où l'empereur de Russie et le roi de Prusse avaient établi leur quartier-général : celui du généralissime était à Nogent avec les réserves russes : le prince de Wurtemberg arrivait à Bray avec le gros de son corps. Les réserves autrichiennes cantonnaient entre Pont et Sens; la division légère du prince Maurice de Liechtenstein entre cette ville et Joigny. En avant de la Seine, le comte de Wittgenstein occupait Villenoxe et Barbonne, et un détachement sous les ordres du prince Lubomirski observait à Meilleray, la vallée du grand Morin. Le général Diébitsch chargé de rétablir la communication des deux armées, était à Montmirail, après avoir chassé de cette ville et de Sézanne les partis français qui les occupaient encore. Enfin le comte de Wrède qui avait combattu les maréchaux, tenait devant eux les positions suivantes : la division de Rechberg était à Donnemarie ; le corps de Frimont à Magneux ; la division Lamotte à Villeneuve-le-Comte. Quelques escadrons seulement observaient les 2ᵉ et 7ᵉ corps français stationnés à Nangis.

Les maréchaux ducs de Reggio, de Tarente, et de Bellune étaient concentrés autour de Nangis, tandis que le général Pajol, avec les divisions Alix et Pacthod, occupait, comme on l'a vu plus haut le Châtelet, tenait avec sa cavalerie le bois de Valence, et s'éclairait sur Montereau.

Les maréchaux demandent des ordres au roi Joseph.

Ce fut dans cette situation, que les maréchaux séparés de l'Empereur, qui achevait d'écraser l'armée de Silésie, s'adressèrent au roi Joseph, comme à son lieutenant dans la 1ʳᵉ division militaire, où s'effectuaient leurs opérations.

Le Roi, d'après l'avis des militaires qui connaissaient le théâtre des hostilités, jugea qu'il serait dangereux de laisser ces corps d'armée exposés sous trois chefs égaux en autorité, aux attaques d'un ennemi supérieur en forces, dans les plaines de la Brie, si favorables à l'action de sa nombreuse cavalerie. Il adopta l'idée de les ramener sur la rivière d'Yères, ligne qui n'offrait pas sans doute un obstacle semblable à celui de

la Marne, mais qui présentait des points susceptibles de défense, surtout à Villeneuve-Saint-
Georges, regardé par Turenne comme une position excellente pour une petite armée. Cette
ligne avait de plus un avantage, c'est que la droite
se refusait, et que la position de Villeneuve pouvait
être conservée pour la retraite; tandis que la
gauche, en obliquant, se dirigeait vers le point
par où l'Empereur devait effectuer sa jonction.
Il était présumable que ce mouvement rétrograde
sur un terrain plus varié, étonnerait l'ennemi,
et l'obligerait à reconnaître les positions et les
forces qui les occuperaient; que Napoléon aurait ainsi le temps d'arriver, et retrouverait les
trois corps intacts, reposés, et préparés à reprendre l'offensive avec plus de vigueur.

En conséquence de ces instructions, les maréchaux prirent les positions suivantes : le duc
de Bellune s'établit le 15 à Chaulmes, la gauche
à Fontenay, la droite à la forêt de Sénart, sur
un plateau couvert de vignes, et baigné au pied
par un ruisseau encaissé.

Les maréchaux prennent la ligne de l'Yères.

Le duc de Reggio prit poste à Guignes sur la
grande route de Paris à Provins, ayant ses avant-
postes en avant de Mormant, et son quartier-
général à Ouzouer-le-Vougis.

Le duc de Tarente, à la droite du duc de Reggio, plaça son quartier-général à Solers.

Le général Pajol quittant le Châtelet se replia

sur Cramayel, communiquant par Sognolle avec
le duc de Tarente, et par Lieursaint et Corbeil
avec le comte Charpentier.

Cet officier général avait aussi reçu l'ordre de
se replier sur Essonne, de concentrer dans cette
position défensive les corps de jeune garde, et
d'occuper Corbeil pour lier ses mouvemens à
ceux des trois maréchaux.

L'artillerie préparait, en même temps, des
ponts de bateaux pour faciliter le passage de la
Seine au-dessus du confluent de la Marne, afin
que les maréchaux, après avoir perdu la ligne
de l'Yères et la position de Villeneuve-Saint-
Georges, fussent maîtres d'effectuer leur retraite
à la gauche de la Seine, comme à la droite de la
Marne.

Ces mesures s'exécutaient avec ordre, lorsqu'un mal-entendu vint tout-à-coup augmenter
les alarmes de la capitale. Les instructions du
Roi portaient de faire passer en-deçà de l'Yères
les bagages et l'artillerie qui gêneraient les mouvemens ultérieurs. Soit que ces instructions ou
les ordres des maréchaux eussent été mal ex-
primés ou mal entendus, le parc repassa non-
seulement le vallon d'Yères, mais la Marne,
et vint s'établir sous Paris, dans le parc de Bercy.
L'on crut tout perdu, et à peine fut-on rassuré,
quand on l'en vit partir pour se rapprocher de
l'armée.

L'ennemi ne suivit point ce mouvement. Loin même de chercher à inquiéter les maréchaux, on prenait à Nogent comme à Paris des mesures de prudence. La nouvelle des échecs essuyés par les corps de Sacken et d'Yorck, du péril que courait le feld-maréchal Blucher lui-même, venait d'arriver au quartier-général des Souverains. Un conseil de guerre s'assemble; et après un mûr examen de la situation des choses on y décide : « Qu'attendu que l'armée de Silésie sera pro- » bablement obligée de se replier sur Châlons, » il est nécessaire que la grande armée suive » le mouvement de l'empereur Napoléon, et que » les corps de Wrède et de Wittgenstein se » portent en toute hâte sur Sézanne, afin de » l'attaquer sur ses derrières, d'attirer sur » eux l'attention, de dégager l'armée de Silésie, » et couvrir la retraite de la grande armée sur » Arcis et Troyes. »

Conseil de guerre tenu à Nogent par les alliés.

Tout était disposé pour exécuter ce plan, quand le général Haake arriva le 15 à minuit, et annonça que Napoléon, après avoir terrassé à Vauxchamps les derniers corps de Blucher, s'était replié et revenait sur la grande armée.

Nouvel incident qui décide de les alliés à la retraite.

On abandonna alors le projet d'agir sur les derrières de l'empereur Napoléon. Il ne fut plus question que de reprendre les anciennes positions de la Seine et de l'Yonne. Les corps de Bianchi, de Wittgenstein et du prince de Wur-

temberg ne furent plus destinés qu'à masquer et
protéger ce mouvement, en arrêtant l'élan de
l'armée française.

Telles étaient, de part et d'autre, les mesures de
défense, quand le chef d'escadron d'ordonnance
Gourgaud, vint annoncer au roi Joseph l'arrivée
de l'Empereur, et recueillir de sa part des renseignemens sur la position des maréchaux ,
la situation de Paris et les motifs des diverses
mesures prises ou ordonnées en son absence.
Napoléon trouva bon qu'on eût révoqué son
ordre relatif au service *extra-muros* de là garde
parisienne, et sentit que pour obtenir de ce corps
les services qu'il pouvait rendre, il ne fallait pas
lui demander ceux qu'il pouvait refuser. Enfin
soit qu'il approuvât en effet la retraite, soit qu'il
vît avec plaisir qu'on lui eût laissé les coups
d'audace, en les préparant, en les rehaussant
même par un excès de prudence dans la défensive, loin de blâmer le mouvement rétrograde
des maréchaux sur la ligne de l'Yères, il s'estima
heureux de trouver des troupes fraîches pour reprendre l'offensive, et frapper des coups décisifs.
Il arrivait victorieux, impatient de couronner ses
succès par une grande victoire, et déjà plein de
l'espoir de rejeter sur le Rhin ses ennemis découragés.

CHAPITRE XI.

Napoléon reprend l'offensive contre la grande armée. — Combats de Mormant, de Valjouan, de Montereau et de Méry. — Les alliés se re-tirent derrière la Seine.

(Consultez pour les marches, la carte des ponts et chaussées de l'Empire, et pour les positions, les feuilles de Cas-sini, n° 1 , 7 ; 45 ,.46 ; 80 et 81).

Du village de Vauxchamps où il venait de porter le dernier coup à l'armée de Silésie, l'Empereur tournant ses regards vers la Seine, jugea que le prince de Schwarzenberg visant à un plus grand but, n'avait abandonné le feld-maréchal Blucher à ses propres forces, que pour se porter avec toutes les siennes sur Paris. En effet, ses progrès devenaient alarmans; les dépêches du roi Jo-seph étaient si pressantes que Napoléon crut ne devoir pas différer un moment à marcher à la rencontre de ce nouvel adversaire.

Pour être plus libre dans ses mouvemens et assurer la gauche de sa nouvelle ligne d'opéra-tion, il laissa à Etoges le duc de Raguse avec le 6e corps d'infanterie et le 1er de cavalerie, en

1. 20

observation du maréchal Blucher sous Châlons;
et le général Grouchy avec 800 chevaux du 2ᵉ
corps et la division Leval à La Ferté-sous-Jouarre,
afin d'être à même de soutenir de ce point, soit
le duc de Raguse, soit le duc de Trévise qui
observait le corps de Winzingerode de Villers-
Cotterets; ou enfin le général Vincent, placé à
Château-Thierry avec un corps volant pour couvrir la grande route de Paris à Châlons.

Ces dispositions arrêtées, l'Empereur part de
Montmirail avec sa garde le 15 février, couche
le même jour à La Ferté-sous-Jouarre, et le 16 à
Guignes. L'infanterie fait ce mouvement partie
en poste, partie à pied; la cavalerie marche jour
et nuit : 15 myriamètres sont franchis en trente-
six heures, et la réunion de toutes les forces disponibles, effectuée pour ainsi dire sous les yeux
de la grande armée ennemie.

Arrivé à Guignes, Napoléon après avoir rallié
la division de dragons du général Trelliard, venant de Bayonne, et environ 1,100 vieux grenadiers et chasseurs à pied, tirés ou de l'armée des
Pyrénées ou des dépôts de la garde, arrête les
dispositions suivantes :

Dispositions offensives de Napoléon.
« Le duc de Bellune se portera devant Mor-
» mant avec son corps, la cavalerie du général
» Milhaud et celle du comte de Valmy arrivée
» de la veille.

» Le duc de Reggio portera son corps en avant

» de Guignes, son quartier-général du côté de
» l'Etang.

» La cavalerie de la garde sera en colonne, la
» queue à Fontenay, la tête à Chaulmes.

» La vieille garde à pied à Chaulmes.

» Le duc de Tarente réunira son corps aux
» Etars et à Ouzouer-le-Vougy, et fera passer le
» pont des Seigneurs à une division qu'il placera
» à Yèbles.

» Le prince de la Moskowa avec ses deux di-
» visions de jeune garde, se placera à Lahous-
» saye.

» Le général Pajol se portera à St.-Germain-
» de-Laxis.

» Tous les parcs qui ont été évacués sur Brie
» et Charenton, marcheront toute la nuit pour
» arriver à Ouzouer-le-Vougy. Le parc du génie
» et les sapeurs passeront seuls le pont des Sei-
» gneurs pour se rendre à Guignes.

» Les troupes auront leur artillerie avec elles,
» prendront le pain pour deux ou trois jours,
» et se tiendront prêtes à marcher et à com-
» battre le 17 au point du jour. »

L'armée française électrisée par le retour de
son chef, brûlait d'en venir aux mains, et présentait une masse de près de 50 mille combattans.
Il était loin d'en être de même dans l'armée ennemie, qui disséminée sur une ligne bizarre, se
trouvait n'avoir à lui opposer que les corps de

20*

Wittgenstein, de Wrède et de Wurtemberg, échelonnés sur la rive droite de la Seine.

Le prince de Schwarzenberg suspend son offensive.

En se déterminant à la retraite, le prince de Schwarzenberg avait ordonné aux chefs de ces trois corps de suspendre leur mouvement offensif. Cependant le premier s'était porté contre ses instructions, de Provins sur Nangis, poussant devant lui le comte de Pahlen. Le général Rudinger avait la tête de l'avant-garde sur la route de Rosoy et sur celle de Brie - Comte-Robert, lorsqu'assailli à la hauteur de Beauvoir par l'arrière-garde française qui fit brusquement volte-face ; il fut rejeté sur le gros de l'avant-garde, qui le recueillit en avant de Bailly , sous la protection d'une nombreuse artillerie et de la brigade Rosen.

De son côté le prince de Wurtemberg poussa une reconnaissance sur Melun, que le général Montbrun avait abandonné pour se retirer sur Villeneuve-Saint-Georges ; mais ayant trouvé la division Alix que le comte Pajol y avoit posté, il jugea prudent de se replier sur les hauteurs de Surville, et d'occuper comme avant-postes Châtelet , Sivry , Vraines et Vullaines.

Tous les rapports adressés au prince de Schwarzenberg , annonçant que de fortes colonnes françaises se pressaient par Rosoy sur Guignes, il écrivit dans la nuit au comte de Wittgenstein, pour lui notifier que sa marche sur

Nangis et Mormant donnait prise sur lui ; que
son intention, en poussant son corps et ceux de
Wrède et de Wurtemberg sur la rive droite de la
Seine, était moins d'avancer sur Paris, que de les
établir à Montereau, Donnemarie et Provins, de
manière à faire front sur le flanc droit de l'ennemi ; qu'il eût à se retirer le lendemain au point
du jour à Provins, laissant seulement son avant-
garde échelonnée à Nangis ; à occuper Villenoxe par deux bataillons et quelque cavalerie ; à
s'éclairer sur la Ferté-Gaucher et Coulommiers,
et enfin, dans le cas où il serait forcé de se replier,
à se réunir à la grande armée par Bray.

· La position générale de la grande armée le 16
au soir, était donc :

Les réserves russes aux environs de Nogent,
avec ordre de rompre le pont de Pont ; le comte
de Wittgenstein à Nangis, son avant-garde à Mormant ; les Bavarois à Donnemarie, la division Hardegg à Nangis ; les Wurtembergeois à Montereau,
s'éclairant sur les routes de Melun et de Nangis ;
le comte Bianchi entre Villeneuve-la-Guyard et
Moret, son avant-garde à Fontainebleau ; le comte
Giulay à Pont-sur-Yonne ; les réserves autrichiennes et la division légère du prince Maurice
de Liechtenstein à Sens.

Sur les ailes de l'armée à droite, le général
Diebitsch continuait à courir sur les derrières du
duc de Raguse, et le prince Lubomirski obser-

vait le Grand-Morin à Meilleray. A gauche, l'hetman Platow s'était emparé de Nemours; les cosaques du général Seslavin répandaient l'alarme
jusqu'aux portes d'Orléans.

Tel était l'état des choses, lorsque le 17 février au point du jour, l'armée française s'ébranla. Le général Alix avec sa division et la cavalerie
retirée au général Montbrun, ayant l'infanterie
du comte Charpentier pour réserve, se porta de
Melun sur Fontainebleau dont il chassa la division Hardegg. Le comte Pajol partit de St.-Ger-
main-de-Laxis, délogea les chasseurs wurtembergeois du Châtelet et des Ecrennes, et les ramena
jusqu'à l'Ecluse, où le prince Adam de Wurtemberg avec sa cavalerie et mille hommes d'infanterie le tint en échec, jusqu'à l'arrivée de la division Pacthod qui prit position au Petit-Châtelet.

Combat de
Mormant.

L'Empereur à la tête du 2ᵉ corps, se mit en
marche sur Mormant, et découvrit l'ennemi à la
hauteur de l'Etang : c'était le comte de Pahlen
qui se retirait sur la grande route, ses flancs
couverts à droite par deux régimens de cosaques,
à gauche par 4 escadrons de hussards ou lanciers
avec deux escadrons en réserve; sa force fut évaluée à 2,500 fantassins et 1,800 chevaux.

Le duc de Bellune se déploya de pied ferme en
avant du village de Péqueux, la réserve de Paris
au centre du 2ᵉ corps d'infanterie, ayant la division Château à sa droite, et la division Duhesme

à sa gauche; le comte de Valmy avec les divisions de dragons l'Héritier et Trelliard prit la droite de cette ligne: le comte Milhaud la gauche avec les divisions Piré et Briche. Les 11ᵉ et 7ᵉ corps d'infanterie qui arrivèrent ensuite, formèrent seconde ligne, et la garde réserve à Guignes.

Napoléon, voyant la faiblesse du corps qui se repliait, doubla de vitesse pour le joindre: le duc de Bellune se mit en mouvement sur Mormant au pas accéléré, tandis que les comtes Milhaud et Valmy, tournaient ce village par ses flancs. La brigade Subervie fit un quart de conversion à droite et sabra les tirailleurs, tandis que le général Piré, avec sa seconde soutenue par la division Briche, se portait au trot sur les escadrons russes, que de son côté, le comte de Valmy était sur le point d'atteindre dans le même ordre avec les dragons des généraux Trelliard et l'Héritier.

Cette attaque adaptée à la nature du terrain, qui de Guignes à Nangis est une vaste plaine en labour, renfermée entre l'Yvron et l'Ancœur, eut un plein succès, et Mormant fut à peine disputé. Le chef de bataillon Gérard avec le 5ᵉ bataillon du 32ᵉ, y entra au pas de charge. L'ennemi pressé de toutes parts, était déjà dans un grand embarras, lorsque le général Drouot s'avança avec toutes les batteries de la garde. Ecrasé par le feu d'environ 36 pièces qui sillonnaient ses

masses, il ne songea plus qu'à s'échapper, et
la cavalerie seule y parvint; l'infanterie abandonnée à elle-même dans cette vaste plaine, se
forma vainement en carrés; abordés par les dragons des généraux Milhaud et Valmy, ils mirent
bas les armes. Un seul essaya de se sauver en se
jetant vers le marais d'Ancœur; mais assailli eu
queue par les 4ᵉ et 16ᵉ dragons, et en tête par les
6ᵉ et 13ᵉ, il fut enfoncé et obligé de se rendre.

En vain le comte de Pahlen cherchant à se
soustraire au châtiment de son imprudence, consumait le temps en messages inutiles auprès du
comte Hardegg, pour l'engager à le soutenir; ce
général mieux avisé, qui avait deux régimens
de cavalerie à Bailly, et son infanterie à Nangis,
s'y refusa, et commença son mouvement de retraite. Il ne fut pourtant pas assez prompt pour
éviter que les uhlans de Schwarzenberg et les
hussards de Ferdinand, qui formaient son arrière-
garde, ne fussent joints au défilé du bois de Nangis, et rudement chargés par le général Piré.
Quelques escadrons s'étant jetés sur la route
de Provins, furent poussés l'épée dans les reins
jusqu'à la Maison-Rouge.

Déjà 11 pièces de canon, 40 caissons et au-
delà de 2,000 fusils étaient tombés entre les mains
des vainqueurs; les fuyards se sauvaient sur Provins et Villeneuve-le-Comte : l'Empereur ordonna de les poursuivre dans toutes les directions;

le duc de Reggio avec la division Trelliard et le 7ᵉ corps d'infanterie, se dirigea par Provins; le duc de Tarente avec le 11ᵉ corps d'infanterie et les divisions Piré et Briche, se porta sur Donnemarie; le duc de Bellune avec le 2ᵉ corps, la réserve de Paris, la division l'Héritier et 500 chevaux du 1ᵉʳ corps amenés la veille du dépôt des remontes par le comte Bordesoulle, prit la route de Villeneuve-le-Comte; la garde impériale abîmée de fatigue resta à Nangis.

La colonne de gauche aux ordres du duc de Reggio, précipita la retraite du corps du comte de Wittgenstein, et vint bivouaquer à Maison-Rouge et Vauvillers, à 10 kilomètres de Provins.

Le duc de Tarente avec celle du centre, poursuivit la division Hardegg, lui fit quantité de prisonniers, et plaça le soir son infanterie à Maigneux; sa cavalerie à Jaulney, Villenaux et Montigné, où elle trouva encore des tables splendides, décorées de lauriers, préparées pour l'ennemi.

Vers trois heures après-midi, le duc de Bellune avec sa colonne de droite, rencontra à la hauteur de Valjouan la division bavaroise Lamotte, à laquelle s'étaient joints quelques fuyards de l'arrière-garde du comte Hardegg. Elle était en position sur la route, occupant avec un bataillon du 10ᵉ de ligne la Grande-Maison et Villeneuve, sa cavalerie formée à droite dans la direction de Ma-

Combat de Valjouan.

zures. Le général Gérard reçut l'ordre d'engager l'action, et commença son déploiement sous la protection d'un feu d'artillerie et de tirailleurs, tandis que le duc de Bellune cherchait à atteindre avec la cavalerie, celle de l'ennemi qui manœuvrait pour esquiver le choc. Dès que la ligne fut formée, un bataillon du 86ᵉ attaqua Villeneuve par sa droite, en même temps que le général même, profitant d'un ravin boisé qui dérobait son mouvement, se portait par sa gauche avec une division sur les derrières des Bavarois.

Le bataillon qui occupait ce village abordé en front par le 86ᵉ régiment, et chargé sur ses derrières par un escadron de cavalerie légère du général Bordesoulle fut culbuté sur la lisière du bois qu'occupait un bataillon de la légion mobile de l'Iller. Si le général l'Héritier devant qui cette infanterie se sauvait eût chargé, il l'aurait presque toute prise ; mais ayant laissé échapper cette occasion, elle parvint à se rallier sous la protection des uhlans de Schwarzenberg et des hussards de Ferdinand, qui en imposèrent au bataillon qui la poursuivait.

Le comte Bordesoulle voyant l'inaction incompréhensible de son collègue, charge ces régimens à la tête de ses deux escadrons de cuirassiers, et les culbute sur le bois; plus de 3oo hommes furent sabrés en un instant par ces conscrits, qui à cheval depuis huit jours, voyaient l'ennemi pour la première fois (1).

Cependant le général Lamotte, se jugeant trop faible pour soutenir un plus long combat, forme son infanterie en carré, et croit opérer en sûreté sa retraite sur Donnemarie. Mais à peine a-t-il marché deux kilomètres, que le général Gérard débouche du bois, attaque ses masses à la baïonnette, et les met dans le plus grand désordre. Elle aurait eu de la peine à se retirer, si le duc de Bellune eût fait appuyer le mouvement de la réserve de Paris par la cavalerie; l'absence de cette arme ne put être réparée par l'ardeur de l'infanterie, et les Bavarois parvinrent d'autant plus aisément à se rallier, qu'un ordre itératif du maréchal enjoignit au comte Gérard de venir s'établir à Montigny-Lencoup.

Napoléon apprenant que le duc de Bellune n'avait pas poussé jusqu'à Montereau, exhala sa colère en lui reprochant d'avoir laissé échapper l'occasion de détruire toutes les troupes alliées passées sur la rive droite de la Seine; mais l'opinion générale repoussa cette accusation : quand bien même ce maréchal serait arrivé devant Montereau, est-il probable que le prince royal de

Observations.

---

(1) Ces jeunes gens ne voulaient faire aucun prisonnier, et leur général ne parvint qu'avec peine à arracher de leurs mains un seul officier autrichien, déjà blessé.

Wurtemberg qui s'y trouvait depuis trois jours,
eût reculé à son aspect; et dans cette supposition
bien gratuite sans doute, aurait-il pu lui couper
la retraite, ou empêcher les comtes de Wrède et
de Wittgenstein de repasser la Seine à Bray et à
Nogent ? Beaucoup de militaires ont jugé que
l'Empereur, si sévère envers son lieutenant,
prête infiniment plus que lui à la censure dans
cette opération. Ils pensent qu'au lieu de faire
sa jonction avec l'armée des trois maréchaux par
Meaux, Coulommiers et le Rosoy sur Guignes,
il aurait dû l'effectuer par Montmirail, Sézanne
et la Ferté-Gaucher sur Provins, ce qui eût rac-
courci sa marche de trois myriamètres, et lui
eût procuré l'avantage de pouvoir s'établir sur
l'extrême droite des corps ennemis avec tous ses
moyens en moins de quatre heures, et de les accabler successivement ; manœuvre qu'il s'interdit
en venant se placer à Guignes vis-à-vis le centre
des alliés.

Lorsqu'après avoir défait l'avant-garde du comte
Wittgenstein à Mormant, il lança ses troupes sur
les routes de Nogent, Bray et Montereau, il paraît qu'il commit une nouvelle faute. On eût pré-
féré dans l'armée française les lui voir porter
toutes sur Bray, du moins jusqu'à Donnemarie,
nœud de superbes chemins qui conduisent à Provins et à Montereau, parce qu'on aurait eu l'espoir d'y écraser les Bavarois, et de tomber en-

suite à plaisir sur les Wurtembergeois. La divergence de ses colonnes lui enleva le fruit qu'il était possible de retirer de son premier avantage, et lorsqu'après un vigoureux combat, il parvint le lendemain à s'emparer du pont de Montereau, il avait déjà perdu pour lui toute son importance, puisque la retraite des Bavarois et des Russes se trouvait assurée à Bray et à Nogent.

Si dans le cours de cette journée, le duc de Bellune mérita quelques reproches aux yeux des militaires éclairés, c'est moins ne s'en tenant pas à la lettre de ses instructions, pour s'être arrêté à Salins et n'avoir poussé qu'une compagnie de sapeurs et une division de cavalerie sur Montereau, que pour n'avoir pas appuyé le général Gérard dans son attaque contre la divison Lamotte, malgré l'assurance du colonel du génie du 2e corps qui, au fait des localités, lui garantissait le succès de l'expédition. Quoi qu'il en soit, le résultat de ces deux derniers combats, fut pour l'ennemi, une perte de plus de 3,000 hommes et 14 pièces de canon. L'armée française eut environ 800 hommes hors de combat.

Pendant que Napoléon ouvrait d'une manière si heureuse l'offensive contre la grande armée, le duc de Raguse, de son côté, remportait un avantage marqué sur le corps volant du général Diebitsch, auquel s'était rallié le détachement du prince Lubomirski.

Informé le 16 par le comte Grouchy, en marche de La Ferté-sous-Jouarre pour rejoindre l'Empereur, qu'un corps ennemi venant de Sézanne,
tiraillait vers Montmirail et chassait de cette ville
la petite garnison qu'on y avait laissée, le maréchal s'était porté d'Etoges sur Orbais, pour de là
gagner au besoin la route de Château-Thierry,
ou celle de La Ferté par Montmirail. Ayant obtenu à Orbais des renseignemens précis sur la composition du corps qui l'inquiétait, il alla coucher
à Corrobert, d'où il chassa les coureurs ennemis;
le lendemain matin il se rendit à Fontenelle,
et de là rabattit sur Montmirail.

Combat de
Montmirail.

L'attaque commença par un feu d'artillerie assez vif, auquel les Russes répondirent seulement
par celui de leurs tirailleurs, ce qui fit penser au
maréchal que leur intention n'était que de couvrir
leur retraite. Il ordonna à la brigade Pelleport
d'enlever le faubourg. Elle y entra au pas de charge,
et fit une centaine de grenadiers prisonniers, au
moment où le colonel Gheneser, qui était parvenu à tourner la ville par la gauche, y pénétrait
après en avoir renversé les barricades. Le général Diebitsch se retira en toute hâte sur Pont-St.-
Prix, harcelé par la cavalerie du général Doumerc.

Le duc de Raguse rassuré par l'issue du combat, s'établit à Montmirail, où il fut joint par le
comte Grouchy que le bruit de la canonnade y
avait attiré.

Aussitôt que le prince de Schwarzenberg reçut la nouvelle de l'échec éprouvé par le comte de Pahlen et le général Lamotte, il se décida à replier son armée sur la rive gauche de la Seine, et à attendre derrière cette barrière les mouvemens ultérieurs de Napoléon. En conséquence, l'ordre fut expédié au prince de Wurtemberg de rester dans sa position de Montereau, sur la rive droite, afin de couvrir le flanc gauche de l'armée et protéger sa concentration; au comte de Wrède, de repasser la Seine à Bray, d'y prendre position sur la rive gauche et d'en garder le pont; au comte de Wittgenstein, de la repasser à Nogent, d'y établir une tête de pont sur la rive droite, et de ne garder que des avant-postes à la lisière du bois de Sordun. On indiqua aux réserves Trainel et Nogent comme points de réunion. Le quartier-général des Souverains et du prince rétrograda de Bray à Trainel.

Cependant, Napoléon informé que le duc de Bellune ne s'était pas établi à Montereau, ordonna pour le lendemain matin une attaque combinée de cette position. A cet effet, le comte Pajol reçut ordre de pousser tout ce qui se trouvait devant lui, et de l'attaquer par la gauche vers 7 heures, tandis que le 2e corps et la réserve du comte Gérard l'aborderaient par la droite.

Au point du jour, le général Pajol s'ébranla du Châtelet, et chargea vers six heures quelques

centaines de chevaux ennemis, qui se retirèrent
sous la protection de l'infanterie embusquée
dans le bois de Valence; bientôt celle-ci chargée
plusieurs fois avec succès, fut obligée de l'évacuer. Maître du débouché, le général Pajol voulut
alors continuer sa marche; mais menacé dans la
plaine par la cavalerie du prince Adam de Wurtemberg, il mit en batterie 24 pièces de canon à
la lisière du bois, et fit déployer la division
Pacthod sous la protection de leur feu. Les Wur-
tembergois favorisés par la position, ripostèrent
avec avantage à cette canonnade jusqu'à midi , et
parvinrent à démonter 12 pièces françaises.

De son côté, le duc de Bellune jaloux de rega-
gner le temps qu'on l'accusait d'avoir perdu,
parut au pied de la hauteur de Surville avant neuf
heures; mais les Wurtembergeois étaient trop
bien établis, pour la lui céder sans combattre.

La ville de Montereau située à 10 myriamètres
de Paris, est bâtie au confluent de l'Yonne et de
la Seine, sur la rive gauche de ces rivières. Elle a
deux faubourgs considérables, celui de Saint-
Maurice à l'est, et celui de Saint-Nicolas, qui s'é-
tend au nord le long de la rive droite de la Seine.
Celui-ci est couvert, à demi-portée de canon,
par le côteau de Surville, boisé et planté de
vignes; en avant de l'autre, se présente une vaste
plaine du côté de Bray. Deux ponts, l'un sur
l'Yonne, l'autre sur la Seine, ouvrent la commu-

nication de la ville aux deux faubourgs. Elle n'a
pour enceinte qu'une muraille peu susceptible de
défense; mais les hauteurs de Surville que le
prince royal de Wurtemberg occupait, couvrent
naturellement les ponts. Cette position toutefois
n'était qu'un mauvais champ de bataille : bonne
pour défendre les abords des ponts de Montereau
contre un ennemi qui s'en approche par la
rive gauche, elle ne pouvait servir qu'à une faible
arrière-garde chargée d'en disputer l'accès à un
corps de troupes débouchant de Melun ou de
Nangis, parce que le long défilé qui est au revers,
est un vrai coupe-gorge.

Le Prince royal ne regardant pas derrière lui,
se disposa bravement à la défendre. Lorsque le 2ᵉ
corps arriva en présence, les Wurtembergeois
étaient établis sur deux lignes, entre Villaron et
St.-Martin, qu'ils occupaient fortement. Il ne restait en réserve sur la rive droite de la Seine, que la
brigade du prince de Hohenlohe et la brigade autrichienne du général Schoeffer, arrivée de la veille.
Le général Château enleva, sous le feu le plus meurtrier le village de Villaron, défendu par 4 bataillons,
et après s'y être maintenu l'espace d'une demi-
heure, en fut chassé avec perte par l'artillerie ennemie. Quelques instans ensuite, la division Duhesme
attaqua à son tour ce poste, pendant que le général
Château laissant une de ses brigades en réserve,

cherchait avec l'autre à tourner les hauteurs de
Surville, et à se glisser vers les ponts par la route
de Paris. L'ennemi voyant arriver la colonne du
général Duhesme redoubla son feu sans s'inquiéter du général Château, et fit échouer son attaque; mais ce dernier, après avoir culbuté ce qui
était sur la route, allait parvenir au pont de la
Seine, lorsqu'il fut atteint d'une balle qui le
blessa à mort. Cet accident eut les suites les
plus fâcheuses : la brigade privée de son chef
se dissipa en un clin-d'œil. A une heure la
position était encore intacte, parce qu'on n'en
avait fait que des attaques partielles et décou-
sues; mais alors arriva la réserve de Paris.

Le comte Gérard fit aussitôt rentrer les tirailleurs maladroitement engagés à la gauche de la
position dans un terrain bas et défavorable, et
allait se porter vers la droite au soutien du 2ᵉ corps
lorsque le général Dejean, aide-de-camp de l'Empereur, vint le prévenir que l'intention de Napoléon était qu'il prît le commandement de toutes
les troupes, et dirigeât l'attaque comme il l'en-
tendrait.

Le comte Gérard reconnaissant au premier
coup d'œil que la supériorité de l'artillerie wurtembergeoise était la principale cause des échecs
éprouvés par le 2ᵉ corps, fit sur-le-champ
amener les 40 pièces de la réserve de Paris,
dont le jeu ne tarda pas à maîtriser le sien,

et permit à l'infanterie française de reprendre haleine.

Le lieutenant-général Dœring, ne la voyant pas derrière ces batteries, crut qu'il serait possible de s'en emparer, ou du moins de les faire rétrograder. Il les chargea avec résolution à la tête du 2ᵉ bataillon du 3ᵉ de ligne, échelonné du 1ᵉʳ, et parvint à enlever une pièce; mais bientôt couvert de mitraille et abordé par le général Gérard avec 500 hommes, il regagna sa ligne avec perte. Jusque-là, le Prince royal n'avait été frappé que de l'avantage de sa position; cependant vers deux heures, lorsque l'Empereur arrivant de Nangis au galop, fit soutenir l'attaque du plateau de Surville, par les deux bataillons de gendarmerie attachés à la vieille garde, il s'aperçut qu'il ne repasserait pas sans peine le défilé, et ordonna aux 3ᵉ et 5ᵉ régimens de chasseurs à cheval, suivis à quelques minutes d'intervalle, de toute l'artillerie démontée et de la brigade Walsleben de prendre les devans. Débarrassé par ce mouvement, le général Pajol donne enfin l'essor à sa cavalerie, qui charge l'infanterie sur la route de Melun, et la culbute dans le défilé entre le revers des hauteurs de Surville et la Seine; elle ne put s'écouler assez tôt vers les ponts; en vain le Prince royal ordonne à la brigade wurtembergeoise de réserve de déboucher pour protéger la retraite, il n'est plus temps, et le 6ᵉ de ligne fait d'impuissans ef-

21*

forts; le prince de Hohenlohe ayant été renversé
d'un coup de feu, ce régiment est entraîné par
les fuyards, et la brigade Schœffer ne peut sortir
de la ville où elle se trouve confinée, sans pouvoir prendre part au combat.

Au même instant, le général Digeon mitraille
les ponts avec deux batteries de la garde, et y
sème la mort et le désordre. L'ennemi voulut
faire sauter celui de la Seine ; mais la mine n'ayant
fait qu'un entonnoir sur clef, le général Ducoëtlosquet à la tête du 7ᵉ de chasseurs le passe au
galop, refoule les fuyards dans la ville, et y entre
pêle-mêle avec eux; la division Dubesme l'y suit
au pas de charge, et fait main basse sur tout ce
qu'elle rencontre.

Aux cris des vainqueurs, les habitans de Montereau qui jusqu'alors avaient été témoins impatiens de la résistance opiniâtre des Alliés chan-
gent tout-à-coup de rôle, et deviennent assaill-
lans : aigris par les mauvais traitemens que les
Wurtembergeois, chefs et soldats leur avaient
fait endurer dans leur court séjour, ils voient
luire pour eux le jour de la vengeance : les uns
jettent des tuiles et des décombres sur la tête des
fuyards; les autres barricadent les rues ; ceux-ci
cachés derrière une porte ou un contrevent fu-
sillent à coup sûr; ceux-là sortent de leurs maisons et guident nos colonnes : la ville est trans-
formée en un champ de carnage, où les prison-

niers et les blessés trouvent à peine sûreté.

La division Duhesme précédée de deux brigades de la cavalerie du général Pajol, aux ordres du général Ducoëtlosquet, poursuivit les Autrichiens et les Wurtembergeois égarés sur la route de Sens. Les escadrons de service de l'Empereur et le reste de la cavalerie, poussèrent le gros de ces derniers entre la Seine et l'Yonne.

A la nuit, Napoléon établit son quartier-général au château de Surville, la garde cantonna dans Montereau, la réserve de Paris, le 2ᵉ corps et une brigade de la cavalerie du général Pajol au Fossard, les deux autres à Varennes, la division Pacthod sur la rive droite de la Seine.

Le prince de Wurtemberg ayant rallié les débris de son corps en arrière de Marolles, gagna Bazoches, près de Bray, laissant son arrière-garde à la Tombe.

Cette journée qui fit tant d'honneur aux généraux Gérard et Pajol, coûta à l'ennemi 3,000 hommes hors de combat, autant de prisonniers, 4 drapeaux et 6 pièces de canon. Parmi les morts était le prince de Hohenlohe, et dans les prisonniers, le général Schœffer. Les Français eurent au-delà de 2,500 hommes hors de combat, et regrettèrent vivement le général Château ; le général Delort y fut aussi blessé.

Pendant que ce grand avantage s'obtenait à la droite de l'armée française, au centre, le duc

Combat de Mouy.

de Tarente serrant de près l'arrière-garde du
comte de Wrède, s'était emparé d'un parc bavarois qui n'avait pu repasser la Seine à Bray;
mais ses tentatives pour forcer le passage du fleuve
ne furent pas aussi heureuses; il perdit trop de
temps à tourner les marais. Le comte de Wrède
qui s'était établi sur la rive gauche, de chaque côté
de la ville, l'occupait encore avec deux bataillons;
des batteries de gros calibre balayaient le rivage
opposé, et 4 à 500 hommes jetés dans le village de
Mouy, rendaient les approches du pont inaborda-
bles. Le maréchal fut tenu en échec toute la journée.

Reprise de
Provins. A la gauche, le duc de Reggio traversa Provins
et prit position à Sordun; sa cavalerie poussa jusqu'à Mériot dont elle chassa les cosaques de Re-
brikow : le comte de Wittgenstein repassa la Seine
à Nogent.

Quoique l'armée française par la divergence
de ses masses, vît s'échapper l'occasion d'un
succès décisif, tout prenait cependant un aspect
prospère pour elle : maîtresse du pont de Montereau, elle était en mesure de forcer les corps de
Wrède et de Wittgenstein à abandonner la ligne
de la Seine, puisqu'elle avait la facilité d'opérer
sur leurs derrières, en écrasant les corps épars
jusqu'à Sens. Pour détourner ce malheur, aussitôt
que le généralissime eut avis de l'échec éprouvé
par le prince de Wurtemberg, il résolut de con-

centrer ses forces aux environs de Troyes, d'y
réunir les renforts arrivant d'outre-Rhin, et de
peur que Napoléon ne se jetât une seconde fois
entre lui et le feld-maréchal Blucher, il lui expédia l'ordre de se rendre de Châlons par Arcis à
Méry, pour opérer sa jonction avec la grande
armée.

Des instructions furent dressées en conséquence. Le comte de Wittgenstein reçut celle de
garder Nogent autant que possible, et de prendre
une position où il pût recueillir le prince de
Wurtemberg et le comte de Wrède, au cas qu'ils
fussent poussés trop rudement.

L'armée française prête à continuer ses opérations, éprouva plusieurs changements dans son
organisation : la réserve de Paris affaiblie par les
derniers combats, fut amalgamée avec le 2ᵉ corps
que le duc de Bellune céda définitivement au général Gérard. Ce maréchal qui avait répondu à
la mercuriale de l'Empereur par la demande de
se retirer dans ses foyers, reçut l'ordre du prince
de Neuchâtel de prendre le commandement d'un
corps de jeune garde composé de la division
Charpentier et de celle du général Boyer de Rebeval (1), venant de Fontainebleau et de Melun.

_____

(1). Cette division composée de conscrits arrivés depuis huit
jours à Paris, n'était encore habillée qu'en partie, et occupait
depuis le 16 Villeneuve-Saint-Georges et Charenton.

Le corps du comte Pajol fut dissous. Cet officier général dont les anciennes blessures s'étaient
rouvertes par suite d'une chute de cheval dans
la journée du 18, fut autorisé à se rendre à Paris,
après avoir été comblé de faveurs. Sa cavalerie
composée de régimens provisoires, alla renforcer les corps dont elle devait faire partie. La division Pacthod eut ordre de rejoindre le duc de
Reggio; et la petite division du général Alix s'affaiblit encore de ses trois meilleurs bataillons qui
la quittèrent pour retourner à leurs corps.

En même temps, le commandement de la 2^e
division de réserve, à la formation de laquelle on
avait affecté les cadres du 5e corps à leur arrivée
à Meaux, fut confié au duc de Padoue, qui reçut
l'ordre d'en presser l'organisation, et de pousser
sa première brigade au plutôt à Melun.

Ces divers mouvemens intérieurs, la disper-
sion des forces sur des rayons divergens, et l'incertitude des maréchaux, enlevèrent à Napoléon
le plus beau fruit de sa victoire. En effet, le général Alix fut le seul qui remontant le Loing,
atteignit le lendemain l'arrière-garde du baron
Bianchi à Nemours : après un engagement où il
lui mit hors de combat 150 hommes et fit 80 prisonniers, il la força à lui abandonner cette ville,
et à se sauver sur Ormesson et Onferville.

Le général Gérard qui suivit la route de Sens,
fut arrêté à Pont-sur-Yonne pour rétablir le

pont que le comte Ignace Hardegg avait fait
sauter.

Le duc de Tarente désespérant forcer le
passage de Bray, se décida à descendre la Seine
par Vimpelles, Egligny et Châtenay, pour la
franchir à Montereau, et alla s'établir à Marolles,
laissant à la cavalerie du général Jacquinot le soin
de masquer ce mouvement aux Bavarois. De
son côté le duc de Reggio prévoyant rencontrer trop d'obstacles à passer à Nogent, descendit sur Bray par Donnemarie, dans l'espoir d'y
trouver plus de facilité. Les troupes à pied et à
cheval de la garde sous les ordres du prince de
la Moskowa arrivèrent à Montereau.

Les Alliés profitèrent de tous ces faux mouvemens pour échapper au danger qui les menaçait :
les réserves autrichiennes et les corps de Giulay
et Bianchi vinrent camper à Villeneuve-l'Arche-
vêque, la division légère du prince Maurice
Liechtenstein aux Grez. Le prince de Wurtemberg
ayant employé toute la nuit à réorganiser son
corps d'armée, se mit en marche au point du
jour, dépassa le corps du comte de Wrède, et
alla s'établir au-delà de Nogent, entre la Chapelle et Saint-Aubin.

Le comte de Wrède se porta avec son infanterie sur Mâcon, chargeant le baron Frimont,
renforcé de la division de cuirassiers de Kretow,
de former l'extrême arrière-garde.

Le comte de Wittgenstein informé que Napo-
léou débouchait de Montereau, détruisit le pont
de Nogent, et alla prendre position entre Pont-
sur-Seine et Saint-Hilaire, où il fut renforcé par
le corps du prince de Gortschakow qui revenait
du blocus de Strasbourg.

Ce mouvement rétrograde ne fut pas inquiété :
la marche du duc de Tarente sur Montereau, et
celle du duc de Reggio sur Bray, avaient tiré l'ennemi de danger. Il aurait peut-être mieux valu
que les maréchaux restassent devant les deux
passages où ils s'étaient présentés d'abord, et
qu'ils eussent forcé sans peine au moment du départ des corps postés devant eux.

Reconnaissan-
ces faites en
retraite par
les alliés.

Le mouvement des deux armées continua les
20 et 21 sans combat, avec cette seule particula-
rité, que le prince de Schwarzenberg curieux
de s'assurer s'il était suivi par l'Empereur Napoléon, ou seulement par son avant-garde, ordonna aux comtes de Wrède et de Wittgenstein de
pousser des reconnaissances de Saint-Martin-le-
Bosnay sur Saint-Aubin, et de Romilly sur Pont-
sur-Seine. La première fut confiée au général autrichien de Fresnel qui donnant sur l'avant-
garde du duc de Tarente, fut ramenée vivement
par le général Milhaud sur l'arrière-garde du
baron de Frimont.

Pour la deuxième, le comte de Pahlen réunit
sa cavalerie à celle du général Diebitsch qui ve-

nait de rejoindre à Méry; mais malgré ce renfort,
il fut chaudement reçu par l'avant-garde du duc
de Reggio, et forcé de se replier sur Châtres,
laissant des postes à Mesgrigny pour garder l'entrée du défilé de la Seine vers Méry.

Convaincu par ces reconnaissances que toute
l'armée française était sur ses traces, le prince
de Schwarzenberg se décida à repasser la Seine
et à en garder les défilés. En conséquence, il
porta le jour même le corps du prince de Wurtemberg à Ruvigny au-delà de Troyes, et les réserves sur les hauteurs de Saint-Parre-aux-Tertres; tous les autres corps restèrent dans leurs
positions, à l'exception du prince Maurice de
Liechtenstein, qui inquiété dans Villeneuve par
une reconnaissance que le duc de Tarente fit
faire au général Ameil avec 400 chevaux, décam-
pa dans la nuit, et se porta sur Saint-Liébault;
l'arrière-garde du comte de Wittgenstein repassa
la Seine et marcha sur Villacerf, après avoir été
relevée à Mesgrigny par l'avant-garde de l'armée
de Silésie.

Cette armée était à peine ralliée sous Châlons, Arrivée de l'armée de Si-
lorsque les revers éprouvés par le généralissime lésie à Méry.
lui firent tout-à-coup donner l'ordre de se porter
sur la Seine. Renforcée par 6,000 hommes et
4,000 chevaux aux ordres des généraux Rudzewitsch et Korf, rappelés du blocus de Mayence,
elle s'était mise en mouvement le 19 février, forte

d'environ 48 mille hommes (*Voyez le Tableau ,*
n° XI), pour se rendre à Arcis. D'après le nouveau plan des Souverains, elle était destinée à
agir sur le flanc gauche et les derrières des Français, dont le généralissime espérait arrêter la
poursuite par cette diversion. Pour début de ses
opérations, elle prit possession de Méry : le corps
de Sacken occupa la ville même, le reste de l'armée campa sur la rive droite de la Seine, et ne
jeta sur la rive gauche que l'avant-garde.

Tranquillisé par sa jonction avec le maréchal
Blucher, le prince de Schwarzenberg arrêta une
reconnaissance générale pour le lendemain. L'armée de Silésie devait y coopérer avec 6,000 chevaux au moins : il se flattait de découvrir ce qu'il
y avait sur toutes les routes à un homme près ;
mais la marche des Français ne lui en laissa pas
le temps.

Combat de
Méry.

Napoléon décidé à pousser vivement les Alliés ,
et ne pouvant le faire avec sécurité tant que l'armée
de Silésie resterait maîtresse d'un passage qui
l'amenait sur son flanc et sur ses derrières , prescrivit au duc de Reggio de forcer le défilé de
Mesgrigny , et de s'emparer de Méry pendant que
les autres corps d'armée se rapprocheraient de
Troyes. En conformité de ces ordres , la division
Boyer après un combat assez chaud , débusqua
l'avant-garde du corps de Sacken , et continuant
son chemin parut bientôt devant Méry.

Cette petite ville s'élève sur les deux rives de la Seine, réunies par un pont; ses maisons comme toutes celles de la contrée sont en char-pente, garnie d'un torchis dans lequel il entre beaucoup de paille : la toiture de la plupart est en chaume.

La brigade Gruyère formant tête de colonne, aborde l'ennemi à la baïonnette, et le culbute sur le pont. Celui-ci y met le feu, se rallie de l'autre côté et engage une vive fusillade. Le feu se communique du pont aux premières maisons de la rive droite, bientôt un vent du nord propage tel-lement l'incendie, que les Russes étouffés par la fumée et la flamme, sont obligés d'évacuer. Les tirailleurs français passent en déterminés sur les poutres enflammées du pont et vont se poster au-delà de la ville; le général Gruyère les suit au pas redoublé avec le reste de sa brigade dans l'intention de donner la chasse aux fuyards; mais voyant l'armée de Silésie en bataille sur deux lignes dans la plaine, à cheval sur la route d'Arcis, il prit position devant la ville. La fu-sillade continua jusqu'à la nuit et mit hors de combat cet officier général. Privées de leur chef, les troupes repassèrent alors prudemment la Seine et bivouaquèrent sur la rive gauche.

Les premiers pas des autres corps de l'armée française qui s'étaient mis en marche dès le ma-tin, furent également marqués par des événe-

mens d'heureux présage. La cavalerie du duc de
Tarente surprit et enleva un poste de 200 chevaux à Pavillon ; une compagnie entière de chasseurs, séparée la veille de la division Maurice
Liechtenstein par la reconnaissance du général
Ameil, se laissa prendre et amener au quartier-
général par 5 coureurs. L'escadron d'avant-garde
du général Gérard mit en fuite près de Villeneuve la horde de cosaques de l'hetman Platow, après lui avoir fait une cinquantaine de prisonniers.

A midi, l'armée débouchant sur trois colonnes
dans la plaine de Troyes, la vit couverte d'ennemis. Les corps de Wrède, de Bianchi, de Giulay, ainsi que les réserves autrichiennes étaient
déployées, la droite appuyée à la Seine en face
de Villacerf, la gauche se prolongeant par-
delà Mongueux jusqu'à Saint-Germain ; leur
cavalerie placée en première ligne, l'infanterie en seconde, et ils avaient pour réserve
trois divisions de cuirassiers russes, celle de
cavalerie légère de la garde russe, et la brigade de cavalerie de la garde prussienne, le tout
sous les ordres du grand-duc Constantin.

A la vue de cette ligne imposante, l'Empereur
croyant les alliés décidés à accepter la bataille,
ne voulut pas l'engager avant d'avoir toutes ses
forces réunies : en conséquence il donna l'ordre
au comte Gérard de presser sa marche, de ve-

nir encore le soir même s'établir à Villemaur,
et de se lier par Prunay avec le duc de Tarente,
qui occupa Echemines et Pavillon. Le duc de Reggio forma aux Grez la gauche de la ligne. La
garde impériale se tint en réserve à Châtres. Enfin
le comte Grouchy qui après le dernier combat
de Montmirail, s'était dirigé par la traverse de
Flambouin sur Provins, dans l'espoir de couper
le prince de Lubomirski qu'on ne savait point
avoir été rallié par le général Diebitsch, reçut
l'ordre d'accélérer sa marche, et de rejoindre au
plutôt sur la route de Nogent.

L'attente d'un grand événement agitait tous les
esprits : l'Empereur qui n'avait plus d'espoir que
dans une bataille, se félicitait que le prince de
Schwarzenberg prît la résolution de la lui livrer;
car l'inconvénient d'avoir une rivière à dos balançait chez les Alliés l'avantage de la supériorité du nombre. Ajoutez qu'ils étaient en quelque
sorte démoralisés par la série de revers qu'ils venaient d'essuyer, et l'irrésolution du généralissime. Jamais au contraire depuis l'ouverture de
la campagne, les Français n'avaient montré plus
d'ardeur, et pour Napoléon aussi exercé à tirer
parti de cet enthousiasme guerrier, qu'habile à le
faire naître, il devenait le sûr garant de la victoire. Reléguée entre l'Aube et la Seine, la position de l'armée de Silésie sur son flanc gauche ne
lui causait nulle inquiétude. Pour jeter un pont

de vive force sur le fleuve, ou venir au secours
de la grande armée, il lui fallait au moins vingt-
quatre heures. Or, dans cet intervalle la grande
question eût été décidée, et rien n'aurait empêché l'Empereur de voler à la rencontre du feld-
maréchal Blucher, et de rendre Troyes à jamais
célèbre par une double victoire remportée devant
ses murs sur les armées de l'Europe liguée contre lui.

CHAPITRE XII.

Reprise de Troyes par l'armée française. — Les Alliés demandent un armistice. — Nouveaux plans d'opérations des deux partis.—La grande armée se retire derrière l'Aube où elle est suivie par les ducs de Reggio et de Tarente.

(Consultez pour les marches la carte des ponts et chaussées de l'Empire, et pour les positions les feuilles de Cassini, n° 81 , 82 et 113).

La prudence du généralissime déçut l'espoir de Napoléon et de son armée. Dans la nuit du 22 au 23, les troupes alliées continuèrent leur mouvement général de retraite, laissant dans Troyes la brigade Volkman du corps de Wrède, et en avant de la ville une ligne assez respectable pour protéger la retraite du prince Maurice Liechtenstein sur la route de Sens.

Au point du jour l'armée française se remit en marche; et tandis que la gauche et le centre débouchant par les deux routes de Nogent, manœuvraient dans la plaine de Troyes sous la protection d'une vive canonnade, les dragons du général Roussel formant l'avant-garde du comte Gé-

Combat de cavalerie de Fontvannes.

1.
22

rard atteignirent près de Fontvannes la cavalerie du prince de Liechtenstein, forte de 18 escadrons soutenus par 16 pièces de canon : sa contenance incertaine détermina le général Roussel
à l'attaquer, quoiqu'il fût de beaucoup inférieur
en nombre. Une première charge sans être mar-
quée par de grands avantages, ayant décidé le
prince autrichien à se retirer, deux escadrons
du 22ᵉ de dragons appuyés par la cavalerie légère du général Ameil, s'élancent avec audace
sur la ligne ennemie, l'enfoncent, et prennent
6 pièces de canon attelées et 280 cavaliers montés. Les fuyards sont poursuivis vivement, jusqu'à ce qu'ils trouvent un refuge sous la ligne qui
s'étendait en avant du faubourg de Sainte-
Savine.

Vers midi l'investissement de Troyes achevé sur la rive gauche de la Seine, offrit le spectacle de 60 mille hommes (*Voyez le Tableau,
nº XII*) prêts à en venir aux mains; mais déjà il
n'y avait plus que le corps de Giulay pour rideau
en avant des faubourgs : l'armée alliée était en
pleine retraite sur les routes de Bar-sur-Seine et
Bar-sur-Aube. Il ne restait à Saint-Parre-aux-Tertres que le corps bavarois destiné à recueillir la
garnison et à former l'arrière-garde sur la première de ces routes. Le comte de Wittgenstein
qui devait se retirer sur celle de Lesmont,
bordait toutefois encore la rive droite de la

Seine jusqu'à Villacerf, avec deux régimens d'infanterie légère.

Tandis que ceci se passait, les trois Souverains alliés, leurs ministres, le prince de Schwarzenberg et les principaux officiers de l'état-major-général se réunirent chez le Roi de Prusse, à l'effet d'aviser aux moyens d'arrêter les progrès des armées françaises, victorieuses sur tous les points.

Conseil qui décide la proposition d'un armistice.

Dans une longue conférence, le généralissime communiqua d'abord les dernières dépêches du comte Bubna. Elles annonçaient que le duc de Castiglione, après avoir été renforcé par un grand nombre de conscrits des départemens méridionaux et un détachement de 12 à 15 mille hommes de vieilles troupes tiré de Catalogne, avait pris tout-à-coup l'offensive et chassé d'une part les Autrichiens de Chambéry, et de l'autre, de Mâcon et Bourg; enfin que Genève se trouvait menacé. Le comte de Metternich fit, dit-on, ensuite l'exposé de l'état des affaires. Son tableau était de nature à surprendre, mais non à encourager. Selon lui, la grande armée considérablement affaiblie et par les combats et par les maladies, que les rigueurs de la saison et de rudes privations avaient occasionnées, était d'autant moins capable de tenir tête à Napoléon dans cette contrée déjà ruinée, que la population des départemens sur les derrières, peu disposée à des sa-

22*

crifices , paraissait prête à courir aux armes pour
tomber sur elle à la première défaite. Dans cette
position, la perte d'une bataille exposait l'armée
aux plus grands malheurs. Coupée de sa base,
obligée de battre en retraite entre les places fortes
de la Moselle et les Vosges , son matériel et ses
nombreux équipages devenaient infailliblement
la proie des garnisons et des levées en masse de
ces contrées belliqueuses, supposé même qu'elle
pût parvenir à s'échapper au milieu de tant d'obstacles.

Ces considérations développées avec art ,
ébranlèrent l'empereur de Russie et le roi de
Prusse ; et comme Napoléon, peu de jours avant
son mouvement contre l'armée de Silésie, avait fait
la demande d'un armistice, on crut pouvoir le lui
offrir dans cette conjoncture, afin d'avoir le
temps de prendre de nouvelles mesures. En conséquence le prince Vinceslas de Liechtenstein fut
envoyé aux avant-postes avec cette proposition.

Napoléon n'eut garde de la refuser ; il devait en
retirer tout l'avantage, puisque quinze jours de
délai lui suffisaient pour organiser une armée de
cent mille hommes. Le prince de Neuchâtel fut
donc autorisé à répondre au généralissime qu'elle
était acceptée , et à l'inviter de désigner le lieu où
les commissaires se rendraient entre Troyes et
Vandœuvres pour en convenir.

Nonobstant cette négociation inopinée , toutes

les dispositions étaient faites pour prendre Troyes de vive force.

Cette ville n'est pas tenable. Environnée autre- Combats de cavalerie dans les faubourgs de Troyes; attaque de cette ville. fois de hautes murailles flanquées de tours et de fossés profonds, elle n'offrait alors aucune sûreté, tant par l'étendue et la disposition de ses faubourgs, qu'à cause de deux brèches de plus de 400 mètres à l'emplacement de la porte de Croncey démolie, et auprès de celle de Presle, pratiquées pour l'entrée et la sortie du canal projeté de Châtillon à Méry. Les Français pendant leur premier séjour, et les Alliés depuis leur occupation, avaient il est vrai, construit quelques redans à l'entrée des principales portes, et palissadé une partie des brèches; mais avec d'aussi faibles moyens, on ne pouvait sérieusement penser à arrêter une armée, et le général Volkman n'ayait été laissé dans la place, que pour donner le temps aux alliés de s'éloigner. Il s'était contenté d'en fermer les portes, et de placer de l'artillerie sur les remparts.

Vers 4 heures la cavalerie légère des 2ᵉ et 5ᵉ corps rejeta les avant-postes ennemis dans la ville, après avoir fourni plusieurs belles charges dans les faubourgs. Le général Piré ayant inutilement sommé le général autrichien, fit tirer sur la ville. La garnison lui riposta en lançant des obus et des grenades qui mirent le feu aux faubourgs de Saint-Martin et de Sainte-Savine. Alors on fit avancer une batterie de 12 jusqu'à cent pas de la porte de la Prèze; elle eut bientôt fait une brèche dans ces vieilles maçonneries; plusieurs voltigeurs la reconnurent, et l'on allait tenter l'assaut, lorsqu'un parlementaire vint annoncer que la place serait évacuée dans la nuit; mais que le gouverneur y mettrait le feu, si l'on continuait à canonner. Cette menace détermina l'Empereur à contremander le coup de main qui eût infailliblement causé la ruine de cette ville florissante.

L'armée bivouaqua à-peu-près dans les positions où elle s'était formée en ligne : les 7ᵉ et 11ᵉ corps d'infanterie en tête des faubourgs de Saint-Martin et des Noës; le 2ᵉ à l'entrée de celui de Sainte-Savine, entre Saint-André et l'ancienne Chartreuse; la jeune-garde à la chapelle St-Luc; la vieille à Châtres; le 2ᵉ corps de cavalerie aux Noës; les 5ᵉ et 6ᵉ dans les villages vers St-Julien; celle de la garde aux environs de Mesgrigny; le quartier-impérial à Châtres.

Reprise de Troyes par les Français. Le 24 février vers trois heures du matin, toute l'armée française s'ébranla : l'avant-garde entra au point du jour dans Troyes, où il ne restait plus que 600 blessés non transportables, et une centaine de maraudeurs qui furent faits prisonniers. Les hussards de Sczekler et de l'archiduc Rodolphe restés à la porte de Maignelet pour épier l'arrivée des Français, furent culbutés par la ca-

valerie de la garde aux ordres du comte Nansouty, qui traversa la ville au trot et surprit leurs
grand'gardes Peu d'heures après, elle atteignit
l'arrière-garde du comte de Wrède au défilé de
Moutier-Amey, la chargea à divers reprises, Engagement d'arrière-gar-de à Moutier-Amey.
lui fit 180 prisonniers, la mit en fuite, et alla
s'établir à Villeneuve-Mesgrigny.

Le 2ᵉ corps d'infanterie qui avait d'abord pris
position au pont de la Guillotière, reçut ordre de
le passer pour la soutenir, et fut suivi par le 7ᵉ;
moins la brigade de la division Boyer, restée à
Méry.

Les deux divisions du prince de la Moskowa
après avoir poussé jusqu'au pont de la Barce,
pour appuyer au besoin le général Gérard et le
duc de Reggio, revinrent le soir s'établir à Saint-
Parre-aux-Tertres.

Sur la route de Bar-sur-Seine, le comte de Valmy se porta de Saint-Julien sur la Sarce, chargea
vigoureusement l'arrière-garde du corps de Giulay, et après lui avoir enlevé un parc et 500 hommes près de Saint-Parre-les-Vaudes, poussa jusqu'à Bar. Le duc de Tarente avec le 11ᵉ corps d'infanterie et le 5ᵉ de cavalerie, s'avança jusqu'à St.-
Parre-les-Vaudes, échelonné aux Maisons-Blan-
ches par la division Roussel, qui s'y tint en réserve.

L'Empereur précédé de la première division Entrée de l'Empereur à Troyes.
d'infanterie de vieille garde, fit son entrée dans la
ville de Troyes à 11 heures du matin, aux accla-

mations des habitans. Les vexations exercées par
les Alliés, et principalement par les Autrichiens,
envers les citoyens de toutes les classes, ne contribuèrent pas peu à déterminer cet accueil.
On offrit avec profusion aux soldats, le jour de
la victoire, ce qui leur avait été épargné au jour
du malheur. Mais à l'instant où la majorité de la
population faisait éclater la joie de sa délivrance
par mille transports d'allégresse, le petit nombre
de royalistes qui s'était déclaré pour les Bourbons,
était en proie aux plus vives allarmes. Toutefois la politique de l'Empereur trompa leurs craintes, et sa vengeance ne frappa que les deux principaux auteurs de l'Adresse dont nous avons rendu
compte au chapitre VII.

Le chevalier Gouault fut arrêté, jugé et con-
damné à mort par une commission prévôtale; la
même peine fut prononcée contre le marquis de
Vidranges, en députation auprès du comte d'Artois. On a prétendu qu'un conseil de guerre per-
manent les aurait sauvés. C'est une erreur; il eût
appliqué la même peine (1); mais en renvoyant
les accusés devant un conseil, Napoléon se serait
épargné l'odieux d'un jugement prévôtal, toujours entaché d'arbitraire. Du reste aucun des signataires de l'Adresse ne fut inquiété; et Napo-

_____

(1) Code pénal, liv. 3, chap. 1, sect. 2, art. 91.

léon feignit de les recevoir à récipiscence. Seulement le propriétaire de la maison où l'empereur Alexandre avait logé, fut mandé au quartier-impérial, admonesté vivement et obligé, dit-on, de remettre à l'administration des hospices, la bague dont son hôte lui avait fait cadeau. La réprimande faite à cet habitant causa le plus sensible déplaisir à tous les citoyens, parce qu'elle était injuste et passait les bornes de la décence.

Mais l'Empereur en traitant avec indulgence les royalistes de Troyes, ne parut pas disposé à laisser impunies à l'avenir les tentatives en faveur des princes de la maison de Bourbon; car un décret prononça le même jour peine de mort contre tout Français qui porterait une cocarde ou des décorations autres que celles permises. La même peine fut réservée à ceux qui suivraient les armées ennemies, ou y prendraient du service.

Ce décret, celui qui prononça la destitution du préfet Cafarelli, pour ne s'être pas mis en mesure de venir occuper son poste lorsque l'armée rentra dans Troyes, ne parurent aux yeux de la multitude, que des actes d'une juste sévérité.

Peu d'heures après son entrée à Troyes, l'Empereur reçut l'avis que les commissaires nommés pour conclure l'armistice se rendaient à Lusigny. En conséquence il y envoya dans la journée le comte Flahaut son aide-de-camp, lequel y

trouva le comte Schuwalow , aide-de-camp de
l'empereur de Russie , le comte Duca , aide-de-
camp de l'empereur d'Autriche, et le général
Rausch, commandant les ingénieurs du roi de
Prusse.

Napoléon ignorant encore l'issue des conférences de Lusigny , devait songer naturellement
à continuer ses opérations offensives. Il avait à
choisir entre deux partis : presser avec toutes ses
forces le prince de Schwarzenberg et tâcher de
le contraindre à accepter une bataille ; ou bien se
contenter de le faire suivre par deux ou trois
corps d'armée , et de rabattre avec le reste sur
celle de Silésie , qui après avoir rallié 6 bataillons
et une douzaine d'escadrons venant du blocus de
Luxembourg et de Thionville , s'était mise en
marche le 24, pour passer l'Aube à Baudemont,
et refouler le duc de Ragnse contre la Marne.

Le premier parti eut sans doute été le meil-
leur , si Napoléon avait eu la certitude de forcer
le généralissime à recevoir bataille ; car dans
le cas où il l'aurait battu, le maréchal Blucher
se serait trouvé d'autant plus compromis, qu'il
eût obtenu d'avantages sur le faible corps du duc
de Raguse ; mais l'Empereur ne devait pas croire
que le prince de Schwarzenberg entrerait seul
en lice avec lui, puisqu'il n'avait osé se mesurer
dans la plaine entre Troyes et Nogent, lorsqu'il
pouvait facilement y attirer l'armée de Silésie.

Le caractère entreprenant du maréchal Blucher laissait plus d'espoir de succès; l'on ne doutait pas qu'impatient de laver ses derniers affronts, il ne donnât bientôt prise contre lui. D'ailleurs Napoléon en opérant contre l'armée de Silésie, isolait une seconde fois les deux masses principales, et détournait le danger résultant pour lui de leur jonction.

Toute réflexion faite, il chargea les ducs de Tarente et de Reggio de poursuivre le prince de Schwarzenberg sur les routes de Châtillon et de Bar, et prescrivit au général Alix de flanquer leur marche d'Auxerre. En même temps il ordonna au prince de la Moskowa et au duc de Bellune, soutenus d'un millier de chevaux, d'observer l'armée de Silésie; et tint en réserve à Troyes, les divisions Laferrière, Excelmans; ainsi que celle du général Friant, prêtes à marcher vers l'Aube et la Marne, selon les circonstances. D'après ces dispositions, le 25 au matin toute la jeune garde et les dragons du général Roussel, se portèrent vers Arcis, où le duc de Raguse eut aussi l'ordre de se rendre de Sézanne. Le général Laferrière fut rappelé de Vandœuvres à Troyes.

Tandis que Napoléon prenait cette détermination, les Souverains alliés sentirent de leur côté, la nécessité d'arrêter un plan d'opérations mieux adapté à l'état présent des affaires; et se réunirent avec leurs ministres, le généralissime

Plan d'opérations des alliés

et l'état-major-général chez le roi de Prusse à Vandœuvres, le 25 février à 8 heures du matin.

Le Conseil convaincu que la grande armée serait obligée de se reployer sur Langres, décida dans cette conférence, qu'on y réunirait les réserves autrichiennes, soit pour accepter la bataille, soit pour arrêter un nouveau plan d'offensive; et que l'armée de Silésie déjà séparée de la grande armée, se dirigerait vers la Marne, afin d'y opérer sa jonction avec les corps de Winzingerode, Bulow et Woronzow, et former ainsi une masse de 100 mille hommes, capable de reprendre l'offensive et marcher de rechef sur Paris.

Il arrêta la création d'une armée du Midi, à laquelle on affecta le corps de Bianchi, la première division de réserve, les troupes autrichiennes qui se trouvaient à Dijon, ainsi que le 6° corps de la Confédération, c'est-à-dire 45 à 50 mille hommes; cette armée fut mise sous les ordres du prince héréditaire de Hesse-Hombourg, lequel devait marcher à Mâcon, chercher à repousser le corps du duc de Castiglione, et par là délivrer Genève et la ligne de retraite de toute inquiétude. Il fut décidé en outre, que le prince de Weymar resterait dans le Pays-Bas, et le prince royal de Suède à Liége, soit pour tenir en respect les garnisons des places, soit pour recueillir l'armée de Silésie en cas d'échec, ou enfin pour assurer sa base d'opérations.

La grande armée aux ordres du prince de Schwarzenberg considérée comme le centre, devait se tenir en observation, tandis que celles de Silésie et du Midi regardées comme ailes, prendraient l'offensive avec vigueur, favorisées par ses manœuvres et les diversions qu'elle tenterait en cas de malheur à l'une ou à l'autre.

On statua que le congrès ouvert à Châtillon depuis le 4 février, fixerait au plutôt les bases des négociations pour amener la paix; et que dans le cas où Napoléon consentirait à un armistice, la Saône et le Rhône formeraient la ligne de démarcation des armées alliées.

Les résolutions de ce Conseil s'écartaient tellement des principes militaires, et portaient le cachet d'une si grande pusillanimité, qu'elles trouvèrent d'aigres censeurs parmi les chefs des divers corps alliés. Ils murmurèrent et se plaignirent hautement d'être les jouets de la politique versatile du cabinet autrichien; et le généralissime pour appaiser tant de braves gens, humiliés d'une retraite que rien ne commandait, crut nécessaire de leur en développer les motifs dans une circulaire (1), qui servit de texte à plus d'un malin commentaire.

Quoi qu'il en soit, l'évacuation du pays jusqu'à l'Aube étant résolue, elle eut lieu sur les routes

_____

(1) Plotho, Dritter Theil, VIII. Kapitel, Seite 233.

de Bar et de La Ferté, sans qu'on songeât à disputer le terrain sérieusement.

Combat de Dolencourt et de Bar. Le 26 février après-midi, le comte Gérard formant tête de colonne du duc de Reggio, se présenta devant le pont de Dolencourt gardé par la division Hardegg. Le général Duhesme l'emporta à la baïonnette, et poursuivant les Autrichiens au pas de charge, entra dans Bar pêle-mêle avec eux malgré le feu croisé de leurs batteries. Le duc de Reggio qui suivait avec le reste de ses troupes, plaça alors la 2ᵉ division du comte Gérard sur les hauteurs des Filles-Dieu, laissa la division Paethod sur celles de la rive gauche de l'Aube à la garde du pont, et fit prendre position dans la vallée à droite, au 7ᵉ corps d'infanterie et au 2ᵉ de cavalerie.

Le comte de Wrède s'était retiré, et n'avait laissé pour observer les Français, que l'infanterie légère de Wlastow et la division Hardegg, dans les vignobles à gauche de la grande route. Cependant, informé sur les six heures du soir, que Bar n'était occupé qu'avec peu de monde, il crut pouvoir l'enlever d'un coup de main. La situation de cette ville, encaissée entre les hauteurs des Filles-Dieu et la côte de Spoy dont l'Aube baigne le pied, ne lui eût sans doute pas permis de s'y établir, tant que les Français seraient restés maîtres des berges de cette rivière; mais il fit peu d'attention à cette circonstance, et se flatta sans doute de surprendre la garnison. Il poussa deux bataillons en colonne serrée par le faubourg de Chaumont jusqu'à la porte dont ses tirailleurs s'emparèrent sans coup férir. Alors la colonne s'avança avec confiance dans l'intérieur de la ville, et pénétra sans grand obstacle jusqu'à la place où se trouvait un bataillon de piquet. Celui-ci la voyant à portée, la reçut par une décharge qui jeta le désordre dans ses rangs; puis marchant contre elle à la baïonnette, la reconduisit battant jusqu'à l'extrémité du faubourg d'où il avait débouché. Cette entreprise téméraire coûta près de 300 hommes aux Bavarois et à peine 50 aux Français.

De son côté le duc de Tarente avançant sur une route déjà abandonnée, poussa jusqu'à Essoye, Landreville et Loches, postant sans peine sa cavalerie à Fontette. Une division d'infanterie et une de dragons furent portées avec son quartier-général à Mussy-l'Evêque, d'où l'on éclaira les routes de Langres et de Châtillon. Le parc resta à Bar-sur-Seine.

Ainsi à l'époque du 26 février, le gros des Alliés se trouvait rejeté entre Bar et La Ferté derrière l'Aube, et la retraite jusqu'au revers de la chaîne du Morvan paraissait irrévocable, lorsqu'un incident renversa tout le plan de Vandœuvres, et reporta de nouveau la grande armée à Troyes malgré le généralissime. Mais la marche

naturelle des événemens exige que nous en sus-
pendions quelques instans le récit, pour rendre
compte des opérations de l'armée de Silésie, qui
va dans le cours de cette période, absorber toute
l'attention de l'Empereur.

CHAPITRE XIII.

Marche de l'armée de Silésie sur Paris, par la vallée de la Marne. — Jonction des corps des ducs de Raguse et de Trévise à La Ferté. — Combats de Meaux, de Lizy, de Gué-à-Trême et de Neuilly-Saint-Front. — Marche de Napoléon sur les derrières de l'armée de Silésie. — Capitulation de Soissons. — Jonction de l'armée de Silésie avec les corps de Bulow et de Winzingerode. — L'armée combinée du Nord et de Silésie repasse l'Aisne.

• (Consultez pour les marches, la carte des ponts et chaussées de l'Empire; et pour les positions, les feuilles de Cassini, n° 44, 45, 46; 79, 80 et 81.)

L'ARMÉE de Silésie repoussée à Méry, le 22 février, par le général Boyer, se maintenait dans sa position sur la rive droite de la Seine, quand le maréchal Blucher apprit le 23, que le généralissime renonçant à livrer bataille à Napoléon, évacuait Troyes, poursuivi par l'armée française.

Dès ce moment, se croyant abandonné à lui-même, il jugea n'avoir rien de mieux à faire que de passer l'Aube, de se jeter sur le corps du duc de Raguse, et d'obliger par-là Napoléon à faire un gros détachement, qui le forçât à se tenir avec le reste sur la défensive : manœuvre basée sur un principe erroné, dont l'application lui avait été récemment si funeste.

D'après cette résolution, il détruisit les ponts d'Arcis et de Plancy, et mit toutes ses troupes en marche le 24 février de très-bonne heure, en sorte qu'elles se trouvaient entre Saron et Anglure, lorsque dans la soirée, un courier lui apporta l'ordre du généralissime de se diriger par Piney sur Lesmont et Dienville derrière l'Aube, pour prendre la droite de la grande armée. Dans la position actuelle de l'armée de Silésie, ce mouvement présentait de graves inconvéniens. Il fallait remonter la rive droite de l'Aube, au risque de voir entamer l'arrière-garde par le général Boyer qui déboucherait de Méry, ou repasser cette rivière à Plancy ou Arcis, en présence de l'Empereur, qui de Troyes pouvait se porter vis-à-vis ces débouchés, et la culbuter avant qu'elle eût le temps de se former. Cette alternative sembla trop désavantageuse au feld-maréchal, pour qu'il ne préférât suivre son premier projet. Il s'excusa donc auprès du généralissime de ne pouvoir exécuter ses ordres ; et se jugeant dès-lors maître de suivre sa première idée, il se dirigea en deux colonnes, par Barbonne et Chichey, sur Sézanne.

Retraite du   Le duc de Raguse qui s'y trouvait en observa-

tion , fut loin de penser , voyant déboucher duc de Raguse.
l'ennemi par ces chemins détestables , qu'il prenait l'offensive contre lui , et supposant que
c'était un corps pressé par l'Empereur, qui cherchait à s'échapper , il détacha 800 chevaux
sur les hauteurs de Pleurs , pour l'arrêter dans
le cas où il chercherait à se retirer sur Châlons
après avoir été battu , ou le harceler s'il voulait gagner Château-Thierry , sans avoir été
entamé. Il se disposait à appuyer cette reconnaissance avec le reste de ses troupes, lorsque
elle fut ramenée par la cavalerie du général
Korf. Comme le maréchal était très-faible, et qu'il
lui avait été recommandé de ne pas se compromettre, il prit le parti de se retirer sur les hauteurs
de Vindey , un kilomètre en arrière de Sézanne,
et d'informer promptement l'Empereur de la
marche de l'ennemi.

Pendant que ceci se passait sur les bords de Le duc de Trévise se porte sur la Marne.
l'Aube, le duc de Trévise qui depuis le 15 février,
observait de Villers-Cotterets , le corps de Winzingerode, s'étant aperçu qu'il se jetait sur la
Marne, laissa dans Soissons le général Moreau
avec une bonne garnison , et se porta en deux
marches à Château-Thierry, où il se réunit le 24
au corps volant du général Vincent.

Le 25, le duc de Raguse toujours incertain des
plans de son adversaire, mais suffisamment éclairé

23*

sur ses forces, se retira à La Ferté-Gaucher, d'où il se porta le lendemain par Rebais, à La Ferté-sous-Jouarre. Son arrière-garde fut serrée de près sur les deux rives du Morin, jusqu'à La Ferté-Gaucher; mais le feu de l'artillerie légère tint les Alliés à distance respectueuse. Le feld-maréchal prussien, informé par divers rapports qu'un détachement de gardes nationales occupait encore Montmirail, y envoya un parti de 500 chevaux, avec ordre d'éclairer le pays entre Epernày, Château-Thierry et La Ferté-sous-Jouarre. Ses patrouilles lui ramenèrent, dans la matinée du 26, un officier de l'état-major du duc de Trévise, expédié de Château-Thierry, en mission près du duc de Raguse. Ses dépêches et ses réponses donnant à croire au feld-maréchal, que le duc n'avait pas moins de 8 à 10 mille hommes, il craignit malgré sa supériorité, d'effectuer le passage de la Marne, en présence des maréchaux français, et préféra manœuvrer dans la vue de tourner leur droite, et de la franchir sans combat. En conséquence, le 27 au point du jour, les Prussiens s'avancèrent par Rebais sur Jouarre et La Ferté, tandis que les Russes se portèrent des environs de Coulommiers où ils avaient couché, par St.-Jean-les-deux-Jumeaux sur Trilport. Le général Korf avec 4,000 chevaux, fut chargé d'observer de La Ferté-Gaucher, les mouvemens que les Français pourraient faire des bords de l'Aube ou de la Seine.

Cependant le duc de Trévise, mieux instruit qu'on ne le supposait, se rendit le même jour à La Ferté, ordonnant au général Vincent de former l'arrière-garde avec 200 dragons, 100 gardes d'honneur et 500 hommes d'infanterie. *Jonction des ducs de Trévise et de Raguse à La Ferté.*

Les maréchaux français ne voulant pas courir le risque de se laisser couper de Paris, passèrent le même jour la Marne à La Ferté, en brûlèrent le pont, et se dirigèrent sur Meaux. La division Ricard fut envoyée entre Trilport et Monceaux pour couvrir ce mouvement rétrograde, qui demandait de la célérité; malgré cette précaution, divers accidens faillirent les jeter dans la situation la plus fâcheuse. Il ne restait à Trilport qu'un méchant pont de bateaux, sur lequel la cavalerie Doumerc eut beaucoup de peine à défiler; ce qui retarda le passage de l'infanterie, et donna le temps aux Russes de venir en chicaner la destruction. On se félicitait d'avoir réussi à le rompre, et l'on continuait la marche sur Meaux, lorsqu'on fut informé qu'un parti envoyé par le général Sacken, pour faire des démonstrations contre cette place, qu'il supposait fortement gardée, était au moment de s'en emparer.

Meaux est divisé en trois parties par la Marne *Combat de Meaux.*

et par le bras de cette rivière où est l'écluse de navigation ; la plus considérable est sur la rive droite ; elle est traversée par la grande route de Châlons à Paris ; la seconde partie forme une île ; la troisième occupe l'isthme de la presqu'île formée par les sinuosités de la rive gauche ; celle-ci traversée par la route de Coulommiers , et dominée de près par la colline sur laquelle cette route s'élève à travers un faubourg , est appellée le Cornillon , du nom d'un ancien ouvrage qui couvrait l'isthme. Les trois parties de Meaux sont réunies par des ponts de pierres. Leur enceinte autrefois défendue par un mur flanqué de tours, en avant duquel régnait un large fossé , mais alors presqu'entièrement effacé , ne les mettait guère qu'à l'abri d'incursion , attendu qu'on ne s'était pas sérieusement occupé de relever ses anciennes fortifications , et qu'on s'était borné à construire des tambours à ses portes.

Lorsque l'armée française y entra par celle de La Ferté , le parti du général Sacken occupait déjà le Cornillon et le premier pont de la Marne. La garnison forte de 1,600 gardes nationaux mal commandés , s'était dissipée au premier coup de carabine. Encore quelques minutes, et l'ennemi devenait maître de l'île et de la ville. Il avait déjà dans le massif de la porte de Cornillon de l'infanterie qui fusillait tout ce qui se présentait vers

les débouchés de la rue principale ; et 4 pièces placées sur la butte du moulin , battaient
la place du marché. Le duc de Raguse surpris ,
mais non découragé , vola à la tête de son état-
major et de quelques hommes sur la porte du
Cornillon dont il s'empara , malgré la fusillade
et la mitraille des Russes, qui conservèrent le
pont ; en même temps l'artillerie française fila
en toute hâte à travers la ville , sur les hauteurs
de Venise , d'où elle imposa silence à la leur ,
sans parvenir néanmoins à déloger l'infanterie
du faubourg. On perdit , de part et d'autre , quelques centaines d'hommes. Le général Pelleport
fut blessé.

Tandis que la tête de la colonne des maréchaux
se trouvait ainsi inquiétée à Trilport et aux prises
à Meaux , l'arrière-garde fut sur le point d'être
coupée. Le général Vincent n'ayant quitté Château-Thierry que dans la nuit du 26 au 27 ,
l'avant-garde prussienne occupait déja La Ferté
lorsqu'il arriva à Montreuil-aux-Lions , ce qui
l'obligea de se jeter brusquement à droite, et de
gagner Meaux par Lizy , à travers les terres , pour
éviter l'avant-garde du général Katzler , lequel
après avoir jeté un pont entre Sameron et La
Ferté , se dirigeait sur la même ville , échelonné
par le corps du baron Sacken.

Sur ces entrefaites , une reconnaissance poussée de Fère-Champenoise , par le général Tetten-

born, apprit au feld-maréchal que l'Empereur
s'avançait sur ses derrières. Cette nouvelle à
laquelle il devait s'attendre, puisque sa course
sur la Marne avait pour but de l'y attirer, ne
laissa pas de l'embarrasser, et il comprit qu'il
n'obtiendrait les avantages qu'il s'était promis
-sur les maréchaux, qu'en doublant de vîtesse.
Il jeta donc à la hâte deux autres ponts sur
cette rivière, et porta toute son armée sur la
rive droite, à l'exception du corps d'Yorck qu'il
laissa à Jouarre, tant pour couvrir ses ponts
que pour recueillir la cavalerie du général Korf,
rappelée de La Ferté-Gaucher. En même temps
il ordonna au général Kleist qui formait tête de
colonne, de prendre position à Lizy, de faire
passer l'Ourcq à son avant-garde et de la pousser sur la Thérouanne, afin d'inquiéter Meaux.

Topographie
du pays entre
l'Aisne et la
Marne.

Puisque cette brusque détermination amène
les armées entre la Marne et l'Aisne, il convient de jeter un coup-d'œil sur cette contrée. Entre les deux rivières règne une chaîne
de collines qui d'abord assez élevée à sa naissance, entre Epernay et Béry-au-Bac, va en
s'abaissant jusqu'à la vallée de l'Oise dans les environs de Paris.

Parmi le grand nombre de filets d'eau qui l'arrosent, deux seuls méritent le nom de rivière; ce
sont la Vesle et l'Ourcq. La première prend sa
source à Somme-Vesle, à 15 kilomètres Est de

Châlons, et va se jeter dans l'Aisne entre Vailly et Soissons, après avoir arrosé Reims, Fismes et Braisne; l'Ourcq surgit à un myriamètre Sud-Est de Fère-en-Tardenois, passe à La Ferté-Milon, et va grossir la Marne au-dessous de Lizy.

La contrée, fertile en grains et en vins, est d'ailleurs peu praticable aux armées. Outre ces deux rivières qui forment obstacle aux mouvemens, la montagne de Reims entre cette ville et Epernay, et plus loin en arrière, les forêts de Compiègne et de Villers-Cotterets procurent des moyens de chicane contre l'ennemi qui cherche à déborder la ligne de défense entre Seine et Marne pour tomber dans le bassin de l'Oise par la vallée de l'Aisne; et la place de Soissons, située au nœud des routes de Reims, de Laon et de Compiègne, lui interdit, en quelque sorte, la seule praticable pour arriver à Paris dans cette direction.

En effet, en jetant un coup-d'œil sur la carte, on voit que les grandes routes qui traversent le pays se réduisent à trois;

1 De Paris à Creil, par St.-Dénis et Luzarches;

2. De Paris à Compiègne, par Senlis et Verberie;

3. De Paris à Soissons, par Nanteuil et Villers-Cotterets.

Les communications ne sont guère plus nombreuses; on compte:

1. Celle de Meaux à Soissons, par La Ferté-Milon ;

2. Celle de Château-Thierry à Soissons, par Oulchy-la-Ville ;

3. Celle de Compiègne à Soissons, le long de la rive gauche de l'Aisne, et de Soissons à Reims, tantôt sur une rive de la Vesle, tantôt sur l'autre ;

4. Enfin, la communication de La Ferté à Château-Thierry, qui n'est autre chose que la chaussée de Paris à Châlons.

Il suit de là qu'il n'y a pas de route directe de Reims à Paris, entre l'Aisne et la Marne, et que des trois grandes communications qui se dirigent de la capitale sur ce nouveau théâtre d'opérations, deux tombent dans le bassin de l'Oise, et une seule dans la vallée de l'Aisne.

Les maréchaux demandent des renforts à la régence.

Cependant les deux maréchaux, dont la force totale ne s'élevait pas à 10 mille hommes, n'ayant encore reçu aucune nouvelle de l'Empereur, désespérèrent de tenir tête long-temps au feld-maréchal Blucher, et jugèrent devoir informer la régence de leur situation. Le colonel Fabvier, attaché à l'état-major du duc de Raguse, fut expédié au ministre de la guerre qui le renvoya au roi Joseph, et ce prince au ministre. Jamais mission ne causa une sensation plus désagréable : on était alors occupé de la présentation des drapeaux pris dans les derniers combats ; et tandis que le canon de réjouissance se faisait entendre aux Invalides, il fallut aviser aux Tuileries , aux moyens de couvrir de nouveau la capitale : chose bien difficile , car les moyens s'épuisaient de jour en jour. La formation de la 2ᵉ division de la réserve de Paris , avait enlevé presque tous les conscrits des dépôts de la ligne ; et le petit nombre de ceux qui arrivaient, était réservé pour la garde. A la vérité , il y avait alors environ 5 mille hommes d'infanterie et 1000 chevaux disponibles dans ses dépôts ; mais fallait-il s'en dégarnir pour les envoyer aux maréchaux, lorsque d'un instant à l'autre l'Empereur pouvait les réclamer sur d'autres points? Dans cette situation embarrassante , le roi Joseph crut prendre beaucoup sur lui, de faire partir le même jour 1300 hommes d'infanterie et 106 lanciers pour renforcer le duc de Trévise, et de commettre 300 hommes à la garde de chacun des ponts de Saint-Maur et de Charenton; loin d'être un remède au mal ce n'était pas même un palliatif ; heureusement , le lendemain Napoléon informé de la position critique des maréchaux, ordonna d'envoyer à leur secours toutes les troupes et l'artillerie disponibles. Alors seulement, le reste de la 3ᵉ division provisoire de la garde , consistant en 3,600 hommes d'infanterie , 800 chevaux et 48 bouches à feu, se mit en marche sous la conduite du général Poret de Morvan.

En attendant l'arrivée de ces renforts, les ducs de Trévise et de Raguse, présumant que leur adversaire n'avait fait remonter la Marne aux corps russes, qu'afin de la passer sans opposition à La Ferté-sous-Jouarre et se porter sur l'Ourcq, résolurent d'aller prendre position sur la rive droite de cette dernière.

Combat de Gué-à-Trê-me. Le 28 février, le général Vincent formant l'extrême avant-garde du duc de Trévise, rencontra entre Parrin et Vareddes les coureurs du général Kleist, dont l'avant-garde occupait la bonne position de Gué-à-Trême, devant laquelle coule la Thérouanne : le corps de bataille se trouvait à 5 kilomètres en arrière. La cavalerie prussienne fut ramenée vigoureusement jusqu'à Estrepilly, où elle repassa la rivière. Alors la division Christiani, précédée de son artillerie, s'avança contre le village de Gué-à-Trême qu'elle canonna vivement ; l'artillerie prussienne lui répondit assez long-temps : mais ce village, attaqué de front par la 1re brigade du général Christiani, et tourné sur sa droite par le régiment de chasseurs-flanqueurs, les 4 bataillons qui l'occupaient en furent délogés, et se replièrent sur leur cavalerie, qui arrêta la poursuite au défilé de Neufchelles. Le général Kleist établit le gros de son corps à Fulaines, fit rompre le pont de Lizy et garder militairement les routes de La Ferté-Milon et de Nanteuil.

Le duc de Trévise resta devant Lizy. Le duc de Raguse qui avait suivi la route de La Ferté-

Milon jusqu'à May-en-Mulcien, prit position à
ce dernier endroit. Une fusillade entremêlée de
coups de canon ne cessa pas une minute durant
une nuit de douze heures, malgré une forte pluie
de neige fondue. L'ennemi perdit dans l'affaire
150 à 200 hommes et autant de prisonniers. Les
Français n'en eurent pas au-delà de 80 hors de
combat.

Le feld-maréchal prussien instruit dans la
nuit de l'issue de ce combat, et apprenant d'un
autre côté, que Napoléon chassait devant lui la
cavalerie du général Korf, ordonna au général
Yorck, qui était encore à Jouarre, de passer la
Marne et de replier ses ponts aussitôt qu'il l'aurait recueilli. Se flattant que les obstacles de
localité retarderaient assez l'Empereur, pour n'a-
voir pas à craindre de l'avoir sitôt sur les bras,
il résolut, pour le lendemain 1ᵉʳ mars, de faire
passer l'Ourcq à Crouy, aux corps d'Yorck et
de Kapzewitsch, afin d'aborder les maréchaux
par leur gauche, et de les prendre à dos, pendant
que le baron Sacken les amuserait par des démonstrations devant Lizy.

Ce plan ne put recevoir son exécution. Le Combat de
corps du baron Sacken engagea bien la fusillade Lizy.
recommandée avec celui du duc de Trévise ; mais
le général Yorck, ayant trouvé le pont de Crouy
rompu, fut obligé de remonter jusqu'à Fulaines
pour passer l'Ourcq. Vers six heures du soir, le

feld-maréchal désolé que son projet eût manqué, envoya l'ordre au général Kapzewitsch de franchir la rivière à Gesvres, après en avoir rétabli le pont. Cette tentative commencée sous d'heureux auspices, finit comme on devait s'y attendre. L'avant-garde russe effectua son passage devant la cavalerie du général Doumerc qui fléchit devant elle; mais le duc de Raguse, ayant fait prendre les armes à son infanterie, marcha à sa rencontre; et à la suite d'un engagement assez chaud, où il lui fit 260 à 300 prisonniers, la rejeta sur la rive droite de l'Ourcq.

Les deux partis passèrent la nuit du 1er au 2 mars sur le qui-vive : néanmoins la plus grande crainte était du côté des Alliés. Les cris de la division Poret de Morvan qui rejoignit le corps du duc de Trévise dans ses positions, le fracas du train des 48 bouches à feu qu'elle traînait à sa suite, ne contribuèrent pas peu à entretenir leurs alarmes, et à leur faire croire qu'une armée formidable, sortie de Paris, était venue renforcer les maréchaux.

Pendant que les ducs de Trévise et de Raguse, avec leurs faibles moyens, disputaient si heureusement le passage de l'Ourcq à l'armée de Silésie, des événemens non moins importans se passaient sur les derrières de celle-ci; et pour en rendre compte d'une manière satisfaisante, nous allons reprendre les choses d'un peu plus haut.

Le corps de Bulow ayant été relevé en Bel- gique, comme on le verra au chap. XX, par le 8° corps allemand, se mit en marche de Bruxelles le 8 février, et se porta en éludant les places, par Mons, Pont-sur-Sambre et Cartigny sur Laon, où il arriva le 24, son flanc droit couvert par le corps de partisans du baron de Geismar, qui descendit au même moment par Lillers et Dourlens à Chauny, où il s'établit. Dans cette position déjà si sûre, le général prussien prenant ombrage de La Fère, jugea devoir tenter un coup de main contre cette place, dont l'ensemble des ouvrages en terre, élevés en 1793, était loin de répondre au degré de force que ses établissemens considérables d'artillerie et la sûreté des moyens de transports que lui donne sa position sur l'Oise, semblent mériter. Elle n'avait alors qu'une garnison de 400 hommes, dont environ moitié de gardes nationaux, sous les ordres du général d'artillerie Pommereuil. Une brigade d'infanterie prussienne en forma l'investissement le 26 février, insulta ses faubourgs et commença à y jeter des obus. Ce début intimida le gouverneur, qui, sommé et menacé d'une escalade qu'il ne crut pas être en état de repousser, remit la place, et obtint la faculté de se retirer à Noyon, sous condition de ne point servir du reste de la campagne.

La conquête facile de La Fère, en affermissant

le flanc droit du général Bulow, fit tomber en son
pouvoir plus de 100 pièces de canon, une infinité de caissons, et des magasins contenant un
matériel estimé plus de 20 millions de francs.
Elle n'aurait eu cependant aucune suite fâcheuse, si le feld-maréchal, prévoyant être bientôt
pressé par Napoléon, n'eût ordonné au général
Bulow, qui était retourné à Laon après ce coup
de main, de se diriger sur l'Aisne et d'y opérer
sa jonction avec le corps de Winzingerode.

Celui-ci s'était porté, d'après des ordres qui
ne s'expliquent pas d'eux-mêmes, de Châlons
et d'Epernay sur Reims, d'où après avoir été renforcé du corps du comte de Woronzow détaché
de l'armée du Nord, il se disposait à marcher
sur Soissons.

Marche de
l'Empereur
sur les der-
rières de l'ar-
mée de Si-
lésie.

De son côté, l'Empereur qui de Troyes,
avait les yeux fixés sur les mouvemens des
deux grandes armées alliées, ayant vu celle
de Silésie s'isoler une seconde fois pour se re-
porter dans la vallée de la Marne, n'hésita pas
à marcher contre elle, disposé à lui prouver
de nouveau à ses dépens, le danger des lignes
doubles d'opération. Il quitta Troyes le 27 février, et vint le même jour coucher aux Herbisses,
avec toute la cavalerie de la garde et la division
Friant. Le prince de la Moskowa qui d'Arcis,
avait rallié la division Roussel, un régiment de
marche de cavalerie aux ordres du colonel Ghi-

gny, et la brigade de la division Boyer qui gardait Méry, occupa Semoine et Gourganson. Le duc de Bellune, avec ses divisions et une brigade de marche de cavalerie commandée par le général Vattier, se rendit par Plancy, à Salon ; le duc de Padoue avec la 2ᵉ division de réserve de Paris et un détachement du 1ᵉʳ corps de cavalerie aux ordres du comte Bordesoulle, à Villenoxe.

Le 28, toutes les troupes de la garde s'établirent entre La Ferté-Gaucher et Esternay, et le duc de Padoue à Bricot-la-Ville et Châtillon. Chemin faisant, les chasseurs et les lanciers de la garde, ayant rencontré, aux environs de Fère-Champenoise, les troupes légères du général Tettenborn, leur donnèrent la chasse dans la direction de Vertus.

La marche d'Esternay à Jouarre fut affreuse. L'Empereur ne put arriver que fort avant dans la nuit avec la cavalerie et les têtes de colonne d'infanterie de la garde. Il faisait un temps horrible, et les chemins étaient impraticables. L'artillerie resta embourbée entre Rebais et Jouarre, et ne put être tirée que le lendemain matin. Comme il n'y avait pas un moment à perdre pour secourir les maréchaux, on travailla à la reconstruction du pont pendant que les troupes se ralliaient.

Le maréchal Blucher craignant pour ses der-

1. 24

rières et ignorant encore si Napoléon passerait
la Marne à La Ferté ou à Château-Thierry, renonça prudemment à la conquête de Paris, et
sentit qu'il était temps de se replier sur l'Aisne, afin d'opérer sa jonction avec les généraux
Winzingerode et Bulow. Il marqua en conséquence la direction de ses troupes sur Soissons, et commença son mouvement le 2 mars.
Le corps d'Yorck, ouvrant la marche, alla
prendre position à Oulchy-la-Ville sur l'Ourcq,
face à Château-Thierry, et fut suivi à l'entrée
de la nuit par ceux des généraux Sacken et
Kapzewitsch, qui s'établirent à Ancienville et
Milon. Le général Kleist désigné pour former
l'arrière-garde, eut l'ordre de faire une reconnaissance sur May, autant pour masquer ce mouvement rétrograde que pour s'assurer de la force
des renforts arrivés durant la nuit.

Reconnais-
sance des Al-
liés sur May.
Au moment où la cavalerie du général Ziethen
qui en fut chargée, débouchait de Neufchelles, la
division Merlin se porta à sa rencontre, mais elle
en fut reçue à coups de canon, et chargée par les
dragons de la Nouvelle-Marche, les hussards et
les uhlans de Silésie, qui la rejetèrent sur la
division Ricard, laquelle s'avançait en bon ordre, soutenue de celle du général Lagrange, sous
la protection de 12 pièces de position. Alors
s'engagea une canonnade fort vite qui démohta

6 pièces aux Prussiens. A cinq heures du soir, le
général Ziethen, prêt à être forcé sur sa gauche, exécuta sa retraite avec peine. Le général
Kleist le recueillit, et gagna l'Ourcq lentement,
parce qu'il devait attendre que tous les autres
corps eussent filé : le duc de Raguse l'atteignit
auprès du défilé de Mareuil encore encombré par
le corps de Kapzewitsch, qui repassait la rivière
pour se porter par sa rive gauche sur La Ferté-
Milon. Obligé de faire face, le général Kleist
place deux bataillons, un régiment de hussards et
6 pièces d'artillerie en avant de Mareuil, avec
ordre de tenir jusqu'à ce que tout ait passé le
pont. Le duc de Raguse ne pouvant présumer
la confusion qui régnait dans les troupes de son
adversaire, n'attaqua le village qu'avec de l'artillerie, et laissa ainsi le temps aux Prussiens
de s'écouler. Une fois sur la rive gauche, le général Kleist forma ses troupes en bataille, et ne
se remit en marche qu'à minuit, trop heureux
d'avoir échappé aux dangers que son général en
chef lui avait fait courir, en aventurant son corps
et celui de Kapzewitsch sans liaison entre eux, et
leur indiquant le même point de retraite. Par
un hasard assez singulier, le fils du feld - maréchal Blücher commanda les troupes qui dé-
fendirent le défilé de Mareuil où il faillit être
victime, et tira sa gloire de l'imprudence de
son père.

24*

Les maréchaux français prirent position à Neufchelles et Vaurinfroy.

L'Empereur passe la Marne à La Ferté. Cependant l'Empereur ayant achevé la construction d'un pont, fit passer la Marne à son armée le 3, vers deux heures du matin. La division Friant, la cavalerie de la garde, celle du comte Grouchy et le corps du prince de la Moskowa, s'élancèrent sur les derrières de l'ennemi. En même temps les ducs de Bellune et de Padoue eurent l'ordre de se rendre par Vieux-Maisons et Bussière, à Château-Thierry, où 2 batteries de gros calibre et 4 à cheval de la garde reçurent celui de les suivre en remontant la rive droite de la Marne. Les ducs de Trévise et de Raguse, de leur côté, passèrent l'Ourcq à La Ferté-Milon, et se jetèrent dans la plaine sur la rive gauche. L'intention de l'Empereur était de pousser les Alliés vers Oulchy-la-Ville, tandis que lui-même se porterait par Braisnes à Micy, où il voulait passer l'Aisne sur leur flanc gauche, et que le comte Grouchy couperait la route de Château-Thierry à Soissons.

Combat de Neuilly-St.-Front. Les maréchaux découvrirent vers dix heures du matin, l'arrière-garde à la hauteur de Passy; l'infanterie étant encore trop éloignée, il fut enjoint au général Doumerc de tourner l'ennemi par sa gauche avec une partie de sa cavalerie, pendant que l'artillerie légère la canonnerait vivement en front. C'était une chose aisée qui ne

réussit pourtant pas ; cet officier général ne
trouvant pas le chemin le plus court pour opérer
son mouvement, le feld-maréchal eut le temps
de faire des dispositions. Se voyant sur le point
d'être accablé, il fit prendre la droite de son
arrière-garde à la réserve de cavalerie du général
Kleist, la gauche à celle du comte Langeron,
et les fit appuyer à 5oo pas en arrière, par les
brigades Klux et Pirch, entre lesquelles se trouvait un bouquet de bois ; enfin, il jeta un bataillon dans la ferme à droite de ce petit bois, et y
plaça 16 pièces de canon.

Dans cette position, il fallait s'attendre à
tout, car le défilé de l'Ourcq était obstrué par
l'infanterie, l'artillerie et les bagages des autres
corps d'armée. Si la cavalerie du général Doumerc
avait donné comme on s'y attendait, cette arrière-garde eût été fort compromise ; mais elle
ne put l'aborder assez tôt, ni avec assez de
vigueur, et ne lui fit que quelques prisonniers.
L'infanterie du duc de Raguse arriva trop tard
pour agir simultanément ; en sorte que l'ennemi eut le temps de repasser l'Ourcq et d'éviter
le choc. Il s'engagea seulement des deux rives,
un feu très-vif d'artillerie et de mousqueterie :
24 pièces de gros canon et une nuée de tirailleurs défendaient le pont et écartaient la cavalerie française des gués qu'indiquait, en les
passant, celle des Alliés. Ce ne fut qu'à cinq

heures qu'elle se retira avec une perte de 5 à 600 hommes, regardée comme très-légère, en comparaison du mal qu'aurait pu lui causer une attaque prompte et vigoureuse.

La situation de l'armée de Silésie n'était rien moins que rassurante. Elle continuait son mouvement sur l'Aisne en deux colonnes, par Blancy et Parcy et par la grande route de Soissons, toute l'artillerie légère et la cavalerie formant l'arrière-garde. A la vérité, elle s'approchait des corps de Bulow et Winzingerode; mais le dernier seulement était sur la rive droite de l'Aisne; et le feld-maréchal n'ayant aucun passage favorable d'assuré, pressé en queue par les maréchaux qui se trouvaient établis à Neuilly-Saint-Front, allait voir arriver sur son flanc gauche, l'Empereur dont l'avant-garde s'approchait de Rocourt. Déjà une de ses colonnes de bagages était tombée dans l'armée française, et il courait risque d'être acculé à l'Aisne, lorsqu'un heureux hasard lui ouvrit une voie de salut.

Capitulation de Soissons. En exécution des ordres du feld-maréchal Blucher, les généraux Bulow et Woronzow s'étaient portés le 1er mars, de Laon et Reims, sur Soissons, de la prise duquel dépendait en partie leur jonction avec l'armée de Silésie, mais sur-tout le salut de cette dernière.

La place se trouvait à-peu-près dans le même état qu'à l'époque où elle tomba au pouvoir des

Russes; sa garnison même était moins forte, mais elle se composait de soldats aguerris et endurcis aux fatigues. L'artillerie plus nombreuse, était aussi mieux servie. Dès que l'investissement en fut formé le 2, on commença à la canonner, et elle riposta avec vigueur. Le général Bulow désirant s'épargner de plus grandes difficultés, envoya un parlementaire au général Moreau. Celui-ci, à qui la défense d'Auxerre avait si mal réussi, ne fut point frappé de l'importance de Soissons et des ressources qu'il offrait pour arrêter l'ennemi. Il ne songea qu'à sauver sa garnison, et crut faire une chose aussi honorable qu'utile, de rendre la place, en se réservant la faculté de rejoindre l'armée avec ses troupes.

Cette capitulation si avantageuse pour les Alliés, faillit pourtant se rompre par la roideur des Prussiens. Aux termes de la convention, la garnison devait emmener ses pièces de campagne; mais lorsqu'il fut question d'évacuer, on ne voulut lui en accorder que deux. Cette chicane aussi injuste que hors de propos, transporta les Polonais de fureur. Excités encore par le bruit du canon de l'armée française, qui depuis la veille n'avait cessé de se faire entendre en se rapprochant, ils allaient se mettre en révolte contre le général Moreau, et défendre la place malgré lui, lorsque le comte Woronsow applanit les difficultés, en faisant sentir aux Prussiens le danger d'insister sur leurs prétentions. *Donnez-leur*, dit-il, *toutes les pièces qu'ils réclament et les miennes, s'ils les exigent ; mais qu'ils partent de suite : nous aurons encore fait un bon marché.* Le général russe avait raison; à peine la garnison fut-elle hors des faubourgs, que les têtes de colonne de l'armée de Silésie y entrèrent dans le plus grand désordre. Qu'eût fait le maréchal Blucher, s'il eût trouvé la place fermée et défendue par le régiment de la Vistule ?

L'armée de Silésie employa le reste de la journée et toute la nuit du 3 au 4 à passer l'Aisne. L'arrière-garde faite par le général Kapzewitsch se retira en bon ordre, et fit une halte de six heures à Busancy.

Les maréchaux s'établirent à Hartennes, d'où ils détachèrent sur leurs derrières, le général Vincent à Château-Thierry, avec l'ordre de lever la garde nationale des environs, de retrancher et d'armer le château qui commande le pont, de rassembler et de retenir jusqu'à nouvel ordre tous les isolés et les détachemens dirigés de Paris sur l'armée.

La cavalerie légère du général Grouchy vint à travers champs prendre poste à Rocourt, échelonnée par les troupes de la garde. Le quartier impérial fut transféré à Montreuil-aux-Lions.

Rien encore ne transpirait de la reddition de

Soissons, quoique le général Moreau fût de retour
à Villers-Cotterets avec sa garnison ; l'Empereur
s'apprêta à tourner la gauche de son adversaire.
A cet effet, l'ordre fut expédié au comte Grouchy
de se porter en toute diligence à Fismes par la
traverse de Fère-en-Tardenois, et la même direction fut indiquée à toutes les troupes de la
garde. En même temps, les ducs de Trévise et de
Raguse reçurent l'ordre de pousser vivement les
Alliés de front, et furent prévenus qu'ils seraient
incessamment soutenus par le duc de Padoue
auquel on recommanda de forcer de marche.

Pendant que Napoléon rêvait une nouvelle victoire, le feld-maréchal Blucher, tiré de péril par
sa jonction fortuite avec les généraux Bulow et
Winzingerode, faisait prendre la droite aux Prussiens, réservait la gauche aux Russes, et déter-
minait l'emplacement que l'armée combinée de
Silésie et du Nord devait occuper entre la Lette et
l'Aisne. Couverte par cette rivière dont tous les
passages furent fortement gardés jusqu'à Béry-
au-Bac, il appuya sa droite à Fontenay, et étendit sa gauche par-delà Craone. Il ne resta dans
Soissons que le corps du général Rudzewitsch
d'environ 8 mille hommes ; et l'on ne laissa entre
l'Aisne et la Vesle que la cavalerie du général
Czernischew.

Le 4 mars au point du jour, toute l'armée française s'ébranla sur les directions de Soissons et de

Jonction des
armées du
Nord et de
Silésie.

Fismes, la marche des maréchaux ne souffrit aucune difficulté, parce qu'ils n'eurent devant eux jusqu'à huit heures du matin, que le général Kapzewitsch et quelques cosaques. La cavalerie qui débouche de Fère sur Fismes, n'éprouva pas plus d'embarras, le général Czernischew cédant le terrain à mesure que les colonnes avançaient ; et l'on captura un grand nombre de voitures d'équipages abandonnées par l'ennemi dans les chemins de traverse.

Napoléon impatient de rencontrer le gros de l'armée de Silésie, ordonna au général Guyot de pousser de Fismes une reconnaissance sur Braisnes avec les escadrons de service. Le général Czernischew qui occupait cette ville en force, la ramena l'épée dans les reins. Dans ce moment le général Grouchy descendait avec la division Roussel, la hauteur de Saint-Martin. Aussitôt le 5ᵉ de dragons formant tête de colonne, fond dans la vallée sur l'ennemi, et appuyé par le reste de la division, le reconduit battant jusqu'à Courcelles où elle s'établit.

Ce fut à Fismes seulement que l'Empereur apprit la reddition de Soissons. Son indignation et sa colère furent vivement partagées par l'armée. Elle accusa le général Moreau de lui avoir ravi le fruit de 8 jours de fatigue ; car elle comptait désormais pour rien le combat qui devait faire succomber l'armée de Silésie sous ses coups.

Reconnaissance des Français sur Braisnes.

Napoléon traduisit le coupable devant un conseil de guerre; mais la révolution du 31 mars ouvrit sa prison et lui rendit la liberté.

Les militaires les plus distingués des deux partis, en convenant que la reddition de Soissons enleva à Napoléon une belle occasion de livrer bataille au feld-maréchal Blucher, ont douté qu'elle fût aussi décisive qu'elle le parut à l'armée française; et ils appuient ce jugement sur ce que ce n'était pas seulement l'armée de Silésie qu'il devait combattre, mais encore le corps de Winzingerode, composé de troupes fraîches, et qui maître du pont de Micy sur l'Aisne, et de tous ceux de la Vesle, aurait toujours eu une retraite assurée. Ils prétendent au contraire qu'il ne serait réellement resté aucune voie de salut au feld-maréchal Blucher, si l'Empereur, qui avait toutes ses forces entre Nogent et Arcis, s'était dans le principe moins attaché à suivre ses traces, et eût gagné Soissons avec la masse de ses forces par Sézanne, Montmirail et Château-Thierry, tandis que les ducs de Bellune et de Padoue se seraient portés au soutien des maréchaux par La Ferté-sous-Jouarre.

Mais si les officiers habiles ont censuré la manœuvre de Napoléon, seulement à cause qu'elle pourrait être plus prompte, combien d'observations n'ont-ils pas faites sur la conduite de son adversaire? Lorsque le feld-maréchal reprit l'of-

Observations.

fensive, il avait avec lui près de 5o mille hommes
outre 4o mille à Laon et à Reims; son projet étant
d'accabler le duc de Raguse et de se porter sur
Paris en suivant la vallée de la Marne, il devait le
poursuivre vivement dans la direction de La Ferté
où il pouvait sans crainte marquer la concentration des corps de Winzingerode et de Bulow,
qui n'avaient devant eux que le duc de Trévise,
trop intéressé lui-même à opérer sa jonction avec
son collègue pour chercher à les arrêter. Au
lieu de serrer ses mouvemens, le feld-maréchal
occupe ces lieutenans entre la Marne et l'Aisne
à des accessoires qui laissèrent aux maréchaux
français la faculté d'opérer leur jonction. Si son
intention était de s'emparer de Paris à leur vue,
pourquoi se contenta-t-il de faire des démonstrations contre Meaux et surtout contre Lagny
qu'il aurait pu prendre le 26 février, pour s'établir
entre Clayes et Meaux sur les derrières des ducs
de Trévise et de Raguse? Repoussé sur ces deux
points, il retourna à pas comptés passer la Marne
à La Ferté. Ce n'est qu'à l'arrivée de l'armée impériale à Esternay qu'il active son passage; mais
déjà son rôle était changé : de poursuivant il allait
être poursuivi.

Cependant, négligeant d'attirer à lui les corps
de Bulow et de Winzingerode; insouciant sur le
compte de l'Empereur qui le suit, il s'aventure
sur l'Ourcq, y perd deux jours en attaques dé-

cousues , attend le moment d'être coupé par Napoléon pour songer à réunir ses forces, et se voit acculé à l'Aisne par sa témérité, comme il avait été comprimé à la Marne par sa lenteur. Tant de fautes grossières ont généralement fait conclure , que si la reddition de Soissons ne l'eût tiré de ce mauvais pas , le feld-maréchal se serait trouvé dans la même situation où il se vit près de Lubeck en 1806.

CHAPITRE XIV.

Reprise de Reims par les Français. — Combat et bataille de Craône. — Journées de Laon. — Retraite de l'armée française sur Soissons.

(Consultez pour les marches, la carte des ponts et chaussées de l'Empire, et pour les positions, les feuilles de Cassini, n° 43 et 44).

Tout était changé pour les Français depuis la perte de Soissons ; au lieu de marcher à une victoire assurée contre l'ennemi séparé par une rivière, ils l'avaient eux-mêmes à franchir devant des forces trois fois plus nombreuses que les leurs.

L'Empereur dont le plan était déjoué par un événement aussi inattendu, demeura un jour entier dans l'incertitude et laissa percer son embarras par la nature des opérations divergentes et hardies qu'il entreprit. D'un côté, il détacha le général Corbineau avec la division Laferrière, sur Reims qu'il présumait être faiblement occupé, et de l'autre, il ordonna au général Grouchy de surprendre Braisnes, tandis que les maréchaux de Trévise et de Raguse chercheraient à s'emparer de Soissons de vive force.

Les deux premières opérations réussirent. Le
5 mars vers quatre heures du matin, le général
Corbineau arriva devant Reims par des chemins
de traverse, le tourna par Saint-Brice, enveloppa
et enleva les 4 bataillons qui couvraient la ville
du côté de Soissons, sur le plateau de Sainte-
Geneviève. Ce détachement qui d'ailleurs ne
coûta pas un seul homme, coupa toute communication de l'armée combinée du Nord et de Silésie avec celle du généralissime.

Au centre, le général Roussel fondit de Courcelles sur Braisnes, vers deux heures du matin,
culbuta le millier de cosaques qui l'occupait,
leur prit 100 chevaux, et délivra les prisonniers
faits par les Russes dans la reconnaissance de la
veille.

La tâche imposée aux ducs de Trévise et de
Raguse était plus difficile. En débouchant de
Saint-Germain, leurs colonnes essuyèrent une
forte canonnade d'un parti ennemi qui avait
passé la rivière à Micy, et ne parvinrent qu'à
midi à se déployer dans la plaine, et à faire usage
de leur artillerie. Alors seulement, 30 pièces jouè-
rent sans succès contre les remparts : le général
Rudzewitsch sans s'étonner de leur fracas, y répondit de son mieux.

Vers trois heures, les tirailleurs de la division
Christiani s'avancèrent dans le faubourg de Paris,
et engagèrent une fusillade qui dura jusqu'à la

nuit. Le duc de Raguse voyant qu'il serait difficile de réussir de ce côté, tenta une attaque
contre la porte de Reims avec la division Ricard,
qui échoua complètement.

Pendant qu'on bataillait ainsi sur ces deux
points, on dressa des batteries sur les hauteurs
de l'ancien couvent des Célestins, dans la vue
d'enfiler la route de Laon, et l'on fit mine de
jeter un pont vis-à-vis de Saint-Germain ;
mais cette diversion fut infructueuse. A nuit
close, le feu cessa de part et d'autre, et les
assiégeans se retirèrent sous ce village, après
avoir eu 8 à 900 hommes tués ou blessés, et en
avoir mis à l'ennemi à-peu-près autant hors de
combat.

L'occupation de Reims et la communication
qu'elle ouvrait avec les places de la 2ᵉ division
militaire, donnèrent à Napoléon l'idée de se
renforcer d'une partie des troupes qui s'y trouvaient disponibles. L'ordre fut envoyé au général
Janssens, qui la commandait, de rassembler
6 à 8 mille hommes, et de rejoindre au plutôt
par Rhetel. Cet officier ne perdit pas un instant ;
mais ses ressources n'étaient point telles qu'on
les avait crues. Les dépôts, très-forts sur le papier,
renfermaient peu d'hommes en état de faire
la campagne. D'ailleurs, ayant un temps limité,
il ne put qu'en réunir le plus petit nombre, avec
lequel il sema l'alarme sur les derrières de l'armée

de Silésie tout en manœuvrant pour gagner Reims.

Napoléon certain d'être rejoint par cette division, et ne croyant pas que le comte de Saint-Priest qui occupait Vitry et Châlons fût en état d'inquiéter ses derrières, imagina de couper l'armée de Silésie de la Belgique, en la tournant par sa gauche. Or, pour y parvenir, il fallait la prévenir à Laon ; ce qui présentait de grandes difficultés, attendu qu'aux environs de Fismes il n'y a de pont sur l'Aisne qu'à Béry-au-Bac, et que les chemins qui y conduisent sont détestables : mais la possession de ce point était d'un trop haut prix pour ne pas tenter de vaincre ces obtacles.

Le comte Nansouty reçut ordre de partir de Fismes avec la brigade polonaise du comte Pacz et la division Excelmans, pour se rendre maître de Béry. Ce mouvement devait être appuyé des troupes qui se trouvaient à Fismes depuis la veille ; et l'ordre fut expédié aux maréchaux de Trévise et de Raguse de renoncer sur-le-champ à prendre Soissons, et de se diriger par Braisnes et Fismes sur ce point. Le général Nansouty prit Prise du pont de si justes mesures, qu'il culbuta les grand'- de Béry-au-Bac. gardes d'une brigade de cavalerie russe qui tenait la tête du défilé sur la route de Reims, le franchit au galop, fit main basse sur ce qu'il rencontra dans le bourg ; passa le pont avec l'ennemi, et le reconduisit battant jusqu'au-delà de la Ville-aux-Bois, après lui avoir enlevé 2 pièces de canon et fait 200 prisonniers.

Durant cet engagement, la division Friant et celle du général Meunier avaient filé le long de la rive gauche de l'Aisne et étaient venues s'établir sur les hauteurs entre Béry-au-Bac et Corbeny.

Projet du général prussien Le feld-maréchal Blucher présumant d'après ce mouvement, que l'intention de l'Empereur était de manœuvrer sur son flanc gauche, dirigea ses bagages vers Laon, et donna l'ordre à tous ses corps de s'établir sur le plateau de Craone, dans la vue d'arrêter sa marche sur Laon ; mais il ne lui en donna pas le temps. Dès qu'il eut rallié la cavalerie du général Grouchy, la division Laferrière rappelée de Reims et la brigade de la division Boyer, il se mit en marche sur Corbeny, chassant devant lui la cavalerie du général Czernischew, et s'y trouvait en position depuis trois heures, lorsque les têtes de colonne des Alliés parurent sur le petit plateau de Craone.

Le feld-maréchal se voyant prévenu, n'osa déboucher dans la plaine à la vue de son adversaire ; et, soit qu'il s'aperçut que le plateau de Craone fût trop resserré pour y déployer les 90 mille combattans réunis sous ses ordres, soit qu'il craignît qu'une division de cavalerie française se portât sur Laon, il changea tout-à-coup de projet et fit filer par Chevrigny, tant sur la grande route de Reims que sur l'ancienne, 10 mille chevaux et 60 pièces d'artillerie légère, tirés des corps de Winzingerode, Langeron et Yorck, le tout sous les ordres du général Winzingerode, à dessein de prévenir les Français dans cette direction, de donner au corps de Bulow le temps d'arriver à Laon, et enfin de tourner la droite de l'Empereur, dans le cas où il se déciderait le lendemain à attaquer la position de Craone. En même temps les corps de Kleist, de Langeron et d'Yorck, reçurent ordre de se porter sur Fétieux pour appuyer le mouvement de cette cavalerie; et il ne resta de l'armée de Silésie sur le plateau, que l'infanterie du baron Winzingerode, que le comte de Woronzow établit entre les villages d'Ailles et de Vassognes, ayant pour réserve le corps du baron Sacken, bivouaqué devant Bray. L'une et l'autre formant le pivot du changement de front des Alliés, étaient destinés à tenir tête aux Français entre l'Aisne et la Lette, tandis que la cavalerie combinée, achevant de les tourner par leur droite, les attaquerait à dos.

Informé que des troupes se montraient sur les hauteurs de Craone, Napoléon chargea le capitaine d'ordonnance Caraman de pousser une

25*

reconnaissance dans cette direction, avec un bataillon de vieille garde. Ce bataillon remonta le ruisseau du moulin Pontois, et ayant donné sur les 13ᵉ et 14ᵉ régimens de chasseurs russes que le comte Woronzow avait poussés vers la crête du petit plateau de Craone, il en fut si chaudement accueilli que l'Empereur jugea nécessaire de le faire appuyer par une brigade, et d'ordonner au prince de la Moskowa d'opérer une diversion sur la droite. Celui-ci vint à travers le bois de Corbeny déboucher sur Saint-Martin qu'occupaient les régimens de Nawaginsk et de Tula. Alors il s'engagea un combat très-chaud entre la division Meunier et ces deux régimens, qu'elle délogea de l'abbaye de Vaucler, et repoussa sur Heurtebise. Cette ferme, prise et perdue alternativement par les Français et les Russes, demeura définitivement au pouvoir des derniers, à sept heures du soir, que Napoléon envoya l'ordre de cesser le combat. La vieille garde retourna dans ses bivouacs en avant de Corbeny. La division Meunier prit poste entre Heurtebise et Vaucler, et le général Boyer au moulin de Bouconville, à droite du chemin de la ferme de la Bove.

Reconnaissance faite par Napoléon.

Le 7 mars au matin, l'Empereur reconnut la position de l'ennemi. Elle s'étendait entre les deux ravins de Foulon et d'Ailles, ayant sur son front la ferme de Heurtebise et le village de

Saint-Martin. L'infanterie du corps de Winzingerode était sur trois lignes en colonnes serrées
par bataillon ; celle de Sacken entre Bray et
l'Ange-Gardien ; enfin les corps de Langeron,
Kleist et Yorck, manœuvraient entre la Lette et
le chemin de Bruyères pour venir rabattre sur la
chaussée de Reims au soutien de la cavalerie du
général Winzingerode. La force totale de l'armée combinée fut évaluée à 100 mille hommes.

Telle était la position des Alliés, qu'il ne faut
pas confondre avec une ligne contiguë de bataille, puisque tous les corps en marche sur la
rive droite de la Lette, ne pouvaient prendre part
au combat qui allait se livrer sur le plateau de
Craone.

Le champ de bataille limité au nord par la Description
petite rivière de Lette qui coule dans une vallée du champ
de bataille.
étroite et marécageuse, est circonscrit au midi
par une foule de ravins escarpés d'où surgit une
multitude de petits affluens de l'Aisne. Sa longueur
est de 16 à 17 kilomètres, sur un front de 2 à 4.
Il s'élève en pente douce depuis le ravin qui le
sépare du petit plateau de Craone jusqu'à Paissy
et Troyon ; de là jusqu'à Malmaison et l'Ange-
Gardien, il est uni et s'élargit considérablement
du côté gauche aux environs de Vailly, qui est
entouré de jardins et de vergers clos de haies.
Entre Saint-Martin et Ailles, un bouquet de
bois couvre le revers du plateau qui regarde la

Lette. Le front de cette position est encore défendu par un ravin qui règne, d'un débouché à
l'autre comme un large fossé.

Le comte Woronzow avait placé 36 pièces de
canon sur son front et une batterie de 12 sur
chacun des ravins de Vaucler et d'Ouche, seuls
débouchés praticables pour arriver à lui. Il occupait les fermes de Heurtebise et des Roches sur
le front de bandière, comme postes d'avertis-
sement. (*Voyez le tableau n° XII.*)

Plan d'atta-
que de Napo-
léon. Bien que Napoléon ne se dissimulât point les
obstacles que rencontrerait l'attaque de cette
position sur la droite, il n'hésita pas à l'ordonner;
parce qu'une fois les défilés franchis, il avait la
faculté de mettre toutes ses masses en action,
contre une extrémité de la ligne ennemie, et que
cette manœuvre lui donnait l'espoir de l'écraser
avant qu'elle pût être soutenue.

Les dispositions étaient simples, et ne demandaient que de la force et de la vigueur. Si Napoléon avait eu, comme dans ses jours de prospérité, de l'infanterie de forte constitution, c'eût
été le cas de lui faire passer en colonne serrée,
au pas de charge le ravin du milieu, d'enfoncer par
ce coup d'audace la ligne de bataille de son adversaire, en même temps qu'il l'aurait occupée par
des démonstrations sur les ailes ; mais, à l'exception des divisions Friant et Christiani, il n'a-
vait que des soldats de nouvelles levées, exténués

de fatigue et sans instruction. L'infanterie russe au contraire, élite des troupes alliées, se composait d'anciens soldats que les marches avaient refaits plutôt que fatigués, et qui depuis Leipzig n'avaient point donné. Napoléon sentit donc là nécessité de combiner tout autrement ses efforts.

Le prince de la Moskowa fut chargé de la conduite de l'attaque principale, qui devait avoir lieu sur la droite en remontant la berge gauche du vallon de la Lette. Il reçut à cet effet l'ordre de réunir à son corps, celui du duc de Bellune et les dragons du général Roussel, tandis que le comte Nansouty chercherait à déborder la droite de la ligne ennemie par la vallée de Vassogne, avec la brigade polonaise et la division Excelmans. Pour donner à l'action l'ensemble désirable, il eût fallu attendre au moins deux heures, car les ducs de Belluhe et de Trévise se trouvaient encore à un myriamètre du champ de bataille ; et il paraît que ce fut là aussi l'intention de Napoléon, en commençant à engager la canonnade avec les premières batteries de la garde qui arrivèrent sur le petit plateau : mais, soit qu'il ne s'en fût pas nettement expliqué, soit que l'ardeur du prince de la Moskowa lui eût fait devancer l'heure indiquée, à peine les premiers coups de canon de nos batteries furent-ils entendus, qu'il leva ses

Premier moment.
Attaque de la droite.

bivouacs et déboucha de Saint-Martin sur deux colonnes. Celle de droite conduite par le général Boyer, et composée de sa brigade, côtoya la lisière du bois et se présenta devant Ailles. Celle de gauche, formée des divisions Meunier et Curial, se porta par la clairière sur le plateau à gauche en avant de ce village.

Leur marche fut quelque temps protégée par l'escarpement même du plateau ; mais lorsqu'elles arrivèrent en vue d'Ailles et furent sur le point de le couronner, elles furent accueillies par un feu d'artillerie et de mousqueterie qui les arrêta tout court.

L'Empereur voyant l'affaire engagée, donna l'ordre au duc de Bellune qui n'avait encore que la division Boyer de Rebeval réunie auprès de l'abbaye de Vaucler, de porter son artillerie en avant et d'entrer en action. Le maréchal déboucha par le sentier qui conduit de ce point à Heurtebise. A l'approche de la tête de sa colonne, les troupes légères russes qui occupaient cette ferme y mirent le feu et se retirèrent sur leur première ligne. Le maréchal poussa ses troupes derrière une vieille redoute qui les empêcha d'être prises d'écharpe, et plaça non sans peine, 12 pièces de canon en batterie. Ces premières dispositions étaient à peine achevées, qu'une balle lui traversa la cuisse et le mit hors de combat.

L'apparition pour ainsi dire simultanée des Français sur ces trois points contigus, détermina le comte Woronzow à refuser un peu son aile gauche. Le prince de la Moskowa en profita pour pousser les deux divisions de jeune garde hors du bois sur le plateau. De son côté, le général Boyer de Rebeval se mit en contact avec elles, en faisant avancer sa division d'environ mille mètres, et établissant la brigade Bigarré en masse par divisions à la lisière du bois que le 19ᵉ régiment de chasseurs et le régiment de Schirwansk venaient de quitter, les flanqueurs et fusiliers seuls déployés ou en tirailleurs, la brigade Lecapitaine en réserve en arrière du bois. L'artillerie de la division essaya de protéger ce mouvement, mais les soldats du train étaient si maladroits et les canonniers si novices, que plusieurs pièces furent démontées avant d'avoir été mises en batterie. Le feu de l'infanterie elle-même faisait peu d'effet, car dans la division, le plus ancien soldat ne comptait pas vingt jours de service. Dans ces positions, les deux partis distans de petite portée de mitraille, commencèrent une canonnade épouvantable.

Le comte Nansouty avec les divisions Excel- mans et Pacz., abordait par Vassogne l'extrême droite de la ligne ennemie, et l'artillerie n'ayant pu suivre à cause de la difficulté des che-

Attaque de la gauche.

mins, il demeura exposé à l'action de celle des
Russes, sans pouvoir lui répondre. A peine eut-il
couronné le plateau, que le général Benkendorf
le chargea avec 3 régimens de cosaques soutenus de 4 escadrons de hussards de Paulogrod.
Cette charge quoique rude, n'empêcha pas la
cavalerie française de se maintenir et de commencer à manœuvrer; mais ses opérations n'étaient
point assez marquantes pour détourner l'attention du comte Wóronzow de l'attaque principale. Le corps du prince de la Moskowa réduit
par les pertes énormes qu'il avait faites, à environ
3 mille hommes, se consumait en efforts impuissans devant le village d'Aïlles qu'occupait le
2e régiment de chasseurs russes; sous la protection d'une batterie, et ressemblait moins à une
colonne d'attaque qu'à des tirailleurs qui en
auraient précédé une. De son côté, le général
Boyer de Rébeval écrasé par la mitraille, n'osait
faire le moindre mouvement pour abriter ses
conscrits, sous peine de les voir se disperser.

Le général Swarikin ayant eu tout le temps
de s'apercevoir de la mauvaise contenance de
cette division, sortit tout-à-coup de la ligne, et
vint la charger à la tête du 19e de chasseurs. Le
général Boyer ordonna au général Lecapitaine de
se former à la gauche de la brigade Bigarré menacée. Ce mouvement pour plus de facilité,
s'exécuta par le 3e rang; mais à peine les 4 ba-

taillons de tirailleurs furent-ils hors du bois, que le régiment de Schirwansk, soutenu par 2 escadrons de hussards de Paulogrod, s'avança à leur rencontre. Néanmoins le général Drouot les garantit du choc, en plaçant sur leur flanc gauche deux batteries de la garde, qui prirent d'écharpe les colonnes russes. Non content d'appuyer ainsi le mouvement du général Bayer, le comte Drouot mettant pied à terre, vint utiliser son artillerie, en montrant aux jeunes canonniers la manière de charger et de pointer, avec autant de douceur et de calme que s'il eût été au polygone.

L'Empereur impatienté de voir que l'attaque principale ne faisait aucun progrès, ordonna au général Grouchy de soutenir, avec ce qu'il trouverait de cavalerie, les efforts du prince de la Moskowa, en opérant sur son flanc gauche. Ce général partit aussitôt avec la 1ʳᵉ brigade de la division Roussel, et après avoir traversé le ravin de Vaucler, la forma en bataille à l'angle du petit bois de Saint-Martin. C'est là qu'au moment de diriger une charge sur le flanc droit des hussards de Paulogrod, il fut grièvement blessé d'un coup de feu à la cuisse. Cet accident l'ayant forcé à se retirer du champ de bataille, ces escadrons restèrent dans cette position exposés aux ravages de la mitraille, sans recevoir de nouveaux ordres.

Cependant le prince de la Moskowa et le général Boyer de Rebeval dépêchaient officiers sur officiers à Napoléon, pour le prévenir qu'ils allaient être culbutés, s'il ne leur envoyait des renforts; que le feu de leur artillerie s'affaiblissait à cause de la quantité de pièces démontées, et que celui de mousqueterie devenait presque nul par le grand nombre de blessés qui sortaient des rangs.

Charge de cavalerie française repoussée.

Ces avis réitérés et pressans déterminèrent l'Empereur à recommander au duc de Trévise et à la division Charpentier, qui avait été coupée à Craone par l'artillerie de la garde, de presser leur mouvement, et à ordonner au général Laferrière de passer le ravin pour appuyer la division Rebeval; mais pendant que ce mouvement s'exécutait, le comte Woronzow voyant jour à frapper un coup décisif, ordonna au général Swarikin de charger les troupes qu'il avait devant lui. Aussitôt le 19ᵉ de chasseurs et le régiment de Schirwansk se jettent sur les divisions Meunier, Curial et Boyer de Rebeval, les culbutent dans le bois, où l'artillerie les foudroie jusque dans le ravin de Vaucler.

Vainement le général Laferrière qui débouche sur les entrefaites, se précipite sur les colonnes d'attaque avec les éclaireurs; elles résistent à ses efforts, et il tombe blessé grièvement : sa cavalerie est repoussée et obligée de se rallier sous la protection de l'infanterie, dans le même ravin de Vaucler.

Jusqu'ici les Russes n'avaient pas eu beau- Le maréchal Blucher donne l'ordre de retraite. coup de peine à contenir les faibles attaques des Français. Cependant le feld-maréchal Blucher, instruit que le mouvement prescrit au baron de Winzingerode ne pouvait avoir lieu, craignit de compromettre les corps de Sacken et de Woronzow, en les laissant seuls aux prises avec l'armée impériale, et leur enjoignit de se replier au plus vîte.

Au reçu de cet ordre, le baron Sacken prit la route de Laon avec son infanterie et mit sa cavalerie à la disposition de son collègue : toutefois celui-ci qui avait eu le temps, depuis cinq heures de combat, d'apprécier les avantages de sa position, n'obtempéra qu'à regret à l'ordre du feld-maréchal, et en différa l'exécution, convaincu qu'il courait moins de risques de résister qu'à battre en retraite, parce qu'à mesure qu'il s'éloignerait de la tête du plateau, il donnerait plus de prise sur ses flancs.

Témoin du désordre qui se propageait, Napoléon Deuxième moment. La division Charpentier marche à l'appui de l'attaque de gauche. Le général se forme au centre. ordonne alors au général Colbert qui venait de rallier ses lanciers sur le petit plateau de Craone, de tâcher de déboucher sur le grand par le sentier escarpé qui conduit de Craonelle à la ferme des Roches, et presse l'arrivée du reste des troupes du duc de Trévise. En même temps il mande près de lui le général Charpentier qui est originaire du pays, lui confie la conduite du corps entier du duc de Bellune, et lui prescrit de rétablir au plutôt le combat, lui promettant de le faire soutenir incessamment par l'infanterie de la vieille garde.

Cette double attaque s'exécute avec ensemble. Le général Colbert parvient à se former en avant de la ferme des Roches malgré le feu d'artillerie et de mousqueterie dirigé contre lui par les régimens de Nawaginsk et de Tula; de son côté le général Charpentier ploie ses troupes en colonne serrée, passe le ravin de Vaveler et côtoie le pied du plateau en suivant la lisière du bois, afin de se garantir de l'artillerie ennemie, puis gravit sa contrepente à gauche du village d'Ailles, sur lequel le général Boyer renouvela une attaque. Aussitôt que la tête de colonne du premier parut sur l'arête du plateau, les 19e et 44e régimens de chasseurs qui formaient l'extrémité des première et seconde lignes, firent un à gauche et l'accueillirent par une fusillade très-vive. En même temps le comte Woronzow ordonna au général Sanders, commandant une brigade de la réserve, de s'opposer à ses progrès. Les régimens de Narva et de Neuvelle-Ingrie vinrent alors se placer en obliquant à 3 ou 400 pas du flanc gauche de ces deux régimens. Mais la gauche du général Charpentier ayant été soutenue par une batterie d'artillerie de la vieille garde et la division Friant, qui avait enfin franchi le ravin, ils se replièrent. Sur les entrefaites, le général Boyer soutenu des divisions Meunier et Curial, enleva le village

d'Ailles aux 2°. et 6°. régimens de chasseurs russes ;
ce qui décida le comte Woronzow à commencer
enfin son mouvement de retraite. Dès qu'il fut Les Russes
battent en
retraite.
prononcé, les Français s'étendirent par leur gauche et occupèrent toute la largeur du plateau,
où le duc de Trévise vint former seconde ligne.

Napoléon ordonna alors au comte Drouot de
mettre en action les six batteries de réserve de
la garde sur le front de l'armée, et donna le
commandement de toute la cavalerie au colonel-
général comte Belliard, en lui recommandant
d'appuyer la gauche aux ordres du prince de
la Moskowa, et de chercher à se lier avec la
cavalerie du comte Nansouty, pour déborder
le flanc droit de l'ennemi.

De son côté, le comte Woronzow qui ne crai- Chargés de
cavalerie sur
la gauche.
gnait que pour sa droite, arrêta son mouvement à la hauteur de Cerny, où le plateau forme
un nouvel étranglement de peu de largeur,
afin de donner le temps à la cavalerie du baron Sacken d'appuyer la brigade du général
Benkendorf, qui allait se trouver seule aux
prises avec toute la cavalerie française. Cette
précaution n'était pas inutile, car quelques
instans après, les hussards de Paulogrod chargés
successivement par les divisions Excelmans,
Laferrière et la brigade polonaise, auraient
été fort mal menés, s'ils n'avaient été recueil-
lis par les hussards et les dragons du général
Wassiltschikow, dont les charges vigoureuses

et habiles arrêtèrent à leur tour , l'impétuosité des escadrons français. Cependant la
retraite continua avec ordre, en régiment par
échiquier, sous la protection d'une formidable
artillerie ; le général Belliard se prolongeant vers
la gauche avec les divisions Colbert et Roussel,
prit bientôt la tête de colonne, et manœuvra en
vain pour déborder la droite de l'ennemi. A la
hauteur d'Ouarmont, sa gauche pressée vivement
par le prince de la Moskowa, se jeta dans le chemin qui conduit à Chevrigny, pour être à l'abri
de toute poursuite sur la rive droite de la Lette.
Le général Charpentier s'en étant aperçu, dirigea
sur ce chemin rapide et étroit, 4 pièces de canon,
qui l'enfilèrent et y causèrent un grand ravage.
La droite, qui continua à se retirer sur le plateau
en suivant le chemin de Craone à l'Ange-Gardien,
précipita alors son mouvement de retraite. Chargée à plusieurs reprises par le général Colbert,
le désordre commençait à s'y introduire, et l'on
serait peut-être parvenu à l'entamer, si toute la cavalerie eût été réunie ; mais le comte Belliard
n'ayant, pour tenter cet effort et contenir la
brigade légère de Benkendorf, les dragons et les
hussards du général Wassiltschikow, que les lanciers et les dragons, le reste de la cavalerie se
trouvant à la droite sous le comte Nansouty,
l'occasion fut perdue sans retour.

La nuit surprit l'armée française entre Filain
et Ostel où elle bivouaqua. Le général Colbert

formant l'extrême avant-garde, s'établit à Aisy, s'étendant de la Lette à l'Aisne, de Pargny à Celle, et poussant ses avant-postes à l'Ange-Gardien.

Le comte Woronzow, après avoir fait une halte de 4 heures à Chavignon, et rallié la garnison de Soissons, se retira devant Laon, renforçant de deux régimens de chasseurs à pied le général Benkendorf qu'il chargea de former l'arrière-garde.

La cavalerie sous les ordres du baron Winzingerode, et les corps des généraux Kleist, Yorck et Langeron, partis la veille pour venir par Fétieux tomber sur le flanc droit des Français, s'égarèrent et n'arrivèrent dans ce village qu'à la nuit, ce qui fit échouer le projet du feldmaréchal Blucher : le comte Langeron s'arrêta à Troucy, où il facilita par une vive canonnade le passage de la Lette à la gauche du comte Woronzow.

Telle fut dans son ensemble la bataille de Craone dont les Russes et les Français revendiquent également l'honneur, sans que l'histoire puisse prononcer entre leurs prétentions. A la vérité le champ de bataille resta aux derniers ; mais si l'on considère les sacrifices énormes qu'il leur coûta, et les motifs indépendans de la volonté du comte Woronzow qui déterminèrent la retraite, on ne saurait nier que les Russes n'aient acquis dans cette journée, autant de gloire que leurs ennemis.

La perte des Français a été estimée à 8 mille hommes tués et blessés.; la division Boyer de Rebeval perdit plus des $\frac{2}{3}$ de son effectif; le 14e régiment de voltigeurs eut seul 3o officiers hors de combat sur 33 présens. Parmi les généraux blessés, outre le maréchal duc de Bellune, on comptait les généraux Grouchy, Laferrière, Boyer, Bigarré et Lecapitaine ; ces deux derniers légèrement.

Du côté des Russes il y eut 1529 tués et 3256 blessés; au nombre des premiers se trouvèrent les généraux Landskoy et Oreschakow, et parmi les blessés, les généraux prince Schowanski, Laptiew, Maslow et Swarikin.

On ne se prit de part ni d'autre aucun homme, aucune pièce; mais le champ de bataille resta couvert de cadavres, de débris d'affûts et de caissons.

La nuit s'écoula dans un repos réclamé par la fatigue des deux armées. Lorsque tous les rapports furent parvenus à l'Empereur, il parut étonné de ce que lui avait coûté sa victoire; mais, loin de faire la réflexion qui vint naturellement à Soltikow après le gain de la bataille de Kunersdorf, il feignit de rejeter ses pertes sur la faible con-

stitution de ses troupes. *La vieille garde seule,
se soutient :* écrivait-il à son frère, *le reste fond
comme neige.*

Inférant du petit nombre de troupes que le
feld-maréchal Blucher avait opposé à la bataille de la veille, que la majeure partie de ses
forces était engagée dans un mouvement dé-
cousu, Napoléon espéra ne pas lui donner le
temps de s'établir à Laon, et lui enlever cette
position par une attaque brusquée. Le prince
de la Moskowa reçut donc dans la nuit, l'ordre de poursuivre le lendemain l'aile droite
de l'armée alliée avec son infanterie et toute la
cavalerie. Le duc de Raguse qui avait rallié à
Roucy la division du duc de Padoue, eut l'instruction de se porter de Béry-au-Bac avec elle et
le 1ᵉʳ corps de cavalerie, sur Laon par la grande
route de Reims, et d'entrer par Bruyères en communication avec le gros de l'armée.

De son côté, le feld-maréchal Blucher qui ne
pouvait se dissimuler que son plan d'attaque n'eût
complètement échoué, fit toutes les dispositions
nécessaires pour réunir son armée et recevoir
une seconde bataille sous Laon.

Les corps de Langeron, de Sacken et de
Winzingerode reçurent l'ordre de se masser en
arrière de la chaussée de Crespy, en face
de Lanicourt, ayant derrière eux toute leur
cavalerie à Loisy ; les corps d'Yorck et de Kleist,

26*

de prendre position entre la hauteur de Laon
et Vaux, ayant en seconde ligne leur cavalerie
réunie sur le chemin de Chambry ; le corps de
Bulow continua à occuper la ville.

Le 8 mars au point du jour, le prince de la
Moskowa, à la tête de la cavalerie de la garde et
de la ligne, se mit par l'Ange-Gardien et Chavignon, à la poursuite du général Benkendorf,
lequel, tout en canonnant, arriva vers 4 heures
du soir à Urcel où il se réunit à l'avant-garde du
baron Winzingerode. Près de ce village, la chaussée de Soissons à Laon est une levée assez étroite
entre des marais impraticables ; le général Czernischew occupait Etouvelle avec un régiment de
chasseurs à pied ; un autre était en position à
Chivy, et une forte batterie enfilait la chaussée.
C'était plus qu'il n'en fallait pour arrêter les
Français à la tête du défilé. La cavalerie se déploya
à droite et à gauche de la chaussée à l'entrée du
marais, et fit usage de son artillerie : l'infanterie
qui arriva peu de temps après, ayant essayé
en vain de le traverser, fut obligée de prendre
position à Urcel. La cavalerie occupa Nouvion,
Mailly et Grandchamps, et poussa des patrouilles vers Bruyères sur le chemin de Craone
à Laon.

Le général Friant coucha à Chavignon, les
divisions Charpentier et Boyer près de la Malmaison. Pendant que ceci se passait sur le front

des deux armées, le duc de Raguse après avoir rallié la division du duc de Padoue, se porta le soir, de Roucy sur Corbeny, la cavalerie du 1er corps à Craone, poussant de fortes reconnaissances sur la route de Reims vers Aiselle, et sur celle de Laon à Soissons, afin de garantir les derrières de l'armée. Toutefois ce mouvement n'empêcha pas que le parc des équipages ne fût surpris, pillé et mis en fuite, de Corbeny sur Béry-au-Bac, par un parti de cosaques.

La cavalerie française laissée devant Soissons, y rentra sans difficulté et recueillit l'artillerie enclouée et un équipage de pont que le général Rudzewitsch avait abandonnés faute de chevaux.

Des renseignemens donnés par des paysans dans la soirée, ayant fait connaître la possibilité de tourner le défilé d'Etouvelle, Napoléon crut devoir en profiter pour tenter un coup de main sur Laon. A cet effet, le chef d'escadron d'ordonnance Gourgaud, fut chargé de tourner le poste d'Etouvelle avec 2 bataillons de chasseurs à pied et 2 escadrons de chasseurs à cheval de vieille garde, tandis que le prince de la Moskowa forcerait la chaussée avec son infanterie, et ouvrirait au comte Belliard un débouché pour se précipiter dans la ville à la tête de la cavalerie pêle-mêle avec les fuyards. Vainement cet aide-major-général lui représenta la témérité de l'en--

treprise ; induit en erreur par le rapport d'un général de sa garde qui lui peignait le coup de main
très-facile du côté du faubourg de Chenizelle , il
insista sur son exécution , et chacun se prépara
à obéir.

Attaque de
nuit sur Etou-
velle , et pro-
jet d'enlever
Laon d'em-
blée.
A onze heures du soir, le baron Gourgaud partit
de Chavignon avec sa petite colonne , et se porta
par le moulin de Cléry et Chavellois à Chivy
où il devait arriver vers une heure du matin :
mais les difficultés du terrain et l'obscurité de la
nuit retardèrent sa marche , et bien qu'elle ne fut
troublée par aucune patrouille ennemie , elle
ne produisit point l'effet que l'on en attendait
dans l'armée française ; mais la vivacité de l'attaque du prince de la Moskowa causa une
véritable surprise dans Etouvelle. Les grand-
gardes russes , endormies auprès de leurs
feux à demi-éteints, sont éveillées avec les baïonnettes du 2° léger , aux cris prolongés de *vive
l'Empereur !* elles n'ont pas le temps de courir
aux armes , et dans le tumulte inséparable d'une
surprise de nuit , un grand nombre d'hommes
fut tué ou fait prisonnier avant d'être en état de
défense. Le Prince qui soutenait cette attaque
avec le reste de son infanterie , pénétra sans
peine dans Chivy , où la colonne du chef d'escadron Gourgaud ne tarda pas à le rejoindre. Une
demi-heure avant le jour ; le comte Belliard déboucha de ce village avec la division Roussel ,

mit en tête de colonne les 300 chasseurs à cheval de vieille garde , et donna la chasse aux troupes repoussées d'Etouvelle et Chivy ; cependant
arrivée au pied de la montagne de Laon , sa cavalerie est saluée par une volée de mitraille de 12
pièces , qui blesse le chef d'escadron d'avant-
garde, enlève plusieurs hommes et arrête le reste.
Au milieu de l'obscurité , il devenait impossible
de continuer cette attaque; il fallut prendre
position hors de portée pour attendre le jour.
Lorsqu'il parut , on découvrit la position de
l'ennemi. Sa droite s'appuyait aux collines
entre Thierret et la Neuville ; le centre était en
bataille sur la croupe et au pied de la montagne
de Laon , avec une formidable artillerie ; la gauche s'appuyait aux hauteurs d'Athies. Elle ne présentait pas moins de 80 mille hommes sur le long
développement de cette ligne dont les avant-postes occupaient Clacy , Semilly , Ardon et Athies.

Ce projet échoue. On trouve les Alliés en position.

Mais pour avoir une idée exacte de cette position, il convient de donner quelques détails
topographiques des environs, en commençant
par la ville qui en formait le principal appui.

Laon est une ville d'environ 7 mille ames,
très-ancienne , bâtie sur un mamelon de 36 à
40 mètres d'élévation au-dessus du niveau de la
plaine. Son enceinte qui peut avoir 4,800 mètres
de développement , consiste en un mur flanqué
de 46 tourelles , soutenu au dehors par un grand

Topographie des environs de Laon.

nombre de contreforts, élevé de 5 à 6 mètres du sol extérieur, et formant terre-plein avec parapet à l'intérieur sur presque tout son pourtour. Sous Henri IV, la partie Est de la ville qui renfermait ses plus beaux édifices, fut séparée du reste par un front bastionné occupant l'espace compris entre l'enceinte du Nord et celle du Sud; mais on n'en voit plus que les vestiges. La position géographique de Laon, à 15 ½ myriamètres de Paris et 6 de Reims, sur la route directe de Mons et de Gand, lui donnait une grande importance relative dans cette campagne; et la bonté de son assiette avait déterminé les Alliés à en faire leur entrepôt, à défaut de places fortes. Toutefois, ils n'avaient construit aucun ouvrage pour la mettre à l'abri d'un coup de main : plusieurs brèches existaient au mur d'enceinte; les 11 portes dont il est percé, se trouvaient toutes ouvertes et sans tambours ni barrières, et la seule précaution qu'on eût prise, était d'avoir placé de l'artillerie de gros calibre sur les mamelons de Classon et de Saint-Vincent qui dominent la place de très-près.

La campagne environnante est généralement basse, surtout au midi : c'est une plaine coupée de bouquets de bois, de fondrières, de saussaies et de quelques enclos; elle est traversée de ce côté, de l'O. au S. O. par un gros ruisseau qui va se jeter dans la Lette, au-delà de Chavignon.

Ce ruisseau a peu d'écoulement; il déverse ses eaux dans la plaine, et y produit un marais au milieu duquel chemine la chaussée de Soissons à Laon, depuis Etouvelle jusqu'à Chivy sur un espace d'environ 5 kilomètres.

Le feld-maréchal Blucher disposé à prendre l'initiative, ordonna aux chefs des divers corps d'armée, de former chacun une réserve, et de se couvrir de leur artillerie. Il avait fort gelé dans la nuit : les chemins étaient difficiles et couverts de neige.

Aussitôt que le jour permit d'agir, le général Belliard jeta de la cavalerie vers Clacy pour éclairer sa gauche, fit occuper Leully et plus tard Ardon, sans éprouver beaucoup de résistance. *Journée du 9 mars.*

A 7 heures du matin, le prince de la Moskowa déboucha avec son infanterie de Chivy, et fut suivi de près par le reste de l'armée, à l'exception du duc de Raguse qui avait reçu l'ordre de se porter de Corbeny sur Laon directement par la route de Reims. Le Prince profitant d'un brouillard épais, fit marcher le général Boyer sur le village de Semilly, situé au pied du plateau de Laon. Cet officier général, quoique accueilli par un feu très-vif de la brigade Thumen, parvint à s'en rendre maître. De son côté, le duc de Trévise poussa la division Poret de Morvan sur le village d'Ardon dont elle s'empara après une courte fusillade. Ces deux mouvemens avaient

pour but de s'assurer si l'ennemi voulait tenir,
et les dispositions qu'on lui vit prendre pour
recouvrer ces deux postes, ne laissèrent aucun
doute à cet égard. Pendant cette sorte de reconnaissance, l'armée française se déploya à cheval sur la route, la droite appuyée à Leully, et
la gauche au tertre de Clacy. Les Alliés démasquèrent alors des batteries qui forcèrent
à manœuvrer pour ne pas tomber dans la
ligne de leurs feux. Vers onze heures, le brouillard
étant dissipé, le feld-maréchal Blucher reconnut
la faiblesse de l'armée qui se présentait devant
lui, et résolut de prendre l'offensive. Il dirigea
la division Schowanski, soutenue d'une brigade de cavalerie du corps de Winzingerode,
sur le chemin d'Anizy, pour inquiéter la gauche
en même temps qu'il fit attaquer vivement Semilly par l'infanterie du comte Woronzow, et
Ardon par le corps du général Bulow. Cette double
attaque lui réussit ; forcés d'abandonner leurs
postes, les Français ne se retirèrent qu'en désordre. Heureusement, le prince de la Moskowa chargea avec les premiers escadrons de la
garde qu'il trouva sous sa main, une tête de
colonne d'infanterie qui allait arriver sur la
chaussée, et couper la retraite aux troupes
engagées dans la plaine. Cette charge fut appuyée par une autre que le comte Belliard fit
exécuter contre les Russes sur la gauche de la

route par quelques escadrons de cavalerie légère du général Grouvelle, tandis que lui-même, à la tête de la division Roussel, se porta au devant des masses prussiennes qui tenaient la chaussée et menaçaient Ardon.

Ces efforts vigoureux firent tourner les chances et forcèrent les Prussiens à se retirer sur Laon. Les dragons du général Roussel facilitèrent à la division Poret de Morvan sa rentrée dans le village d'Ardon, et l'éclairèrent du côté du château de Lavergny et de l'abbaye de Sauvoire. Le feld-maréchal Blucher ne considéra ce qui se passait sur sa droite et son centre que comme de simples démonstrations, car il était loin de penser que Napoléon songeât sérieusement à attaquer par la route de Soissons, lorsqu'il avait la facilité de manœuvrer par celle de Reims; aussi, toutes ses sollicitudes se tournèrent de ce côté; et bien que les corps d'Yorck et de Kleist fussent solidement établis, la gauche appuyée à la hauteur qui domine la grande et la petite route de Reims, et que leurs avant-postes fussent à 500 mètres en avant d'Athies, il les aurait renforcés d'une forte réserve, s'il n'eût cru imprudent de dégarnir sa droite, avant que son adversaire eût entièrement dessiné ses projets.

Celui-ci convaincu que la position de Laon était inattaquable de front, ne pouvait se résoudre à attendre dans l'inaction que le duc de Ra-

guse arrivât à sa hauteur pour tenter une attaque
décisive , et marquait son impatience par les
tentatives partielles et sanglantes qu'il renouve-
lait tour-à-tour sur Ardon, et sur une ferme près
de Semilly. De tous les officiers d'état-major expédiés de demi-heure en demi-heure au maréchal , pour l'engager à presser sa marche et rapporter de ses nouvelles , aucun ne parvint, ils
s'égarèrent ou tombèrent entre les mains des
cosaques qui rodaient à 5 kilomètres sur les
derrières de l'armée. Vers quatre heures, le général Charpentier débouchant d'Etouvelle avec
sa division et celle du général Boyer de Rebeval,
l'Empereur lui ordonna de concerter avec les
généraux Friant et Curial, une attaque sur le
village de Clacy , alors occupé par une brigade
de la division Schowanski, que le comte Strogonow, en se retirant de Vaucelle, y avait laissée
au moment où les Prussiens abandonnèrent
Ardon et Semilly. Cette entreprise offrait des
difficultés , vu qu'on ne peut aborder ce village
situé au milieu des marais, que par le chemin de
Mons à Laon.

Il fut convenu que le général Curial ferait
tourner à droite ce poste par 250 à 300 tirailleurs, tandis que le général Charpentier avec une
de ses brigades l'aborderait de front et la ferait
attaquer de flanc par l'autre. L'attaque eut effec-

Prise de Clacy par le général Charpentier.

tivement lieu dans cet ordre ; et quoique le général Lagrange qui commandait la colonne de
gauche, n'eût pu suivre le chemin de traverse qui
lui avait été indiqué pour arriver sur le flanc droit
des Russes, elle eut un plein succès. La brigade
Montmarie pénétra dans le village par le chemin
de Mons, s'y établit malgré la vive résistance des
Russes, et leur fit 7 officiers et 250 hommes prisonniers. Au moment où ce léger succès était
obtenu sur la gauche, le général Bulow expulsait
de nouveau du village d'Ardon la division Poret
de Morvan, qui perdit à la fois son général et le
colonel Leclerc, mis hors de combat dans ce
retour offensif. *Perte d'Ardon par les Français.*

Cependant le duc de Raguse s'étant mis en
marche de bonne heure, conformément à ses
instructions, débusqua vers une heure du défilé
de Fétieux, l'avant-garde du colonel Blucher, et
porta la cavalerie du 1er corps sur Aippes, en
vue de tourner la gauche de celle du général
Ziethen qui était de l'autre côté d'Athies. Celle-
ci, après avoir passé le ruisseau, fit mine de vouloir s'engager, mais se contenta d'échanger quelques coups de carabine, et se reploya sur l'infanterie, où elle ne tarda pas à être renforcée par
la brigade légère russe de Benkendorf. Le 6e corps
quitta la chaussée au-delà de Chauffour pour
aller se placer sur la colline boisée vis-à-vis de ce *Manœuvres et combat de la droite.*

village. L'ennemi favorisé par le terrain, opposa
la plus vive résistance ; et n'en fut délogé qu'au
moyen d'une canonnade de 24 pièces de canon
qui le contraignit de se retirer dans Athies ; ce
village devenu bientôt la proie des flammes, il
n'y conserva que deux bataillons. Alors le maréchal ordonna au duc de Padoue d'y pénétrer, et
après un engagement assez chaud, la brigade Lucotte s'empara d'une ferme à peu de distance,
et s'établit entre elle et la tête du village, un peu
avant la chute du jour.

Le duc de Raguse qui n'avait reçu aucune
nouvelle de l'Empereur, suspendit alors sa marche offensive, plaça l'infanterie du 6e corps sur
la colline de Chauffour, la cavalerie du 1er au
bas sur la droite, et envoya le colonel Fabvier
aux nouvelles sur sa gauche, avec un parti de
400 chevaux et deux pièces.

Manœuvre du
feld-maréchal
prussien con-
tre le duc de
Raguse.
Averti de l'attaque qui avait lieu sur sa gauche,
le feld-maréchal Blucher se confirma dans l'opinion que les efforts de Napoléon allaient se
porter sur la route de Reims, à dessein de lui
couper celle de Marle. Pour déjouer cette nouvelle combinaison, il fit appuyer le général Winzingerode au plateau de Laon, et détacha par
Chambry sur la route de Guise, l'infanterie du
comte Langeron et celle du baron Sacken en
seconde ligne des Prussiens, auxquels il ordonna

de prendre l'offensive aussitôt que les premiers seraient à même de les soutenir.

Napoléon de son côté, s'apercevant d'une partie de ces mouvemens, crut que son adversaire remettait au lendemain la bataille, et n'en fut pas fâché, espérant sans doute avoir dans la nuit des nouvelles du duc de Raguse; il ordonna à l'infanterie de bivouaquer où elle avait combattu; la division Friant et toute la cavalerie, à l'exception de la brigade polonaise, repassèrent le ruisseau de Chivy et allèrent s'établir à Etouvelle, Chavignon, Mons et Laval; le général Grouvelle fut détaché sur Soissons.

Tandis que les Français se disposaient à prendre quelques heures de repos, le général Yorck faisait ses dispositions pour culbuter le maréchal de Raguse. Le prince Guillaume de Prusse soutenu des brigades Horn et Klux, fut chargé d'attaquer par la droite du village d'Athies. Le lieutenant-général Ziethen devait, avec toute la cavalerie prussienne, donner contre celle qui lui était opposée, en tourner le flanc droit et la rejeter sur l'infanterie. Le général Kleist reçut l'instruction de combiner tellement son attaque sur la gauche du maréchal, que son avant-garde, soutenue de la brigade Pirch, côtoyât le bois vis-à-vis lequel elle se trouvait, et vînt se réunir sur la chaussée au corps d'Yorck.

On ne se doutait de rien dans le camp français,

Affaire de nuit d'Athies.

et les troupes allumaient les feux dans leurs bivouacs, lorsque tout-à-coup le prince Guillaume
de Prusse débouche en colonne serrée à droite et
à gauche du village d'Athies, et tombe sur la
brigade Lucotte. Au même moment, la cavalerie
du général Ziethen descendant entre Salmoucy
et le petit étang, assaillit celle du comte Bordesoulle et la culbuta sur la chaussée. Les Prussiens
n'éprouvant aucune résistance, arrivent précédés
de la terreur et de l'épouvante sur la colline boisée où campait le gros du 6ᵉ corps et les réserves
d'artillerie, et font main basse sur tout ce qu'ils
rencontrent sans défense. A peine les pièces en
batterie eurent-elles le temps de faire une ou
deux décharges : les canonniers les entraînè-
rent à la prolonge vers la chaussée, mais un
grand nombre resta dans les fossés qui la bordent.
Tout le monde s'y amoncela avec l'intention de
se rallier, et déjà l'ordre commençait à se rétablir, lorsque l'avant-garde du général Kleist
remonta le ruisseau de Sauvoire et se fit entendre
sur les derrières : les premiers coups de fusil de
ses tirailleurs saisirent les troupes d'une terreur
panique ; celles déjà ralliées perdirent toute contenance : cavalerie, infanterie, artillerie, tout
s'enfuit à la débandade jusqu'à Fétieux, où les
plus fatigués reprirent haleine. La déroute n'aurait pas eu un terme si rapproché, si le détache-

ment du colonel Fabvier n'avait rebroussé chemin et n'était revenu sur la route de Reims
former arrière-garde. Sa bonne, conduite en
imposa à l'ennemi qui, trompé sur sa force
par l'obscurité, s'approcha avec circonspection
du défilé.

Non-seulement l'on abandonna l'artillerie qui
se trouvait en position, mais on perdit encore
celle du parc de réserve qu'on avait fait marcher
avec le corps d'armée, de peur des cosaques. La
cavalerie légère russe, infatigable, fit dans la
plaine un hurra continuel jusqu'à Corbeny et
Craone, où elle laissa les Français se retirer sur
Béry-au-Bac.

Les pertes dans cette malheureuse affaire de
nuit, furent peu considérables en morts et en
blessés; mais 2500 prisonniers, 41 bouches à feu
et 131 caissons tombèrent au pouvoir de l'ennemi. Si deux détachemens, en s'échappant par la
gauche, n'avaient sauvé quelques pièces, il n'en
serait pas revenu une seule.

Le baron Winzingerode passa la nuit à Semilly et Ardon, le corps de Bulow à Laon;
ceux de Langeron et de Sacken à Chambry;
l'infanterie des généraux Yorck et Kleist, sur le
champ de bataille d'Athies, toute leur cavalerie
devant Fétieux.

Le feld-maréchal Blucher ne doutant pas qu'a- Projet de
près cet échec l'armée française ne se retirât au poursuite du
feld-maréchal
Blucher.

plus vite sur Soissons, donna l'ordre aux corps
d'Yorck et de Kleist, et à celui du baron Sacken
de marcher par la chaussée vers Béry-au-Bac,
afin d'ouvrir une communication avec le corps
de Saint-Priest qui se rapprochait de Reims.
Il prescrivit en même temps au comte de Langeron de se porter sur la Lette à Bruyères, et d'envoyer ses pontons à Micy-Sainte-Adine, pour le
prévenir sur ce point, ou tomber, suivant l'occurrence, sur la queue de l'ennemi. Déjà la cavalerie du général Korf était entrée à Bruyères,
où elle avait ramassé plusieurs centaines de blessés et d'égarés du duc de Raguse, lorsqu'elle fut
rappelée à Laon.

Plan d'atta-
que de Napo-
léon pour le
10 mars.

Tandis que ces choses se passaient à la droite,
Napoléon, comptant toujours sur l'arrivée et la
coopération du duc de Raguse, arrêtait pour le
lendemain un plan d'attaque si extraordinaire,
qu'il doit être rapporté textuellement ici.

« Les divisions Charpentier et Boyer de Re-
» beval, formant tête de colonne et soutenues
» par le corps du prince de la Moskowa, la division
» Friant, les 3 divisions de cavalerie et les ré-
» serves d'artillerie, déboucheront de Clacy à
» six heures du matin, et pousseront la droite
» des Alliés dans la direction de la Neuville.

» Le maréchal duc de Raguse, avec le 6ᵉ corps,
» la 2ᵉ division de la réserve de Paris et la ca-
» valerie du général Bordesoulle, continuera à

» manœuvrer du point où il sé trouve , pour
» couper la communication de Laon à Vervins.

» Le maréchal duc de Trévise au centre, avec
» les divisions d'infanterie Poret de Morvan et
» Christiani, les dragons du général Roussel et
» les lanciers polonais du comte Pacz , se for-
» mera à gauche de la route de Soissons, en
» arrière d'Ardon , afin de pouvoir au besoin
» soutenir la grande attaque.

» Par ces dispositions, le plateau de Laon sera
» tourné par la droite et par la gauche, observé
» et contenu sur la route de Soissons, c'est-à-dire
» sur son front. »

Ainsi, au mépris des principes, moins de 3o
mille hommes en auraient attaqué 1oo mille dans
une position formidable , et par la manœuvre la
plus vicieuse ; mais l'échec qu'essuya le duc de
Raguse, força Napoléon à ajourner l'exécution
de ce projet.

Informé par les fuyards de cet événement ,
vers une heure du matin , il ajouta d'abord peu
de foi à leurs rapports ; mais forcé ensuite de
se rendre à l'évidence , il conclut que pour
accabler le duc de Raguse , le feld-maréchal
Blucher devait avoir dégarni son centre et sa
droite , et résolut de se maintenir devant Laon,
soit à dessein d'arrêter par une attitude me-
naçante les corps détachés à la poursuite de
son lieutenant, soit dans l'espoir d'obtenir des

27*

avantages que la supériorité numérique de l'ennemi lui avait enlevés la veille.

Le 10 mars au jour, l'infanterie du corps de Winzingerode, commandée par le comte Woronzow, n'occupait plus que le petit tertre en avant de Semilly ; mais les troupes prussiennes aux ordres du général Bulow, gardaient encore le plateau de Laon.

L'armée impériale prit les armes en avant de ses bivouacs ; et du haut des remparts de la place, le feld-maréchal Blucher put alors apercevoir 17 mille combattans en bataille au milieu d'un marais, ayant un défilé de 5 kilomètres à dos, débordés à leur droite par 60 mille hommes, prêts à attaquer une position formidable que défendaient 40 mille.

A peine les Français furent-ils formés, qu'il prit l'initiative, en dirigeant sur Clacy 3 divisions d'infanterie du comté Woronzow, en tête desquelles marchait celle du prince Schowanski, tandis que les hussards du général Balck descendaient le chemin de Mons.

Heureusement toutes les avenues de ce poste avaient été barricadées, et l'artillerie s'y trouvait répartie avec intelligence ; 3 pièces battaient le chemin de Laon, 3 autres enfilaient celui de Sainte-Face ; enfin une batterie entière était établie sur le tertre de la Chapelle qui est au centre du village et commande au loin la plai-

ne. Le comte Charpentier laissa arriver la colonne d'infanterie jusqu'à demi-portée de son
canon, puis il le fit jouer avec une telle activité
que les Russes furent obligés de s'abriter dans
le petit bois qui est en avant à gauche de Clacy,
et d'abandonner l'attaque de ce village à la brigade légère du prince Glebow. Elle fut repoussée
avec une rare intrépidité par les officiers et sous-
officiers qui se multipliaient pour suppléer à
l'inexpérience et au défaut d'instruction des
conscrits sous leurs ordres. Dans cette première
attaque, la division Charpentier souffrit encore
moins du feu de l'ennemi, que de celui des batteries du prince de la Moskowa, placées sur
le tertre traversé par le chemin de Mons, et
qui foudroyaient Clacy, en croyant battre les
colonnes russes.

Cette tentative ayant échoué, le comte Woronzow en ordonna une seconde au général
Laptiew, qui n'obtint pas plus de succès. Celle-ci
fut suivie de cinq autres également infructueuses, quoique faites avec des troupes fraîches de
ces deux divisions et de celle du général Wuitsch.
Le comte Charpentier, au contraire, ne fut
appuyé que des débris de la division Boyer de
Rebeval.

L'Empereur après avoir visité Clacy et l'avan-
cée, s'établit sur un petit tertre à droite du village,
d'où il voyait l'ensemble des mouvemens, et
donnait ses ordres.

Attaque du
plateau de
Laon par les
Français.

Vers deux heures, les réserves qui couron-
naient le plateau de Laon, dans la direction de
Saint-Vincent, en face du prince de la Moskowa,
s'étant retirées, Napoléon crut que le feld-maréchal Blucher, mis à bout par sa persévérance,
abandonnait la ville, et qu'il serait possible de la
prendre de vive force. Les divisions Curial et
Meunier ayant été chargées de ce coup de main,
la première s'avança en colonne serrée par bataillon, sous la protection d'un feu très-vif d'artillerie, jusqu'au pied de la montagne en avant de
Sémilly, d'où elle poussa 2 bataillons en tirailleurs sur la croupe du plateau, soutenus par
un 3e sur la route. Aussitôt que les Prussiens
les virent à portée, ils démasquèrent une batterie qui foudroya les tirailleurs à peine éparpillés sur les flancs du mamelon ; au même
moment un bataillon descendit en colonne à
la rencontre de celui qui tenait la chaussée. En
un clin-d'œil cette attaque fut dissipée, et la
petite réserve du général Meunier, obligée de
rentrer en ligne, saluée par toutes les batteries
établies à mi-côte.

Nouveau pro-
jet de l'Em-
pereur.

L'impossibilité d'enlever Laon de vive force,
ainsi constatée, et l'Empereur ne pouvant se
résoudre à battre en retraite devant le maréchal
Blucher, témoigna l'intention d'aborder l'ennemi
sur la route de La Fère, et il envoya le comte
Drouot en reconnaissance à la tête du petit bois de

Clacy. Ce général revint, et avec sa franchise accoutumée, lui déclara qu'un tel projet était inexécutable. Peu satisfait de cette réponse, il prescrivit au comte Belliard de pousser un parti de cavalerie aussi loin que possible, entre le bois et les moulins de Molinchard, et d'observer les forces de ce côté. Ce général arrêté par les Russes devant le taillis qui s'étend entre La Neuville et Cerny, confirma le premier rapport. Malgré ces observations, l'Empereur restait indécis; le comte Belliard, après lui avoir développé de nouveau toutes les raisons qui motivaient son avis, le conjura de ne pas s'exposer ainsi à tout perdre, et finit par le décider vers quatre heures à marquer sa retraite sur Soissons. Toutefois on continua à canonner jusqu'à la nuit, que l'armée commença à repasser le défilé d'Étouvelle, laissant les postes avancés sur la ligne jusqu'à l'aube du jour.

La garde impériale retourna à Chavignon.

La perte totale des Alliés dans les trois journées qui suivirent la bataille de Craone, s'élève à 4 mille tués, blessés ou prisonniers. Les Français, sans compter celle qu'éprouva le duc de Raguse, eurent 3500 hommes hors de combat. C'était peu, eu égard à l'importance des opérations entreprises, et beaucoup trop en raison de leur faiblesse.

Durant la nuit, le grand parc, celui des équipages, les blessés et les prisonniers filèrent en toute hâte. La queue de ce long convoi fut atteinte entre l'Ange-Gardien et La Malmaison par un parti de troupes légères qui enleva une cinquantaine de voitures, et délivra les prisonniers.

Retraite des Français à Soissons. Le 11 mars au jour, l'armée impériale marchant la gauche en tête, commença son mouvement de retraite sur Soissons par le chemin d'Anizy et par la grande route. L'ennemi ne suivit point le général Charpentier qui formait l'arrière-garde à la droite avec sa division et les lanciers du général Colbert. L'adjudant-commandant Semery, fermant la marche sur la chaussée, avec une brigade du prince de la Moskowa et partie des dragons du général Roussel, fut attaqué à Etouvelle par 1,500 coureurs russes vers neuf heures ; mais ils tombèrent dans une embuscade, ce qui les rendit circonspects au passage du défilé, et l'en débarrassa pour toute la matinée.

Les deux colonnes se réunirent à l'embranchement des routes au moulin de Laffaux, et à trois heures après midi, toute l'armée fut en position devant Soissons. La cavalerie poussa des partis du côté de Vailly, sur les routes de Coucy, Noyon et Fontenay, et s'étendit le long de la rive gauche de l'Aisne, vers Braisne et le Châtelet. La division Poret de Morvan dépostée par un hurra de cosaques des hauteurs de Crecy, reprit bientôt sa position, à l'aide de la brigade Semery.

Le duc de Raguse ne pouvant, après la retraite de l'Empereur, rester davantage au confluent de la Suippe, se replia sur la rive gauche de la Vesle, aux environs de Fismes, où il établit son quartier-général. Le feld-maréchal Blucher qui aurait dû être aux aguets pour tomber sur les Français, sembla vouloir, quoi qu'en disent les historiens allemands, faire un pont d'or à Napoléon, puisque les avant-gardes de son aile gauche ne dépassèrent pas Béry-au-Bac, et que celles de sa droite, cantonnèrent sur les bords de la Lette.

Tel fut donc le résultat du mouvement offensif de l'Empereur au-delà de l'Aisne : gagner une bataille sans fruit à Craone, et venir échouer devant Laon, comme pour donner un exemple de l'opiniâtreté la plus condamnable.

La conduite du feld-maréchal prussien dans ce court espace, offre un mélange assez remarquable d'aplomb et de faiblesse. Rejeté sur la rive droite de l'Aisne, le point essentiel à conserver pour lui était Laon, et il dirigea sagement ses manœuvres vers ce but. La position intermédiaire de Craone, choisie pour arrêter la poursuite de l'armée française, était la plus convenable. En effet, l'Empereur ne pouvait déboucher par la route de Reims à Laon

Observations.

sans la laisser sur son flanc gauche. Le feld-
maréchal décidé à tenir sur le plateau, fit de
bonnes dispositions; et si le changement de
front, la cavalerie du baron de Winzingerode
en avant, pour tourner la droite de l'Empereur,
ne lui réussit point à cause de la difficulté des
chemins, il faut convenir qu'il n'en fut pas moins
bien conçu.

Quelles que soient les raisons qui déterminèrent le mouvement offensif de l'Empereur, il est
difficile de le justifier. Le grand coup qu'il espérait porter à l'armée de Silésie étant manqué par
la reddition de Soissons, tous les militaires ont
pensé que des manœuvres au-delà de l'Aisne
ne pouvaient réparer ce malheur. Couper le
feld-maréchal Blucher de la Belgique, n'était selon eux, qu'une opération secondaire, laquelle
imposait une tâche d'autant plus difficile à l'armée française, qu'en isolant l'armée combinée
de Silésie et du Nord de ce côté, on lui laissait
le champ libre pour se rapprocher de la grande
armée.

Parvenu au pied du plateau de Craone, l'Empereur ne pouvait se dispenser de l'attaquer. Par
un hasard heureux, il n'eut affaire qu'à la gauche
du maréchal Blucher, pivot du mouvement projeté sur Fétieux, et qui se trouvait séparée par
la Lette du reste de l'armée; mais par cela même
aussi la bataille devait être sans grand résultat,

puisqu'on rejetait le comte Woronzow sur sa base.

Vainqueur à Craone et décidé à se porter sur Laon, Napoléon avait à choisir entre deux partis. Le premier, de suivre avec toutes ses forces la route de Soissons ; l'autre, de diriger le duc de Raguse par celle de Reims : mais tous deux présentaient de graves inconvéniens. En s'arrêtant au premier, il risquait d'être arrêté par une simple arrière-garde au défilé d'Etouvelle ; en adoptant le second, il se morcelait ; et sa droite séparée du corps de bataille par un terrain dépourvu de communication, était exposée à être écrasée loin de lui. On a vu ce qui en est résulté. A la vérité, des officiers ont cru que le duc de Raguse n'aurait pas éprouvé l'échec de la nuit du 9, en marchant avec plus de prudence et s'arrêtant à Fétieux. Mais, quand bien même des mesures de précaution l'eussent garanti de surprise, il n'est pas moins évident que sa position était précaire, et qu'il risquait d'être accablé à la moindre manœuvre du maréchal Blucher.

L'opinion partagée à cet égard est unanime en celui-ci : Napoléon informé de l'échec éprouvé par sa droite, devait se retirer sur-le-champ, et commit une imprudence qui eût creusé le tombeau de son armée, si le feld-maréchal, rappelant les corps à la poursuite du duc de Raguse,

fût tombé de Laon sur le centre et la gauche
des Français avec des forces quintuples ; ou bien
encore , si les amusant devant le plateau , il les
eût fait entièrement tourner par les Prussiens
déjà en si beau chemin. Heureusement, il ne
saisit point l'à-propos ; et par une pusillanimité
égale à la témérité de l'Empereur , redoutant
encore le lion pris au piége , il le laissa s'échapper criblé de blessures , lorsque d'un seul coup il
pouvait l'étendre à ses pieds.

CHAPITRE XV.

Reprise de Reims par l'ennemi. — Il en est chassé une seconde fois par l'armée française.—Napoléon se dispose à marcher sur l'Aube et passe en revue ses troupes.

(Consultez pour les marches, la carte des ponts et chaussées de l'Empire français ; et pour les positions, les feuilles de Cassini, n° 44, 45 ; 79 et 8o.)

Les pertes et les désastres des dernières journées ayant pour ainsi dire détruit la petite armée française, Napoléon employa les premiers momens de son retour à Soissons à la réorganiser.

Les corps de jeune garde du prince de la Moskowa et du duc de Bellune furent dissous ainsi que la division provisoire du général Poret de Morvan. L'on en forma, outre les garnisons de Soissons et de Compiègne, deux petites divisions, dont les généraux Curial et Charpentier prirent le commandement. Le léger excédant des cadres en officiers et sous-officiers, fut envoyé en recrutement à Paris.

Le ministre de la guerre ayant dirigé par er-

[marginal note:] Réorganisation de l'armée.

reur sur Soissons, 3 régimens de marche de 1,700
cavaliers récemment montés, appartenant au 1er,
2e et 5e corps, ce renfort arriva fort à propos
pour soulager la cavalerie de la garde qui avait tant
souffert. L'Empereur en forma une division qui
prit rang dans la ligne, sous le nom de division
des escadrons réunis, et en donna le commandement au général Berckheim. L'armée fut encore augmentée du régiment de la Vistule, d'une
compagnie d'artillerie légère, et d'un régiment
de 600 lances polonaises; de 2 compagnies de
sapeurs, 2 de canonniers-garde-côtes et d'un
millier de conscrits escortant un parc.

Déterminé à se porter incessamment sur l'Aube, l'Empereur voulut avant tout, mettre le
poste de Soissons en état de résister à une attaque
de vive force. Déjà il avait prescrit au duc de
Feltre de n'en confier le commandement qu'à un
officier qui eût sa fortune à faire; et le choix du
ministre s'était porté sur le chef de bataillon
Gérard, connu dans l'armée par des traits d'une
singulière bravoure. L'Empereur visita la place
avec ce jeune officier qui venait d'arriver, lui en
fit apercevoir le fort et le faible, lui traça ses
instructions, arrêta avec le général Lery les travaux à faire, les classa suivant leur ordre d'urgence, et ordonna qu'on s'en occupât de suite.
Il paraît que son dessein était d'accorder quelques jours de repos à ses troupes derrière l'Aisne,

pendant qu'on améliorerait Soissons; mais il en
fut détourné par l'annonce d'un nouvel échec
qui le força de remettre ses troupes en mouvement, sans leur laisser le temps de reprendre
haleine.

Le comte Saint-Priest qui s'était rendu à Vitry par les Ardennes, ayant été renforcé de
la brigade prussienne du général Jagow, rappelée du blocus d'Erfurt, jugea n'avoir pas d'expédition plus aisée, ni plus utile à faire que de reprendre Reims, afin de rouvrir la communication entre l'armée combinée du Nord et de Silésie
et celle du généralissime. Il se mit aussitôt en
marche, et s'établit le 7 mars devant cette ville,
où il marqua sa présence par la dévastation et
l'incendie des nombreuses usines et maisons de
plaisance bâties sur les bords de la Vesle.

Ce général, né français, s'étant pratiqué des
intelligences avec quelques royalistes de cette
ville, ne tarda pas à être informé de la faiblesse de la garnison que l'Empereur y avait
laissée, et de la défaite du duc de Raguse; c'était
plus qu'il n'en fallait pour le déterminer à hâter
son coup de main.

Vainement le général Corbineau auquel il n'é-
tait resté qu'un détachement de 100 chevaux de
la garde, cinquante gendarmes et les cadres de 3
bataillons, avait informé Napoléon de l'approche
de l'ennemi; la faiblesse de ses moyens ne lui

Marche du
comte St.-
Priest sur
Reims.

permit de détacher à son secours que la **divisi**
de gardes d'honneur: encore le général **Defran**
devait-il se tenir à moitié chemin de ˙**Béry**
Reims, afin de surveiller les bords de l'Aisne.
n'avait que 3 à 400 chevaux à Pont-Thierry et
Châlons sur Vesle, et il était à présumer que ¡
place serait enlevée avant qu'il pût la secourir.

Reims, dont la population passe 30 mille ames
est l'une des villes les plus considérables dé
France, par son industrie et son commerce. Bâtie
sur un côteau dont la Vesle baigne le pied , elle
n'est fermée que par un mur dont partie a été
abattue pour étendre la promenade le long de la
rivière. Le faubourg de Soissons est renfermé
dans une île au sud-ouest. Mais si le site de
cette ville la rend par elle-même peu susceptible
de défense , sa position au débouché des Ardennes , à 6 myriamètres nord de Châlons, 5 est
de Soissons, et 12 ½ de Troyes , lui donnait trop
d'intérêt pour que les Alliés n'en enviassent pas
la possession , qu'il était d'ailleurs possible de
conserver avec peu de troupes , en occupant du
côté de Soissons le plateau qui la couvre.

Prise de
Reims par le
comte Saint-
Priest.

L'attaque en fut fixée pour le 12 mars au point
du jour, et dut avoir lieu sur 3 colonnes.

La 1re, composée de toutes les troupes russes
aux ordres du général Emmanuel, soutenues de
3 bataillons prussiens et de 5 bouches à feu devait, ainsi que la seconde, forte de 2 bataillons,

·5o chevaux, et 2 obusiers, sous le général Pillar, s'avancer le long de la rive droite de la Vesle. Le général Yagow, avec la 3ᵉ de 6 bataillons prussiens, 15o chevaux et 10 bouches à feu, devait attaquer entre les routes d'Epernay et de Soissons.

Les 3 colonnes se rassemblèrent à Cormontreuil à trois heures du matin, et concertèrent si bien leurs opérations que la place fut surprise. Le général Yagow força la porte de Paris sous la protection de 2 pièces de 12, et poursuivit jusques sur la place le faible poste qui l'occupait. Le général Emmanuel éprouva plus de résistance dans le faubourg de Réthel, où le cadre du 5ᵉ régiment de voltigeurs l'arrêta quelques minutes à la porte de Cérès; mais son colonel inquiet de la canonnade qui se faisait entendre du côté du faubourg de Soissons, ayant voulu s'y porter, rencontra une colonne ennemie dans la grande rue de Vesle, et fut obligé de rétrograder sur la place des Arcades, où il trouva face à face la colonne du général Pillar, laquelle après avoir forcé la porte de Châlons avait remonté par une petite rue qui longe le pied du rempart, à dessein de couper la retraite à tout ce qui était en ville. Il allait se faire jour à la baïonnette, lorsqu'un gendarme l'avertit que le rendez-vous général de la garnison était à la porte de Mars, où il parvint avec peine. Toute la ville se trouvant

au pouvoir de l'ennemi, la garnison livrée à elle-
même, sans instruction et sans chef, prit le parti
de se retirer en longeant la rive droite de la Vesle
par Saint-Brice. Elle fut harcelée par un millier
de chevaux qui sabra presqu'en entier le détachement de cavalerie ; mais l'infanterie parvint à
s'échapper, et fut recueillie par le général Defrance qui accourut aux premiers coups de canon
avec 6 escadrons de gardes d'honneur et de hussards. Nonobstant sa diligence, lorsqu'il arriva
près de Reims, les Alliés en étaient déjà maîtres,
et le général Emmanuel avec les dragons de Kiow
occupait la hauteur de Neuvillette, dont il fut
délogé, à la vérité, mais non loin de laquelle il
tint en échec son adversaire le reste de la journée. Le général Corbineau resta caché dans la
ville sans pouvoir donner d'ordres. Le général
Lacoste qui commandait environ 1,200 hommes
de la levée en masse, moins heureux, fut fait prisonnier avec partie de son monde, logé chez les
habitans. Les Russes trouvèrent dans la place,
outre 9 pièces de canon, une grande partie de
ce qu'ils y avaient laissé. Les pertes de la garnison auraient été plus considérables, sans le dévouement de la garde urbaine qui facilita son
évasion en la soutenant vaillamment dans plusieurs quartiers.

Maître de Reims, on devait croire que le comte
de Saint-Priest chercherait à rétablir au plutôt

la communication avec le feld-maréchal en se portant vivement sur Béry-au-Bac, surtout lorsqu'il fut informé de l'échec éprouvé devant Laon par Napoléon ; mais cette nouvelle lui inspira une sécurité qui ne tarda pas à lui devenir funeste. Il cantonna les Russes en ville, toute l'infanterie prussienne dans les villages à droite et à gauche de la route de Soissons, se contentant de les faire couvrir par des patrouilles qui devaient pousser jusqu'à Fismes.

Napoléon dont les revers redoublaient l'activité, résolut alors de reprendre à la vue de l'armée victorieuse, une ville dont la possession lui était aussi nécessaire pour l'exécution de ses projets ultérieurs, que pour rallier la division des Ardennes. En conséquence, le duc de Raguse avec le 1er corps de cavalerie, reçut ordre de se mettre en marche le lendemain, des environs de Fismes sur Reims ; toute la cavalerie de la garde, la division Friant, la brigade Boyer renforcée du régiment de la Vistule, s'y dirigèrent également de très-grand matin.

Pour assurer la gauche de sa ligne, et ne pas laisser Soissons à la merci de l'ennemi, le duc de Trévise resta sous cette place avec la division de vieille garde Christiani, et les deux de jeune des généraux Curial et Charpentier, formant environ 8 mille baïonnettes et 4 mille sabres sous les ordres du comte Belliard, consistant dans les

Le duc de Trévise est chargé de couvrir Soissons.

28*

dragons du général Roussel, les lanciers du comte Pacz et une brigade de la division des escadrons réunis commandés par le général Curely.

Les instructions de l'Empereur portaient qu'il éclairerait le cours de l'Aisne jusqu'à Compiègne, et montrerait ses troupes sans les engager. Il devait établir des batteries de gros calibre en amont et en aval de la place, faire barricader le village de Saint-Paul, l'occuper comme avant-poste, et dans le cas où il serait pressé par des forces très-supérieures, se retirer dans l'anse de l'Aisne, la droite et la gauche appuyées à la rivière, le centre derrière Saint-Médard.

Pour donner de l'inquiétude à l'ennemi, on lui recommandait de placer une grosse avant-garde et du canon à Bucy-le-Long, en vue de menacer Vailly par la rive droite, de tenir un officier de confiance avec un bataillon et 2 ou 300 chevaux à Sermoise pour avertir de ses tentatives, et s'opposer à ce qu'il coupât la route de Soissons à Reims.

Combat de Reims. Reprise de cette ville par les Français.

Après avoir ainsi réglé les dispositifs de défense du cours inférieur de l'Aisne; l'Empereur partit pour Reims avec ses escadrons de service.

La cavalerie du 1er corps formant l'avant-garde de l'armée française, découvrit près de Ronay les avant-postes ennemis qui se replièrent sans tirer un coup de carabine. Le comte de Saint-Priest auquel on avait annoncé l'anéantissement de l'armée impériale ne put croire d'abord à sa résurrection, et fit peu d'attention aux premiers rapports qui lui furent adressés de ce brusque retour offensif.

L'infanterie du duc de Raguse qui suivait immédiatement la cavalerie du général Bordesoulle, trouva sur le plateau d'Ormes un bataillon du 5ᵉ régiment de la Marche-Electorale et un de Poméranie, abandonnés par leur cavalerie. Quoiqu'éloignés de 8 kilomètres de Reims et sans soutien, ils auraient pu s'échapper en se retirant dès qu'ils aperçurent les têtes de colonne de l'armée française; mais ils se retranchèrent dans le cimetière d'Ormes, où assaillis aussitôt par la division Ricard, ils déposèrent les armes.

L'armée continuant sa marche, découvrit le corps entier, fort de 22 bataillons prussiens ou russes, et de 1,200 chevaux des deux nations. Il était en bataille sur deux lignes, gardant les hauteurs de Tinqueux, la droite appuyée à la Vesle, la gauche s'étendant dans la direction de Basse-Muire, ses réserves en tête du faubourg de Soissons et sur le beau plateau de Sainte-Geneviève où se trouvaient placées 24 pièces de canon. La cavalerie russe formait l'aile droite, celle des Prussiens l'aile gauche. Un bataillon de cette nation gardait le pont de Sillery. Ces dispositions faisaient présumer une vigoureuse résistance, et cependant le comte de Saint-Priest

croyait encore n'avoir à repousser qu'une reconnaissance.

L'Empereur arriva vers quatre heures, et
après avoir reconnu l'impossibilité de tourner la
position, faute de ponts sur la Vesle, il en ordonna l'attaque.

La division Merlin soutenue des cuirassiers du
1er corps de cavalerie, engagea l'action à l'extrême
droite, en cernant 3 bataillons prussiens qui
cherchaient à gagner le pont de Sillery, et leur
faisant mettre bas les armes. Le corps du duc
de Raguse précédé des gardes d'honneur, et
flanqué par 2 divisions de cavalerie de la garde,
sous le comte Sebastiani (1), suivit la chaussée,
en colonne par bataillon à distance de déploiement. La division Friant massée en avant de la
croix de Saint-Pierre, y resta en réserve ainsi
que la division Boyer. Le général Ricard attaqua
franchement et repoussa l'ennemi jusqu'à l'entrée du faubourg. Le comte de Saint-Priest reconnaissant alors qu'il avait affaire à l'Empereur, jugea d'après ce début qu'il lui serait impossible de
se maintenir, et ordonna à sa seconde ligne de
traverser Reims en toute diligence, et de se retirer dans la direction de Laon; aux équipages qui

---

(1) Après l'évacuation de Troyes, il se rendit auprès de l'Empereur qui lui donna le commandement de la cavalerie de la garde, en
remplacement du comte Nansouty.

s'y trouvaient, de filer sur Châlons, ne gardant entre Tinqueux et Sainte-Geneviève que 6 bataillons et sa cavalerie.

Ces mouvemens rétrogrades ne s'opérèrent pas sans confusion, surtout à la droite, obligée de traverser le faubourg de Soissons, dont l'issue rétrécie par la flèche qui couvrait la porte, fut presqu'aussitôt encombrée, malgré les efforts du général Yagow pour la tenir libre. Le comte Saint-Priest ayant eu l'épaule fracassée par un éclat d'obus, le désordre alla toujours croissant. Le comte Ségur s'en étant aperçu, tomba sur les dragons russes à l'embranchement des routes d'Epernay et de Fismes, en sabra et culbuta un grand nombre dans le bras gauche de la Vesle, et leur enleva 8 pièces. Toutefois cette charge qui aurait coupé la retraite à tout ce qui se trouvait sur la rive gauche, si le général Defrance avait pu la soutenir avec son autre brigade, n'obtint qu'un demi-succès. Le 1er bataillon du régiment de Rezan se fit jour à la baïonnette, et secondé par le feu de son second bataillon et la mitraille de 2 pièces placées à la porte de Soissons, sauva son général expirant. Alors le lieutenant-général Pantschulidzew prit le commandement des troupes russes, plaça 2 bataillons à cette porte, et garnit les remparts de 4 autres. Le duc de Raguse pénétra aussitôt dans le faubourg, y forma son infanterie en colonne serrée pendant que son artillerie

visait à rompre la grille du canal ; mais les boulets
passant à travers les barreaux, et l'ennemi fusil-
lant à couvert derrière un épaulement les canonniers sur leurs pièces, le maréchal se décida à
abriter ses divisions et à jeter un bataillon du 20ᵉ
régiment dans les maisons les plus rapprochées
du mur d'enceinte, d'où il ne cessa de tirailler
jusqu'à onze heures.

Pendant que l'entrée de la ville était disputée
avec tant d'opiniâtreté, l'Empereur ayant fait
nettoyer les bords de la Vesle et rétablir le pont
du moulin de Saint-Brice, le comte Kraczinski à
la tête de ses chevau-légers gagna la route de
Béry-au-Bac, suivi de la division Excelmans, et
refoula sur Reims une grande partie des troupes
qui se retiraient à Béry-au-Bac. Dès ce moment,
la déroute fut complète, et les troupes éperdues
n'écoutant plus leurs généraux, se sauvèrent à la
débandade sur les trois routes de Neufchâtel,
Réthel et Châlons.

Le résultat de cette affaire où les Français n'eurent pas au-delà de 7 à 800 hommes hors de combat, au nombre desquels était le comte de Ségur,
fut pour l'ennemi une perte de 7 à 800 tués, le
double de blessés et 2,500 prisonniers, 11 bouches à feu, 100 chariots de munitions et un équipage de pont. Au milieu des trophées d'une victoire si complète, Napoléon eut un secret dépit
d'avoir laissé échapper celui qui aurait pu cons-

tater son triomphe à Paris ; mais il sut le déguiser
par un adroit mensonge qui adoucit en quelque
sorte les regrets des propriétaires des manufac-
tures que les troupes légères russes avaient in-
cendiées. « La même batterie qui a tué le général
» Moreau devant Dresde , dit le rapport officiel,
» a aussi blessé à mort le général Saint-Priest qui
» *amenait les Tartares dans sa belle patrie.* »

L'Empereur entra dans Reims à une heure du
matin. La ville fut spontanément illuminée, et le
peuple dans l'ivresse de sa joie se précipita au-
devant de lui, et le conduisit en triomphe à
l'hôtel-de-ville.

Tandis que par une sanglante défaite, le corps
de Saint-Priest payait la fatale sécurité de son
général, le feld-maréchal Blucher déterminé à
prendre quelque repos , étendait le même jour
ses cantonnemens sur l'Aisne; le corps de Bulow continuait sa marche sur Compiègne, le
comte Langeron était à Coucy-le-Château , le
baron Sacken cherchait vainement à déloger la
division Christiani des hauteurs de Croui, le
corps de Kleist s'avançait sur les bords de la
Lette, celui d'Yorck prenait possession de Corbeny, et le général Winzingerode remplaçait le
général Bulow à Laon, poussant sa cavalerie légère sur l'Aisne. Celle d'Yorck envoyée en reconnaissance à Béry-au-Bac , eut un léger engagement avec un parti de dragons du général

Roussel, auquel elle prit ou blessa une cinquantaine d'hommes.

Le 14 mars au matin, l'Empereur ordonna que le duc de Raguse avec la division de cavalerie Merlin se mît à la poursuite des débris du corps de Saint-Priest sur la route de Béry-au-Bac, et que le prince de la Moskowa avec l'infanterie du général Boyer, et la cavalerie Defrance se portât vers Châlons. Le reste de l'armée fut cantonné dans les environs de Reims.

Le général Merlin qui commandait l'avant-garde du duc de Raguse, découvrit l'ennemi près de Courcy, et crut avoir affaire à la cavalerie battue la veille; mais le général Katzler lui montra son erreur en le ramenant vivement, et lui faisant une centaine de prisonniers. Heureusement qu'une brigade du général Ricard récemment arrivée arrêta la poursuite. Afin de se mettre à l'abri de surprise, elle s'établit sur les hauteurs en-deçà de Béry-au-Bac, barricada le pont, et le mina. Le reste des troupes du duc de Raguse cantonna dans les environs de Cormicy, la cavalerie à Sapigneulle.

La nouvelle de la défaite du corps de Saint-Priest, et le mouvement du duc de Raguse parvinrent presqu'en même temps au feld-maréchal Blucher, et lui firent présumer que Napoléon après avoir reçu des renforts, allait déboucher une seconde fois de Béry-au-Bac sur son flanc

Le duc de Raguse poursuit l'ennemi sur Béry-au-Bac.

gauche. Dispersé entre Noyon et Corbeny, il avait
tout à craindre de ce mouvement. Il s'empressa
donc d'ordonner la concentration de ses forces à
Laon, afin d'y recevoir la bataille, et enjoignit
aux généraux Yorck et Kleist de se réunir à
Craone dans la journée même. Les troupes échap-
pées de Reims, renforcèrent le corps du premier
et celui du comte Langeron.

Cependant une leçon avait suffi à l'Empereur, Reprise de
Châlous et
et c'était désormais vers l'Aube qu'il voulait diri- d'Epernay par
les Français.
ger ses pas. Déjà même une partie de ses trou-
pes arrivait sur la Marne. D'un côté les généraux Vincent et Colbert partant de Château-
Thierry et de Reims chassaient d'Epernay le
parti du général Tettenborn qui l'occupait; et de
l'autre, le prince de la Moskowa avec les divisions Defrance et Boyer entrait dans Châlons,
que sa garnison abandonnait en toute hâte pour
se replier à Vitry.

Pendant ces expéditions faciles, le gros de
l'armée eut trois jours de repos que l'Empereur
employa à le passer en revue. Cette opération,
triste parodie des revues de Maria-Hilf ou de
Chammartin, lui montra dans toute leur nudité
et leur faiblesse, les débris mutilés de ses belles
armées. Diminués de moitié depuis le passage de
la Marne par les nombreux combats qu'ils avaient
livrés ou soutenus, la plupart des cadres des régimens d'infanterie comptaient plus d'officiers

que de soldats. C'était un spectacle à la fois pénible et bizarre que leur composition. On voyait
à côté de quelques vieux soldats, dont l'air mar-
tial perçait encore sous les lambeaux de la misère, des conscrits enlevés avant l'âge, défigurés
par les souffrances, la fatigue et le besoin, cherchant à s'appuyer sur des armes trop pesantes
pour leurs débiles mains. Au délabrement de la
tenue des officiers, au désordre et au mauvais
état de la cavalerie et des trains d'artillerie, au
mélange confus de toutes les armes, on eût dit
que c'était plutôt une cohue qu'une armée lut-
tant avec gloire contre tant d'armées réunies.
Napoléon lui-même, étonné des succès obtenus avec cette poignée d'hommes, ne put se
dissimuler qu'il usait ses dernières ressources;
chaque victoire lui avait coûté une foule d'officiers moissonnés en cherchant à animer de
leur ardeur les recrues sans force et sans énergie
qu'ils menaient au combat; et le moment approchait où les remplacemens deviendraient impos-
sibles, car déjà les sous-officiers, cette classe
précieuse de sujets, manquaient totalement dans
plusieurs corps. Décidé néanmoins à ne point
souscrire aux conditions de paix que lui dictaient
les Souverains alliés, il fallait songer à recruter
l'armée, et pour y parvenir, il destina les 6 mille
gardes nationales de l'Aisne, requis par un décret du 5, à remplir les cadres appauvris du duc

de Raguse, et 3 mille du département de la Marne, à recompléter plusieurs autres du duc de Trévise; mais la marche rapide des événemens ne permit à aucun des deux maréchaux d'utiliser cette levée qui, docile au premier appel, accourut à Reims, et fut renvoyée faute d'armes, quelques jours après, dans ses foyers.

Des bruits de paix furent répandus dans les camps à desséin de calmer les esprits qui commençaient à s'inquiéter ; mais la publication de deux décrets rendus à Fismes, le 5 mars; le premier relatif aux dispositions de défense et de représailles contre l'ennemi, l'autre aux fonctionnaires publics et habitans qui empêcheraient le peuple de se défendre , firent comprendre à l'armée que la guerre ne finirait pas sans catastrophe, et qu'elle n'aurait de repos qu'ensevelie sous les débris du trône dont elle formait l'unique soutien.

Ces décrets, monumens historiques (1), proclamèrent une guerre d'extermination, et firent un devoir à tous les citoyens de l'insurrection

_____

(1) *Extrait du premier décret.*

Napoléon considérant que les généraux ennemis ont déclaré qu'ils fusilleraient tous les paysans qui prendraient les armes; décrète :

1° Non-seulement tous les citoyens français sont autorisés à courir aux armes, mais requis de faire sonner le tocsin aussitôt qu'ils entendront le canon de nos troupes s'approcher d'eux, de se rassembler, de fouiller les bois, de couper les ponts , d'intercepter

contre les autorités qui tenteraient d'y mettre un terme.

Ainsi, malgré l'épuisement de toutes ses ressources, Napoléon n'en paraissait pas moins redoutable aux Alliés, et par la nature même des décrets rendus à son quartier-général, cherchait à prolonger cette erreur, en leur montrant sur les derrières une population irritée prête à exterminer les fuyards et les blessés au premier échec.

---

les routes, et de tomber sur les flancs et les derrières de l'ennemi.

2° Tout citoyen français, pris par l'ennemi, et qui serait mis à mort sera sur-le-champ vengé par la mort en représailles d'un prisonnier ennemi, etc.

Extrait du deuxième décret.

Napoléon considérant que les peuples des villes et des campagnes indignés des horreurs que commettent sur eux les ennemis, et spécialement les Russes et les Cosaques, courent aux armes par un juste sentiment de l'honneur national, pour arrêter les partis de l'ennemi, enlever ses convois et lui faire le plus de mal possible; mais que dans plusieurs lieux, ils en ont été détournés par le maire ou par d'autres magistrats; décrète :

1° Tous les maires, fonctionnaires publics ou habitans qui, au lieu d'exciter l'élan patriotique du peuple, le refroidissent en dissuadant les citoyens d'une légitime défense, seront considérés comme traîtres et traités comme tels, etc.

FIN DU PREMIER VOLUME.

TABLE DES MATIÈRES
DU TOME PREMIER.

FIN DE LA TABLE DES MATIÈRES.

ERRATA

DU TOME PREMIER.

ERRATA.

ERRATA.

Le tableau n° XII, chapitre XII, indiqué page 338, manque, les matériaux qui devaient concourir à sa formation ne m'ayant pas été envoyés, comme je l'espérais.

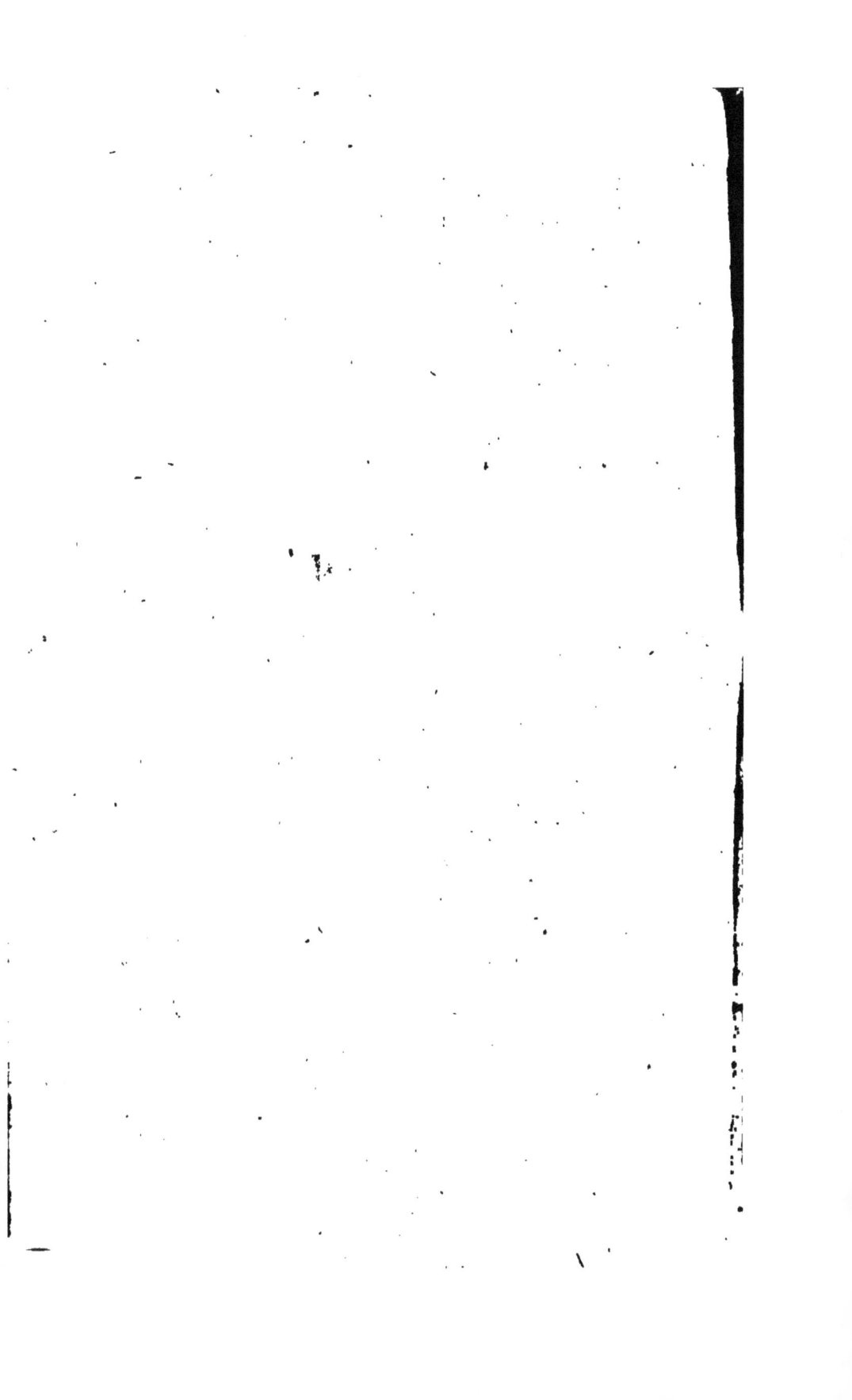

Ingram Content Group UK Ltd.
Milton Keynes UK
UKHW020623110423
419970UK00006B/157

9 780270 383379